İLERİ

THETAHEALING

VAR OLAN HER ŞEY

NEMESİS KİTAP / Kişisel Gelişim
Yayın Numarası: 389

İleri ThetaHealing Var Olan Her Şey Vianna Stibal

Kitabın Özgün Adı: *Advanced ThetaHealing® All That Is*
Çeviren: Begüm Karace

Yayın Yönetmeni: Serap Çakır Özcan
Son Okuma: Nursel Calap
Kapak Uygulama: Başak Yaman Eroğlu
Sayfa Düzeni: Hazel Çelik
Sosyal Medya: Yağmur Sevinç

ISBN: 978-605-9545-73-0
Baskı: Aralık 2024

Nemesis Kitap:
Gümüşsuyu Mah. Osmanlı Sok. Osmanlı İş Merkezi 18/9 Beyoğlu/İstanbul
Tel.: (0212) 222 10 66 info@nemesiskitap.com • www.nemesiskitap.com
Sertifika No: 49065

Baskı ve Cilt:
MY Matbaacılık San. ve Tic. Ltd. Şti
Maltepe Mah. Yılanlı Ayazma Sk. No: 8/F Zeytinburnu / İstanbul
Tel: 0212 674 85 28
Sertifika No:47939

İLERİ

THETAHEALING

VAR OLAN HER ŞEY

VIANNA STIBAL

Çeviren: Begüm Karace

NEMESİS
KİTAP

ÇEVİRMENİN NOTU

ThetaHealing ile tanışmamın üzerinden geçen yıllar içinde; zihnimde, duygularımda ve hayatımda bir sihirli değnek dokunuşunu andıran güzelliklerle karşılaşmış olmam, bana bu kitapların çevirisini yapıp, bu bilgi ve felsefeyi benim anadilimi konuşanlarla paylaşmak konusunda en büyük motivasyonum oldu.

Bu kitabı ve bunun öncesinde olan *ThetaHealing - Sıradışı Bir Enerji Yaklaşımına Giriş* kitabını en faydalı ve verimli şekilde okuyabilmek için, yaşadığımız bu hayatı daha yüksek bir pencereden izleyebilmeye gönüllü olarak başlayabiliriz. Bu sayede hem kendi hayatımızı hem de yaşadığımız dünyanın genelini daha iyiye götürmek mümkün olabilecektir.

Günümüzde, özellikle teknolojinin gelişmesi, bununla beraber de hayatı yaşama hızının artması sonucunda; madde ve maneviyat veya beden-zihin-ruh olarak bir bütün olduğumuzu gözardı eder bir hale geliyoruz. Maddeye ve günlük yaşamın telaşına bu doğal kapılma durumu, bizde sürekli olarak "bir şeylerin eksikliği" ve "yokluğu" duygusunu; bu yoksunluk da, öfkeleri, kavgaları, savaşmaları getiriyor. Dinler ve inançlar, bazen amaçlarının tam tersine, toplumlarımızda kutuplaşmalara, ayrılıklara, büyük ölçekte savaşlara sebep oluyor. Ya inançlarımıza sımsıkı sarılıyor ya da tüm inançlardan vazgeçip küsüyoruz.

Aslında hepimiz, ismine ne dersek diyelim, Yüce Yaradan Güçle, her gün defalarca ve durmadan konuşuyoruz. En çaresiz hissettiğimiz anda, işler kontrolden çıktığında, sevdiğimiz biri için endişe ettiğimizde manevi bir güçten destek almak için dudaklarımızdan "dua" denebilecek sözcükler ve dilekler bazen farkında bile olmadan dökülüyor.

Kitapta, kendi zihnimiz içinde konuşurken ve imgelerken "Yaratan", "Yaratıcı" "Her Şeyi Yaratan", "Var Olan Her Şeyin Yaratıcısı" gibi pek çok terimle karşılacaksınız. Vianna Stibal'in bu terimleri özellikle kullanmakta olduğunu düşünüyorum. Bu sayede, inancımız ne olursa olsun, hangi dine inansak ya da takipçisi olursak olalım ya da olmayalım, bu hepimizde aynı şekilde aynı enerji enerji ile bağlantı kurma imkânı sağlıyor. Bu farklı terimleri kullanmamız sayesinde ise, aramızda farklı inançlar sebebiyle durduğunu düşündüğümüz duvarları kaldırarak; her dinden, her inançtan, her kültürden ve her gelenekten gelen insanların bir araya gelmesi mümkün oluyor.

ThetaHealing bir ibadet şekli değildir. Herkes ibadetini bildiği en "iyi", en "yüce" ve en "doğru" şekilde yapmaya devam ederken, bu meditasyon tekniği ve işlemleri sayesinde yaşamlarının sorumluluğunu alarak, istedikleri yönde değiştirme ve iyileştirme şansı bulabileceklerdir.

Sevgi ve şükranla,
Begüm Karace

İçindekiler

Önsöz

Ben bu çalışmanın saflığının yaşayan ispatıyım. Bu bilgiler Yaratıcı ile olan diyaloglardan ve yapılmış binlerce okuma ve şifadan, buna ilaveten Vianna'nın öğrencileri ve eğitmenleri ile olan etkileşimlerinden ve yıllardır süregelen ThetaHealing sınıflarından gelmiştir. Fikirlerin ve süreçlerin oluşması kendiliğinden gerçekleşti ve yerleşmiş ya da yerleşmemiş diğer enerji şifa tekniklerinin herhangi birine ait teknikleri kullanmadı. ThetaHealing'de kullanılmış olan nihai kaynaklar ve dayanaklar bunları öğrenmeyi dileyen herkes için mevcuttur.

Muhafazakâr bir Amerikan topluluğunda doğan ThetaHealing dünya çapında şifa modeli haline geldi. Bu oluşum meydana gelirken yaşanan hatırı sayılır derecedeki zorluklar göz önüne alınınca ThetaHealing'in bu denli başarılı olması karşısında sürekli hayret ediyorum. Tüm ihtimallere rağmen, karanlıkta bir ışık oldu; Tanrısal olandan gelen bir hediye.

ThetaHealing'in bugün olduğu enerji şifa modeli haline gelmesinde pek çok insanın kendince katkısı oldu. Bunlar katkılarının göz ardı edilmesi mümkün olmayan ve hepsi farklı derecelerde fayda sağlamış olan danışanlar, öğrenciler, uygulayıcılar ve sertifikalı eğitmenlerdir. Yine de kaçınılmaz olan tek bir gerçek vardır; ThetaHealing'e ne kadar çok kişi ilgi göstermiş ve bu öğretileri uygulamış olursa olsun bunların hepsi tek bir kişinin azim, cesaret ve katıksız inancından ortaya çıkmıştır: *Vianna*

Bunların gelişimine doğrudan şahit olmuş biri olarak rahatlıkla diyebilirim ki hayatımda hiçbir zaman başka hiç kimsede Vianna'da gördüğüm hakikati, inancı ve kararlılığı görmedim. Bana göre bu nedenle o, ThetaHealing'in sevilen lideri ve buna uygun olan tek kişidir. İşte bu sebeple bu bilgilerin onun aracılığıyla geldiğine inanıyorum. Pek çok insan Tanrı'yı sever ancak çok azını Yaratıcı Tanrı *gerçektir* kanaatı ile Kutsal Olan'ın ışığı ve varlığı önünde böylesine inanç ve tutarlılık içinde gördüm.

Bu kitabın içeriği Vianna'nın öngörülerinden ve deneyimlerinden oluşmaktadır. Zihninizin Var Olan Her Şeyi Yaratan aracılığıyla iyileşme yeteneğine bir rehber olarak sunulmuştur. Gerisi size ve inançlarınıza kalmıştır.

Guy Stibal

Önsöz

İleri ThetaHealing kitabı "ThetaHealing" ve "ThetaHealing Hastalıklar ve Bozukluklar" kitaplarının tamamlayıcısıdır. İlk kitap, ThetaHealing kitabında adım adım Okuma, Şifalanma, İnanç Çalışması, His Yükleme, Kazma, Gen Çalışması süreçlerini, Varoluşun Yedi Seviyesinin tanıtımını ve yeni başlayanlar için gerekli bilgileri açıkladım. Elinizde tuttuğunuz İleri ThetaHealing kitabı ise okuyucuya İnanç, His, Kazma çalışmaları için daha detaylı bir rehber olmakla beraber spiritüel gelişim için bilmenin gerekli olduğuna inandığım Varoluşun Yedi Seviyesi ve İnançlar'ın içyüzünü anlatmaktadır. Bu kitapta, *ThetaHealing* kitabında çokça olan tüm belirli adım adım işlemler bulunmuyor, yine de bu kitaptan tam anlamıyla faydalanmak için *ThetaHealing*'de açıklanan bu süreçleri derinlemesine anlamış olmak gerekli.

ThetaHealing, teta beyin dalgasını kullanarak fiziksel, psikolojik ve spiritüel şifa yaratan bir meditasyon yöntemidir. Zihnimiz saf ve kutsal Teta halindeyken odaklanmış dua sayesinde Var Olan Her Şeyin Yaratıcısı ile bağlantıya geçebiliyoruz.

Bu teknikte mutlaka uyulması gereken bir şart var: Yaratıcı'ya temel bir inancınız olmalı. İsim daha az önemlidir. Yaratıcı'nın pek çok farklı ismi olduğunu anlıyorum ve Tanrı, Şiva, Tanrıça, İsa, Yehova ve Allah'ın hepsi bizi Yaradılışın Yedinci Seviyesine ve Var Olan Her Şey'in yaratıcı enerjisine taşır. ThetaHealing'in hiçbir dinsel bağlantısı yoktur. Süreçleri herhangi bir cinsiyete, yaşa, ırka, renge, mezhebe ve dine özel değildir. Tanrı'ya ya da Yaratıcı güce saf bir inançla bağlı olan herkes ThetaHealing ağacının dallarına ulaşabilir ve kullanabilir.

Yaratıcı bize almak üzere olduğunuz büyüleyici bilgileri verdi. Bu kitap İleri DNA Sınıfları ve "İleri Seviye DNA 2 El-kitabı ve ders kayıtlarındaki bilgilerin derlenmesinden ortaya çıkmıştır ve DNA 3 için başlangıçtır.

Bu bilgileri sizlerle paylaşıyor olsam da kullanımlarından doğabilecek sonuçlar için herhangi bir sorumluluk kabul etmiyorum. Bu sorumluluk size aittir. Bu, hem kendi hayatınızı hem de başkalarının hayatlarını değiştirme gücünüz olduğunu fark ettiğinizde üstlendiğiniz bir sorumluluktur.

TEŞEKKÜR

Sonunda buraya yerleşen tüm bilgiyi öğrenme imkânı verdikleri için tüm harika müşterilerime ve öğrencilerime teşekkür etmek isterim. Bu metin, yapmış olduğum binlerce seansın inanç çalışması deneyimlerine odaklanmıştır. Bu bilgi, inanmaya yüreği olan cesur ruhlara bir armağan olsun…

GİRİŞ

Merhaba, ben Vianna.

2003 yılında karanlık bir gecede işimden taşradaki evime dönmek için arabamla yoldaydım. Birdenbire inanılmaz bir aydınlanma yaşadım. ThetaHealing yolculuğuma başlayalı neredeyse dokuz yıl olmuştu ve ne kadar uzun yol kat ettiğimi fark ettim. Bu dokuz yıl süresince binlerce okuma ve şifa yaptım. ThetaHealing hakkında kitaplar yazıp, sayısız eğitimler verdim. Dokuz yılın ardından inkâr edilmez gerçeği fark ettim: Daha öğrenecek çok şey vardı.

Snake River kıyısındaki ıssız yolda araba kullanırken Yaratıcı'nın sesi bana dokuz yıllık sözleşmemin bittiğini söyledi. Bu başlamış olduğum keşif yolculuğumda öğrenme sürecimin sonuydu. Bana üç yıl sürecek öğretmenlik dönemimin başladığını söyledi. İleri ThetaHealing öğrencileri için DNA 3'e hazırlığı öğretecektim. Bu beni biraz telaşlandırdı çünkü biliyordum ki ne zaman bana bir bilgi gelmeye başlasa, hayatımda büyük değişiklikler oluyordu. Buna rağmen kendimi sakinleştirdim ve merak içinde "Tamam Tanrım, şimdi bu DNA 3 de neyin nesi?" diye sordum.

Bana DNA 3'ün organik olan ve olmayan maddenin nasıl hareket ettirilip değiştirileceği hakkında olmasının yanı sıra anında şifa için mitokondri ile de nasıl çalışılacağı bilgilerini içerdiğini söyledi. Geçmişte birdenbire meydana gelen tezahürlere ve şifalara hem ben hem de yakın çevrem şahit olduğu için bu beni şaşırtmadı.

Bana bu ileri bilgileri yüz kişi anladığı zaman, kavramlarını uygulamanın kolaylaşacağı, böylece bunu yapma yeteneğinin insanlığın kolektif bilincine yayılacağı söylendi. Yaratıcı yüz kişi gerçekten anlayınca bunu bileceğimi söyledi. Ve bin kişi inandığı, bildiği ve ileri seviye bilgilerle yaşadığı zaman, bu bilgiler kollektif bilince yayılacak ve insanlığın gizli kalmış yeteneklerini ortaya çıkararak, uyanışı yükseltecektir.

Bana şu söylendi:

"İlk önce kavramlara inanırsın, sonra onları bilirsin ve onların içinde yaşarsın. İleri bilgiler daha önce hiç uyanmamış nörol yolları açacak."

Bunu duyduğumda, günlük hayatımdaki olağan zorlukların daha çok işimde olmasını dilemeden edemedim. Okumalar ve şifalar yapma, içinde kendimi daha rahat hissettiğim insan vücudunda olma, hücrelerin ve kemiklerin arasında dolaşma ve iliklerime kadar işlemiş huzurlu teta halinde olma. İşler ben vücudun dışında günlük yaşamın stresi ile uğraşırken garipleşiyordu.

Bu dileğimin yanıtını Yaratıcı şöyle verdi:

"Vianna tetanın içinde ya da dışında, bedenin içinde ya da dışında, bunların hepsi aynı şey. Kaç kişi karışık organ sistemlerini işleten beden fonksiyonları hakkında düşünür? Her an beyinden vücuda ona nefes almasını, büyümesini, açlığı hissetmesini, yiyecekleri hazmetmesini ve diğer bütün bilinçdışı şeyleri yapmasını söyleyen elektriksel uyarılar gider. Buna benzer biçimde beyin ve ruh da Dünyanın devasa sinir sistemi ile bağlıdır. Dünya da bizim sonsuz "dış" bedenimiz

olan Evren'in sinir sistemi ile bağlantıdadır. Nasıl içimizde bedenimiz ile bağlantıdaysak, aynı şekilde uzayımız dışında kalan Evren ile de bağlantıdayız ve orada değişikliklere etki edebiliriz. Bu değişikleri yapamama sebebimiz yüzyıllardır çocuklarımızı limitlerimiz olduğu inancı ile yetiştirilmiş olmamızdır. Bu limitleri içeride, çevrede ve DNA boyunca spritüel, zihinsel, duygusal ve fiziksel seviyelerde kabullendik."

O an Yaratıcı'nın ThetaHealing bilgileri ve bunların nasıl verilip, hayata geçirileceği planı hakkında daha derin bir anlayışa sahip olmaya başladım.

Anlayacağınız üzere İnanç ve His çalışmaları bana verildiği zaman, hepimizin içinde olan Tanrı-öz ile gerçekten bağlantıya geçmek için limitlerimizi yok edebilme yeteneği olduğunu gördüm. İnsanlık olarak bu programları fiziksel, duygusal ve spritüel seviyelerde yüzyıllar boyunca topladık. Onları bırakmak için bir araç olmadan bunlardan kurtulmak yine yüzyıllar alır. Geçmişte bizler böyle evrimleştik; kademe kademe, nesilden nesile, hayattan hayata. Her hayatta biraz daha evrimleştik ki böylece o belirli hayatın bize verebileceği her şeyi anlayabilelim. Ama şimdi, *Spritüel evrim* aracılığıyla kendi gerçekliğimizin sınırlarının ötesini görme yeteneğini geliştirdiğimizi ve kendimizi yaratımın diğer yönlerine açtığımızı anlıyorum. Bize, artık bu hayatta hizmet etmeyen inanç sistemlerini ortadan kaldırmanın yolu verildi.

Şimdi "karmamızın" ilerlemesine engel olan barajın önünü açmak için yeni yollar geliştirecek bir dönüşüm aşamasına ulaşma fırsatına sahip olduğumuzu biliyorum. Bizleri, genetik, hastalıklar, çocukluk programları, kollektif bilinçten gelen enerjetik etkiler ve sorunlar; Her Şey Olan Yaratıcı ile beraber yaratmak için tam potansiyelimizi geliştirmekten alıkoydu. Şimdi atalarımızın seçimlerinden etkilenmekten ve hatta şu anki hayatlarımızın da etkilerinden kurtulabiliriz. Artık Tanrı'nın kutsal kıvılcımları olarak gücümüzü kullanmaya başlama zamanıdır.

Şimdi sizlere DNA 3 için hazırlık olan, 2003 yılından beri öğretilen ve bu kitapta derlenen İleri ThetaHealing'i takdim ediyorum. İleri ThetaHealing'in Altın Kuralı bu çalışmalarda dikkatli olmaktır. Sezgisel yetenekleriniz bir kere gelişti mi, teta durumundayken yansıttığınız düşünce formlarının bilincinde olmanız zorunludur. İşte bu yüzden negatif programları kaldırıp, değiştirmek için İnanç çalışmasını kullanmak, ilave olarak, Yaratıcı'dan, düşüncelerimizde bizleri saflığın olduğu yere götürecek, hisleri yüklemek önemlidir.

Zihniniz inanılmazdır. Elektriksel uyarılar ile vücudumuzu hareket ettirir. Bu tekniklerle, bedenimizin *dışındaki* şeyleri hareket ettiren elektriksel uyarıları da kullanmayı öğreneceksiniz. Yeteneklerinizi korkusuzca kullanmak ve duygularınız ile *gerçek* arasındaki farkı bilmek için bilgelik geliştirmelisiniz.

Theta çalışmasını uygulayan öğrencilerin ve eğitmenlerin büyük çoğunluğu harika insanlardır. Bununla beraber, arada sırada aralarında dengesiz ya da fazlasıyla egoist bireyler de olabiliyor; tıpkı hayatta olabildiği gibi. İleri bilgilerin olmasının sebeplerinden biri budur. Bunlar theta çalışması yapmaması gereken kişileri yapması gerekenlerden ayıklamak içindir.

Her zaman hatırlayın; *Özgür İrade* harika bir hediyedir ancak başka birinin *Davranış Özgürlüğü* ile çatışmamalıdır.

2002 yılında şimdi bu konuyla ilgili olduğunu düşündüğüm bir rüya gördüm. Rüyamda bir bebeği koruma görevi verilmişti. Çocuğun etrafında bir gizem vardı. İlk önce birisinin onu öldürmeye çalıştığını düşündüm, çünkü ne zaman biri ona yaklaşsa parçalara ayrılıyordu. Rüyamda tam da sanki birisine korkunç bir şeyler olurken odaya girdim ve aslında sebebin bebek olduğunu anladım. Anlayacağınız üzere onda çok fazla kontrolsüz psişik güç vardı. İnanılmaz psişik yetenekleri vardı ve kim onu kızdırsa veya üzse lime lime oluyordu. Bebek insanlığın kontrolsüz psişik yeteneklerinin, cehaletimizin ve onları yanlış kullanımımızın sembolüydü, tıpkı yolda giderken önüne çıkan herkesi lanetleyen biri gibi. Çocuk akıl almaz boyutta sezgiseldi ancak sahip olduğu güçle beraber bilgeliğini elde edememişti. Bilgeliği geliştirecek zamanı olmamıştı.

Kıssadan hisse, eğer bilgelik olmadan gücünüz varsa onu yanlış kullanmanız olasıdır. Şu anda bulunduğumuz yer ve zamanda, pek çok insanda ThetaHealing ile gelecek yetenekleri yanlış kullanmaya *sebep* olacak inanç Programları vardır. Bu programlar farklı seviyelerde tutuluyor olabilir. Bazı kişilerde, bilinçaltı seviyesinde kendini *Sabote Etme Programı* bulunur. Başka durumlarda da uygulayıcının negatif egosu ThetaHealing uygulayıcısının gelişimini sınırlayabilir. Denge, enerji çalışmasını kullanan sezgisel bir şifacı olmanın anahtarıdır. Enerji çalışması yapan sezgisel şifacı haline gelmede anahtar dengedir. Eğer şifacı dengesizse, okumaların ve şifa çalışmalarının verimli olmaması mümkündür.

Okumalarda, Şifalarda ve bu çalışmanın öğretilmesi sırasında koşulsuz sevgi yansıtılmalıdır. Eğer şifa çalışması yaptığınız kişileri gerçekten sevmiyorsanız, bunu hissedebilirler. Eğer içinize bakıp bazı insanlardan hoşlanmadığınızı bulursanız, belki de insanlardaki *gerçeği* görene ve kabul edene kadar ve onları oldukları gibi *sevene* kadar inanç çalışmasını kullanmalısınız. Başkalarında bizi rahatsız eden kişilerin özelliklerini algılayabiliriz, ancak bizde bulunan bu özelliklerde ustalaşmak dünyadaki bitmek bilmez rekabet döngüsünün üstesinden gelir. Derindeki inançları bırakmak ve Yaratıcı'dan gerekli hisleri kabul etmek sizi özgür bırakır.

İleri ThetaHealing'e hoş geldiniz!

Yaşamın asıl doğası saf enerji olarak algılanabilir. Yedi Varoluş Seviyesi bu enerjinin dansı ve çemberidir. Bu kutsal enerji asla tükenmez, sadece farklı titreşim frekansları yoluyla form değiştirir. Hiçbir Varoluş Seviyesi diğerinden daha önemli değildir. Hedef, varoluştaki her şeyi birbirine bağlayan ve onlara hayat veren, Var Olan Her Şeyin Yaratıcısının Yedinci Seviyesi vasıtasıyla her bir seviyenin enerjisi ile dengeli hale gelmektir. Bu kitabın amacı sadece bunu açıklamak değil, ayrıca en iyi ve en hızlı sonuçları alan enerjiye odaklanmayı ve yaratılan her şeyin geriye çevrilip, en baştan yaratılabileceğini göstermektir.

İleri ThetaHealing, atomların spiritüel doğasını ve bizlerin de gerçeklik yaratan muhteşem varlıklar olduğumuz bilgisini anlamaktır.

1
ThetaHealing His Çalışmasını Gözden Geçirme

Bu kitapta *Yedinci Varoluş Seviyesinden* nasıl şifa çalışması yapıldığını öğreneceksiniz. Yedinci Seviye, *Var Olan Her Şey'in özü*dür.

Varoluş Seviyeleri hakkında daha detaylı bilgiler de öğreneceksiniz, başka seviyelerde yapılmış ve artık bize hizmet etmeyen yeminleri, sözleri ve zorunlulukları yok etmeyi ve kırılmış ruhları nasıl iyileştirileceğinizi öğreneceksiniz.

Daha önce belki de hiç deneyimlemediğiniz hisleri getireceksiniz.

Zihinde; öfke, intikam, kızgınlık, pişmanlık, kin, saldırganlık, kıskançlık, acı gibi sıradan negatif düşüncelerin tutunarak ziyan ettiği yerleri temizleyeceksiniz. Bu, sizin daha fazla enerji kullanabilmenize, daha hızlı iyileşmeler elde etmenize, insan ırkının ilerlemesine olanak sağlayacak ve İlahi olana bağlanma fırsatı verecek.

Bu kitaba başlamadan önce lütfen kendi kararlarınızdan ve hayatınızdan, kendinizin sorumlu olduğunu anlayın. Bu kitaptaki kavramlar muhteşemdir ve büyümenize yardımcı olacaklardır ancak hiç kimsenin Özgür İradesini çiğneyerek kullanılamazlar. Kim olursanız olun, ne düşünürseniz düşünün, gerçek şu ki *hepimiz* deneyimler yoluyla öğrenmek için buradayız ve *hepimiz* Özgür İradeye sahibiz. Özgür İrade Evren'in Yasasıdır. Bu böyledir. Eğer bu kitabı başka amaçlar için okuyorsanız belki de bu bilgiler size uygun değildir. Bu çalışmayı uygulayan ve onu suistimal eden herkes bilmelidir ki Özgür İrade Yasasını çiğnemek, Gerçek Yasasını ve Adalet Yasasını çiğnemek manasına gelir. Yasalar her birinin içinde var olan nitelikleri geliştirmek için sinerji içinde işler. Bu, çalışmalara devam ederken her zaman akılda tutulması gereken bir şeydir.

◊◊◊

DNA 3 ThetaHealing sınıfı olacağı bana 2003 yılında bildirildi. Bu sınıfa ilerleyebilmek, bilgileri anlamak ve faydalanmak için öğrencilerin Var Olan Her Şeyin Yaratıcısından gelen belli Yüklemelere (kişinin belki de daha önce hiç bilmediği hisler) ihtiyacı vardır. Bu yüklemeler İleri ThetaHealing olarak adlandırmaya başladığımız sınıfa gelenlere teklif edildi ve bu kitapta yer alıyor. Bu kitap bu hisleri Var Olan Her Şeyin Yaratıcısı'nın en yüce tanımına ulaşarak kendinize nasıl yükleyebileceğinizi öğretiyor. Pek çoğunuzun hali hazırda bu Hislerin ve İnançların bazılarına sahip olduğunuzu ve onları yüklemenin sonucunda sarsıcı boyutta değişimler yaşamadığınızı anlıyorum. Bununla birlikte, bu hislerin doğru biçimde anlaşılması ve bilinmesi hayatınızda pozitif değişimler yaratabilir.

Biz bunun şu şekilde çalıştığına inanıyoruz: Ana rahmine düştüğünüz andan bu zamana kadar hücrelerimiz reseptörler aracılığıyla gelen mesajlardan ne beklemeleri konusunda eğitildiler. Her hücrenin reseptörleri var. Besin almak, hormonlar ve iletişim için oradadırlar. Alıcı, yerleştirici ve dağıtıcı olarak işlev görürler ve böylece hücreler fonksiyonlarını yerine getirir.

Hücreler çok küçük olduğumuz zamandan beri onlara gönderilen duygusal mesajlarla eğitildiler. Eğer yaşayanların çoğunlukta kronik depresif olduğu bir evde yetiştiyseniz, örnek olarak, sizin de kronik depresif olmanıza yol açabilecek reseptörleriniz olabilir. Siz büyüdükçe, bu eninde sonunda, reseptörler ve hücreler depresyonda olmadığınız sürece normal hissedemeyeceğiniz bir durum yaratacaktır. Hatta bir şeyler hakkında günde en az bir kere depresif hissetmezseniz bu size normal gelmeyebilir. Bu durumda aile üyelerinin etkileri sonucu vücut kronik olarak depresyonda olmak için eğitilmiş oluyor.

ThetaHealing'i kullanarak depresyonda olan birine yardım etmek için ilk kitabımda açıkladığım gibi İnanç Çalışmasını kullanabiliriz. Ancak "Ben depresyondayım" inancını çekmek ve yerine başka bir Program yüklemek tam anlamıyla işe yaramayabilir. His Çalışması işte burada öne çıkıyor. Böyle bir durumda yapılması gereken *depresyonda olmadan yaşamanın nasıl olduğunu* vücuda en yüce ve en iyi şekilde öğretmektir. Bu, depresyon mesajlarının içeri girmesine izin veren küçük kapıları nasıl kapatacağı ve faydalı olan hislere ve duygulara hücrede nasıl yeni yollar açacağı konusunda reseptörleri tekrar eğitir. Böylece artık hücre depresyon olmadan nasıl yaşanacağını anlar. Hücredeki değişiklikler DNA'da kaydedilir ve böylece hücre kendini çoğalttığında yeni hücrede de yeni yollar olur.

His çalışmasıyla hücreler üzerindeki reseptörler değiştirildiği gibi, yeni bir kavram tanıttığımızda ya da belirli bir İnancı değiştirdiğimizde beyinde yeni nöron devreleri yaratılır. Beyin biyolojik elektromanyetik verici ve bilgi alıcıdır; bu bize öğrenme fırsatı veren bir özelliktir. Örneğin; eğer çirkin olduğunuza dair Programı çıkarıp güzel olduğunuz programını yerine koyarsanız, nöronlar bu yeni modele göre hareket edecektir. Yine de, öncelikle güzel olmanın nasıl hissedildiğini bilmelisiniz.

Pek çok durumda *Kazma Tekniği* his yüklemesi ya da programları bırakmanın öncesinde yer almalıdır. Bu teknik hangi nöron bağlantısının değişmesi gerektiği anlamamızı sağlar. Değişiklik yaptığımız zaman yeni modelle çatışma ihtimali olan diğer kalıpları da değiştirdiğimizden emin olmalıyız. İlk kitabımda Kök İnanç için Kazma yapmayı anlatmıştım. Bu kitapta bu işlemin derinlemesine açıklamalarını vereceğim.

Kazma Yaratıcı'ya neyin değişmesi gerektiğini sorup başka bir şey yapmamak değildir. Danışanla bir konuşmayı kapsar, sadece konu hakkında konuşmak bile onları sorunlarından kısmen de olsa serbest bırakılmasını sağlar. Aslına bakarsanız bu, Programların bilinçli zihnin ışığında ortaya çıkararak kendiliğinden serbest kalmalarına yol açar. İşin püf noktası danışan-uygulayıcı etkileşimidir. Ama danışan beyninin tekrar programladığına çok fazla odaklanmamalıdır, yoksa bilinçaltı yeni Programı eskisi ile değiştirmeye çalışabilir.

Reseptörlere bağlanmış yeni bir Program ile karşılaşınca Yaratıcı'ya bırakılacağını mı, değiştirileceğini mi yoksa sadece bazı taraflarının silineceğini mi sorun. Asla uygun muhakeme olmadan program değiştirmeyin. İlk bakışta negatif gibi görünen bir Program aslında fayda sağlıyor olabilir. Programlar rastgele bırakılmamalıdır.

Bilinçaltına farklı davranmayı öğretmek bana ait bir fikir değil. Pek çok insan bilinçaltını değiştirmek için farklı yöntemler kullanır; mesela 30 gün boyunca aynı şeyi okumak gibi. ThetaHealing'de biz değişimlerin hemen olduğuna inanırız. İnançlar çekilir, Yaratıcı'ya gönderilir ve Yaratıcı'dan gelen yeni Program ve Hisler ile değiştirilir, işte bu kadar. Bizler İnanç ve His çalışmaları yoluyla vücutta fiziksel değişimler yapmanın mümkün olduğuna ve hastalıkların iyileşebileceğine inanıyoruz. Yaratıcı'dan hisler yüklenerek pek çok hayatın kolayca değiştiğini izledim.

2

Yedinci Seviyeyi Keşfedin

ThetaHealing sınıflarında insanlara öğretirken, onları sadece fiziksel olarak değil, spiritüel olarak da gözlerim. Çalışmalarını yaparken, bilinçleriyle nereye doğru gittiklerini görme izni veren sezgisel görüş farkındalığını kullanırım. Hatırlayın, ThetaHealing'de biz Teta beyin dalgasını tetiklemek için alanımızın üzerine gittiğimizi imgeleriz ki bu ThetaHealing'i çalıştırır. Fakat herkesin değişik bir yere gidiyor olduğunu fark etmem uzun zaman almadı. Sınıflardan birinde aldığı sonuçlardan hüsrana uğramış bir öğrencim bana Okuma ve Şifa çalışmalarında *nereye* gittiğimi sordu. O anda ona yapabileceğim en iyi şekilde açıkladım, ancak süreç benim için o kadar doğal olmaya başlamıştı ki, hiçbir sözün onun hakkını kolayca veremeyeceğini fark ettim. Ama yine de bir şekilde kelimelere dökmeliydim. Bu beni oturup *Yedinci Seviyeye Yol Haritası* olarak adlandırılan süreci adım adım yazmam için motive etti.

Bu işlemi "*ThetaHealing - Sıradışı Bir Enerji Yaklaşımına Giriş*" kitabımda yazmıştım, ama burada şimdi tekrar edeceğim çünkü Var Olan Her Şeyin yaratıcı enerjisine ulaşmak sadece Yedinci Seviyeye çıkarak olur. Burası, anda hastalıkları yok eden ve sağlığı tekrar yaran, Yaratıcı Enerjinin bulunduğu yerdir. ThetaHealing Uygulayıcılarının gitmesi ve şifa çalışmalarını yapması gereken yerdir.

Alanınızdan çıktığınızı ve Yedinci Seviyeye gittiğinizi imgelediğinizde, kendi kişisel paradigmanızı ve bu dünyanın kısıtlı algısını geride bırakırsınız. Bu işlem beyninizin tüm parçalarında yeni yollar oluşmasını tetikleyerek, neredeyse bilincinizin içini dışına çıkarır, çevrenizdeki her şeye açıklıkla bakmanınızı sağlar.

YEDİNCİ SEVİYEYE ÇIKIŞ

Bu işlem Yaratıcı tarafından, Olduğunuz herşeyi eğiterek, Var Olan Herşeye bağlanmanızı ve anlamanızı sağlamak için verilmiştir. Bir kere öğrenildiğinde, artık kolayca zaten orada olduğunuzu hissediyor olacağınızdan, Yedinci Seviyeye anında gidebilecek ve tüm prosesi geçmek durumunda kalmayacaksınız.

Dünyanın merkezinden gelen enerjinin, ayaklarınızdan yukarı doğru çıktığını ve başınızın üzerine gelerek çok güzel bir ışık topu haline geldiğini imgeleyin. Siz bu ışık topunun içindesiniz. Işık topunun ne renk olduğuna bakmak için zaman ayırın.

Şimdi, evrenin yukarısına gittiğinizi imgeleyin.

Şimdi, Evrenin üstündeki ışığa girdiğinizi imgeleyin. Bu büyük ve güzel bir ışıktır.

Bu ışığın içinden, yukarı doğru gittiğinizi imgeleyin ve bir başka parlak ışık göreceksiniz, ve bir tane daha, ve bir tane daha. Aslında, pek çok parlak ışık vardır. Gitmeye devam edin. Bu ışıkların arasında biraz daha karanlık bir ışık var, ama bu bir sonraki ışıktan önceki katmandır, gitmeye devam edin.

Sonunda, parlak büyük altın bir ışık var. Onun içinden geçin. Sonra, gökkuşağının bütün renklerinden oluşan jöle gibi bir maddeyi göreceksiniz. İçine girdiğinizde renklerin değiştiğini göreceksiniz. Bu Yasalardır. Burada her türlü rengi ve şekli göreceksiniz.

İlerde, yanar döner beyaz bir ışık var. Bu inci gibi, beyaz-mavi renktir. Bu ışığa doğru gidin. Gördüğünüz koyu mavi renge doğru gitmeyin çünkü bu Çekim Yasasıdır.

İncimsi beyaz ışığa yaklaştığınızda, pembe bir sis göreceksiniz. Bunu görene kadar gidin. Bu Şefkat Yasasıdır ve sizi incimsi beyaz ışığa doğru itecektir.

İncimsi beyaz ışığı dikdörtgen şeklinde, bir pencere gibi göreceksiniz. Bu pencere aslında Yedinci Seviyeye giriştir. Ordan girin ve içine ilerleyin. Bütün bedeninizden incimsi beyaz bir parlaklık geçtiğini görün. Hissedin. Hafif hissedilir ancak bir özü vardır. Bu enerjiyi içinizde hissedersiniz, sanki bu enerjiyle bedeniniz arasında bir ayrım yokmuş gibi, sanki birmişsiniz gibi. Siz Her Şey haline gelirsiniz. Merak etmeyin bedeniniz yok olmayacaktır. Mükemmel ve sağlıklı olacaktır. Hatırlayın ki burada sadece enerji vardır. İnsanlar veya şeyler yoktur. Yani eğer birilerini görüyorsanız, daha yukarı gidin.

Burası Var Olan Her Şeyi Yaratan'ın anda şifalar yapabildiği ve sizin de hayatınızı her bakımdan yeniden yaratabileceğiniz yerdir.

Bu yolu kullanarak Varoluşun Yedinci Seviyesine gitmeyi uygulayın. Zihninizin kilitlerini açacak ve beyninizdeki nöronlarınızı yaratımın enerjisine bağlanmak üzere harekete geçirecektir. Bu sizi evrenin ücra köşelerine götürmez, daha çok, sizi varoluşunuzun içindeki parçaya götürür, daha önce deneyimlemediğiniz, kendi iç evreninize. Bu sebeple insanlar bazen Yedinci Seviyeye ilk gittiklerinde kendi ayna yansımalarını görürler.

Aslında gittiğiniz yer, her şeyin başlangıcıdır. Ve siz orada *her şey*le bağlı olduğunuzu anlarsınız.

GENİŞLEME METODU

Yedinci Seviyeye bir başka ulaşma yolu da genişleme metodu ile olandır. Bu yöntem, ilk teknikte ustalaşmadan ve tüm çevrenizde enerjinin olduğunu ve Var Olan Her Şeyin ayrılamaz bir parçası olduğunuzu kavramadan denenmemelidir.

Rahat bir sandalyede ya da koltukta oturun ve derin bir nefes alın. Sandalye ile moleküler bazda bir olduğunuzu imgeleyin. Sizin ve sandalyenin molekülleri ileri geri hareket ediyor ve iç içe geçiyor. Moleküllerle bağlantı kuruyorsunuz ve onlarla bir oluyorsunuz.

Şimdi, moleküler seviyede odadaki diğer her şeyin bir parçası olduğunuzu imgeleyin. Dışarı doğru genişleyin ve dış dünya ile bir olduğunuzu imgeleyin.

Tüm bölgenin bir parçası olduğunuzu imgeleyin, şimdi bulunduğunuz ülkenin bir parçası olduğunuzu imgeleyin.

Tüm dünyanın bir parçası olduğunuzu imgeleyin, dünya ile bağlantı kurun, tüm karalar ve denizlerle, tüm varlıklarla, gezegendeki tüm uluslarla, taa ki dünya ve siz bir ve aynı olana kadar.

Tüm evrenle bir ve aynı olduğunuzu imgeleyin.

Tüm parlak ışıkların bir parçası olduğunuzu imgeleyin.

Jöle gibi maddenin bir parçası olduğunuzu imgeleyin.

Sonunda, Yedinci Varoluş Seviyesi olan inci beyaz ışığın bir parçası olduğunuzu imgeleyin. İncimsi beyaz ışıkla bir olup, onunla titreşin.

Derin bir nefes alın ve gözlerinizi açın. Yedinci Varoluş Seviyesine hoş geldiniz. Farkına varın, siz ayrı değilsiniz, Yaradan'ın - Var Olan Her Şeyin bir parçasısınız.

KISA YOL

Bu süreçten bir kez geçtiniz mi, orada olduğunuzu emrederek Yedinci Seviyeye anında ulaşabildiğinizi bulacaksınız. Bu beyinde çevrilen bir anahtar gibidir.

Hatırlayın, Yedinci Seviyeye gidiyorsunuz, Yedinci Düzeye değil. Varoluş seviyelerinininin içinde pek çok düzey vardır Eğer yedinci düzeye gitmeyi emrederseniz, Beşinci Seviyeye gidersiniz.

Topraklanma

Bilincinizi kendi alanınıza getirdiğinizde *kendinizi topraklamanın* uygun bir yolu vardır. Enerji-bilincinizi dünyanın merkezine bir kez daha gönderip sonra kendi alanınıza getirmek önemlidir.

Bazıları bilinçlerini başka bir insanın alanına gönderip kendi alanlarına döndüklerinde Her Şey Olan'ın aracılığıyla özlerini arındırmadan bedenlerine dönerler. Kişi için en iyisi alanlarına döndüklerinde Her Şey Olan ile bağlantıya geçmektir.

YARATAN

Pek çok insan, Yedinci Seviyeye gitmenin, uzayın derinliklerine yükselmek olduğuna inanır. Daha önce açıkladığım gibi, aslında yapılan, *kendi içerindeki* bir şeyi tetiklemektir, enerjinin içindeki, özdeki ve atomun yapısındaki bir şeyi. Eylem, ruhun Var olan Her Şeyin Yaratıcısı'na bağlı olduğumuzun hatırlanmasıdır.

Pek çok kültürde, Yaradan'ın eril olduğu ya da eril bir Tanrı olduğu düşünülür. Ancak siz Yedinci Seviyeye ulaştığınızda, *tümünü* yaratan enerjiye ulaşırsınız. Burada, dişi yada erkek yoktur, sadece hepimizin içinde var olan yaratımın enerjisi vardır.

Benim başka bir öğrenci-eğitmenim de Yaratıcı'nın her an her yerde olduğu ve bizim de onun parçası olduğumuz anlayışını bir türlü kavrayamadı. Onu Yedinci Seviyeye çıkarmak için elimden gelen her şeyi yaptığımı hatırlıyorum. Gözyaşlarına boğulup bunun çok fazla olduğunu söyledi. Bana Yaratıcı'nın ondan çok uzakta olduğunu ve Yaratıcı'ya erişemediğini söyledi. Yapabildiğim en iyi şekilde ona şunları söylediğimi hatırlıyorum: "Bir kez Yedinci Seviyeye eriştiğinde ve gözlerini Her Şey Olan enerjiye açtığında orada kendi yansımanı göreceksin." Bu sınıfa eğitmenlik yaptığım süre boyunca ona aktarmaya çalıştığım bu kavramı hiçbir zaman anlamadı. Anlattıklarımı dinlemek için eski inançları içinde debelenmeyi bir an olsun bırakmadı. ThetaHealing'in hedefinin bir parçası da, inanç çalışması kullanarak, Yedinci Seviye'ye ve Var Olan Her Şeyi Yaratan'a ulaştığınızı fark etmenize engel olan blokajların temizlemesidir. DNA3 ü kullanabilmek için anlamanız gereken bu enerjidir.

İlahi Olana Bağlanma

Ayrıca Yaratıcı ile direkt bağlantı kurmak için, bilincinizle yukarı ve dışarı gitmek mümkündür Bilincimle yukarı çıkmak için bulduğum en iyi yol şöyledir:

1- Ayaklarınızın altından başlayın ve enerjiyi Dünyanın merkezinden çekin.

2- Bu enerjiyi bedeninize çekin.

Bu otomatik olarak çakralarınızı açar ve kundalini enerjisini anında aktive eder. Bu enerji ile Yedinci Varoluş Seviyesindeki Var Olan Her Şeyi Yaratan ile bağlantı kurulmuş olur.

Bu yöntemin takip edilmesi önemlidir, çünkü bu çakraları açar ve kundaliniyi güvenli ve doğru şekilde yükseltir, eğer kundalini çok hızlı aktive edirse, iç organların zorlanma ihtimali olabilir.

3
İleri Okuma

ThetaHealing Okumalarında, pek çok ilginç özelliği olduğu bulunan, Teta beyin dalgası kullanılır. Bilim adamları belirli beyin frekanslarının (özellikle de Alfa, Teta ve Teta-Gama) aşağıda sıralananları yaptıklarını keşfettiler:

- Stresi azaltır ve kaygıyı kalıcı ya da önemli derecede azaltmaya yardımcı olur.
- Derin fiziksel rahatlamaya ve zihinsel açıklığa ulaşmaya yardımcı olur.
- Sözel beceriyi ve sözlü performans artışını sağlar.
- Beynin her iki yarım küresini senkronize eder.
- Güçlü ve spontane zihinsel görüntüler ve hayal gücü, kuvvetli yaratıcı düşünmeye yol açar, acıyı azaltır, coşkuyu arttırır ve endorfin salgılanmasını uyarır.

Var Olan Her Şeyin Yaratıcısı ile teta durumunda bağlantı kurduğunuz her defa beynin ön lobundaki nörolojik yolları aktive edersiniz. Bu, beynin plaseboya tepki veren kısmıyla aynıdır. Teta dalgasını ne kadar fazla tutarsanız, beyninizin o parçası o denli gelişir, tetada olmanın ardından sizi biraz daha fazla sevinç ve çoşku hissi içinde bırakır.

Teta dalgasını tutmak ilk başta kolay olmayabilir, ama çalışarak bir İleri ThetaHealing uygulayıcısı, teta beyin dalgasını; 50 kişinin bulunduğu kalabalık bir salonda, kalabalık bir caddede veya her türlü kaos ve gürültünün içinde bile tutabilir. Tabii ki, huzurlu ve ahenkli bir ortamda, ilahî meditatif bir duruma ulaşmak çok daha kolaydır, ama her zaman böyle bir lüksümüz olmaz. Önemli olan, sezgisel yeteneklerimizi karışıklıkların ortasında bile kullanabilmektir. Zihinlerimizi, bilinçli zihnimiz yeteneklerimiz hakkında korku ve şüphe dolu konuşmaya başlamadan, ilahî Teta durumuna anında yükselecek şekilde eğitmeliyiz.

OKUMA

Beyini, Okuma ve Şifa yapmaya eğitmek için aşağıdaki yöntemi kullanın. (Bu *ThetaHealing - Sıradışı Bir Enerji Yaklaşıma Giriş* kitabında detaylı ve geniş olarak belirtilen yöntemin basitleştirilmiş halidir.)

1. Kalp çakrasında başlayın.
2. Enerjinizi Toprak Ana'nın merkezine gönderin.
3. Enerjiyi çakraları açması ve kundaliniyi aktive etmesi için bedeninize geri getirin.
4. Enerjiyi taç çakranızdan yukarı dışarı gönderin.
5. Her Şey Olan'a yol haritasını kullanarak tüm Varoluş Seviyelerinden geçin.
6. Var Olan Her Şeyi Yaratan'a ve Yedinci Varoluş Seviyesine bağlantıyı yapın.
7. Okumaya tanık olmak için emir verin.
8. Kişinin alanına gidin ve bedeninin içine tanıklık edin.
9. Bitirince, bilincinizi onların Taç çakrasından çıkarak alanlarının dışına getirin, bağlantıyı bir akarsuda ya da beyaz

ışıkta durulanarak kesin ve kendi bedeninize Taç çakranızdan girin. Topraklanmak için bilincinizi aşağıya Toprak Ana'ya gönderin ve enerjiyi bedeniniz boyunca Taç çakraya kadar çekin.

Bir kez bu süreç eşzamanlı bir kendiliğindenlik haline gelince, mekanik bir şekilde adım adım bu süreci uygulamaya gerek görmeyeceksiniz. Bir anda dünyanın merkezinden yapılan enerji bağlantısı omurgadan taç çakraya gönderilecektir. Bu teta bilinciyle, Yaratıcıya giden Yol Haritasını kullanarak bütün Varoluş Seviyelerinden geçebilirsiniz. Sonra, zamansız bir anda, Varoluşun Yedinci Seviyesi ve Var Olan Her Şeyin Yaratıcısı Olanın kutsal enerjisiyle birleşirsiniz.

Yol Haritasının Ödülü

Bu Yol Haritası bilinç için odak noktası işlevi görüyor ve kısmen de olsa Varoluşun İlk Altı Seviyesinin albenisinden dikkatinizin dağılmasını engellemeye yarıyor. Ayrıca, Yol Haritasını kullanma süreci içinde beyninizi uyaracak ve Okuma ve Şifa yeteneklerinizi arttıracak gizli bir etkinleştirme modeli vardır.

Bu yol haritasının sürekli olarak kullanılması Her Şey Olan'ın enerjisini anlamanıza ve kullanmanıza yardımcı olacaktır. Bunun sebebi Beyaz Işığa, Siyah Işığa, siyahlıktan en parlak Beyaz Işığa gittiğiniz her defa beyninizin farklı kısımları yedi seviyeye ve Var Olan Herşeyin Yaratıcısı'na *açılır*.

Kendinizi Yaratıcı'ya giderken hissettiğinizde, ön lobunuzdaki, pineal bezinizdeki, hipofiz bezinizdeki ve hipotalamusunuzdaki hareketlenmeye şahit olun. Bir enerji dalgası beynin bu bölümlerini temizleyecektir. Yol Haritası meditasyonunu kullandıkça, beyninizde belki de bir süredir hiç kullanmadığınız "kasları" çalıştırıyor olacaksınız.

"Peki bunun ödülü nedir?" diye sorabilirsiniz. Aradığınız şeyi bulacaksınız. Hayal bile edemeyeceğiniz derece huzur, saflık ve neşe bulacaksınız. Bu hisler sizinle kalacak. Bundan sonra da bu hisleri etrafınızdakilerle paylaşmak sizin sorumluluğunuz olacak. (Çünkü bunu yapmak güzel bir şey.)

Yükselme

Yedinci Seviyeye yükseldiğimiz zaman aslında "aynı anda" hem içeri doğru hem de Yaratılışın sonsuzluğunun dışına doğru bir yolculuğa çıktığımıza inanıyorum. Kendi beynimizin içinde yolculuk yapıyoruz; mesaj taşıyıcılara, nöronlara, vücudun nöron devrelerinin yollarını takip ederek her molekülde bulunan atomik enerjinin içine gidiyoruz.

Zihnimiz bir farkındalıkla uyarılmış olur -her bir molekülle, her bir atomla ve atom altı parçacıkla olan ilişki enerjiyle bağlantılı olduğunun farkındalığı. Bu yükseliş yolundaki ilk adımdır. Bu içsel farkındalık sayesinde, insanlar arasında devam eden akıl almaz rekabete artık ihtiyaç duymayacağız ve dualite savaşı sona erecek. Evrenin muazzam gücü içimizde bizimle bütünleşmek için bekliyor. Bu gücü, odaklanmış Teta beyin dalgası aracılığıyla, hissetmeyi bir kere hatırladığımızda, günlük hayatımız evreninin dışına, Varoluş Seviyeleri kanalıyla genişleyerek Var Olan Her ŞeyinYaratıcısı'nın muazzam evrenine akacak.

Emir

ThetaHealing'de bize bir şey yapılması *emrini* bilinçaltına vermemiz öğretilir. Daha sonrası imgeleme yoluyla tanıklık etmektir. Farkına varmamız gereken şey şudur; bir şey için *emir* verince bilinçte ya da bilinçaltında o emrin yerine getirilmesi için en ufak bir şüphe bile olmayacaktır -bu süreç kendi değerimize, yeteneklerimize ya da başka bir şeylere ilişkin bütün şüphe ve inançsızlıkları ortadan kaldırır. Emrin kendisi Şifadaki tamamlayıcı unsur olarak öneminizi idrak etmenizi sağlar.

Bununla birlikte emrin ne olduğunu ve ne olmadığını unutmamalıyız. Kutsal olan ile iletişime geçtiğimizde *emir* ile *talep* arasındaki farkı bilecek şekilde kendimizi eğitmeliyiz.

ThetaHealing'in bize verdiği en önemli şeylerden biri ilahi olanla *iletişim kurma* yeteneğidir, *kutsal olandan talep etme* değil. ThetaHealing küçük ya da çok büyük egoist istekleri yerine getirecek bir *dilek listesi* olmak için tasarlanmadı.

Ayrıca ThetaHealing Yaratıcı'ya konuşmak hakkında da değildir. Yaratıcı'ya söylemek ve onu dinlemek hakkındadır. İlahî olanla gerçek iletişim budur.

Emre Tanık Olmak

Bir Şifaya ya da tezahüre *şahit olunduğunda Emir* gerçekten çalışır. T*anık olunmuyorsa, gerçekleşmez* diye bir yasa vardır.

Pek çok şifacının acele edip Şifa sürecinin tamamlanmasına tanıklık etmeden vücudu terk ettiklerini görüyorum. Eğer sürecin tamamlandığına tanık olmuyorsanız, *tamamlanmayacaktır*.

Durulanma

Yeni başlayanlara danışanlara, kendi alanlarına döndüklerinde, arta kalan enerjiden beyaz ışıkla ya da akar bir suda durulanmaları öğretilir. Ama ileri bir uygulayıcı gerçek bir iletişim kurma noktasına eriştiğinde ve alanına döndüğü zaman arta kalan psişik enerjiden kendisini durulamasına gerek olmayacak. Bunun nedeni Okumaların ve Şifaların Her Şey Olan'ın kusursuz enerjisi ile yapılacak olmasıdır.

Nazikçe, Yumuşakça

Yaratıcıdan süzülüp gelen odaklanmış teta beyin dalgası son derece nazik bir sinyaldir ve fiziksel hareketlerle dışa vurulmasına gerek yoktur. Çoğu öğrencimin, okumaları yaparken gözlerini kafalarının içinde geri döndürdüklerini ve akort çatalı gibi bütün bedenlerini titrettiklerini gördüm. Hatta bazıları sanki bağırsaklarında acılı bir hareketlenme varmış gibi görünür! Onların *hepsi* çok fazla çaba sarf ediyor.

Birinin alanına girmenin en iyi yolu havada süzülen bir tüy kadar nazik olmaktır. Sanki o kişilerden *ayrı* değil de, onların bir *parçası* gibi alanlarına girin. Vücudun organ sistemlerinin kendi arzusuyla hareket eden bir çeşit zekâ olan kendi duyarlılıkları vardır. Vücudun hücreleri sizin bilincinizi hissedebilir ve eğer makrofajlar[1] sizi bir tehdit olarak algılarsa bağışıklık sistemi yabancı bir istilacıdan geliyormuş gibi algıladığı atağa karşılık vermek için daha fazla çalışmaya başlayabilir. Büyük bir hürmetle girin... nazikçe, yumuşakça ve izin alarak. Birinin kutsal tapınağına giriyorsunuz.

Odaklanma

Birisi sizden Okuma yapmanızı istediğinde onun enerjisine odaklanmış kalmalısınız. Fakat eğer odaklanmaya çok fazla *odaklanırsanız* bir şeyler kaçırabilirsiniz. Okuma sadece odaklanmak ve teta seviyesini korumaktır.

Eğer Okuma üzerine bir kariyer yapmayı düşünüyorsanız bunun her zaman kolay olmayacağını bilmelisiniz. İnsanlarla çalışacaksınız ve herkes farklıdır. Disiplin gereklidir. Ben bu işe başladığım zaman Evren'e, Yaratıcı'nın bana kulaktan

1 Makrofajlar (Yunanca: "Büyük-yiyiciler") dokularda bulunan patojenlerin, ölü gözelerin (hücrelerin), hücresel kalıntıların ve vücuttaki yabancı maddelerin yutulmasından sorumlu hücrelerdir. Makrofajlar doğuştan bağışıklık sisteminin bir bölümüdür.

kulağa beni duyup gelecek insanlar göndermesini istediğimi saldım ama hep işimin başında oldum. Her gün işe geldim ve telefonun çalmasını bekledim. Yaratıcı'ya dua ettiğimde işin kendime düşen kısmını yaptığımdan emin oldum.

"Bugün Okuma yapmak istemiyorum, hiç havamda değilim," diyenleri duydum. Sonra da neden düzenli müşterileri olmadığını merak ederler. Ben, eğer kişinin o zaman vakti varsa, her gün, hatta geceleri ve cumartesi günleri bile olsa çalışmaya hazır ve müsait oldum.

Yeni başlayan yeni öğrencilerimden bazılarının Okumalarda hata yapmaktan ödü kopar. Bugüne kadar binlerce Okuma yaptım ve hâlâ telefona çıkmadan önce ya da bir danışanla seansa başlamadan önce kalbim hafif bir tedirginlikle pır pır eder. Ardından yukarı çıkıp Yaratıcı ile bağlantıya geçerim ve her şey yoluna girer. Tetaya girdiğim an Yaratıcı'nın meseleyi halledeceğini bilirim.

Başkalarının Yaratıcı ile sürekli ve saf bir iletişime geçmelerinin ne kadar zaman alacağını söyleyemem. Bu herkes için farklıdır, çünkü hepimizin farklı İnanç Sistemleri var.

Bildiğim bir şey var ki, çok sayıda danışanla çalıştığım uzun bir günün ardından bana ilham verdiği için şükrettiğim biri hep olur. "Yaratıcı bana bugün bu kişiyi gönderdiğin için teşekkür ederim," derim.

Bu kişilerden biri MS nedeniyle felç geçirmiş bir kadındı. Onun İnanç Sistemleri üzerinde çalıştık ve bitirdiğimizde sanki o bana terapi yapmış gibi gelmişti. Bana "Beni iyileştirebilir misin?" gibi bir şey dememişti. Bana "Yaratıcının benimle gurur duyması için ne yapmalıyım?" sorusunu sormuştu.

Böylesine ilham verici bir Okumanın ardından her şey düzene girer ve günlerce bu duyguların etkisiyle coşku içinde olurum.

İmaj

Danışanın gözünde ThetaHealing uygulayıcısının imajı Okumanın önemli bir parçasıdır. Uygulayıcı olarak, nispeten aydınlanmış bir karakteri üstlenmelisiniz. Uygulayıcı olarak sorumluluğunuz insanların, ilahî olana yaklaşmalarına yardımcı olmaktır, morallerini bozmak değil. Danışanlara kendi duygusal durumunuzu belli etme lüksünüz yoktur. Danışanın belli beklentileri vardır ve sorumluluğunuz elinizden gelen en iyi şekilde bu beklentileri karşılamaktır.

İşte bazı tavsiyeler:

- Danışanın dramına/travmasına duygusal olarak kendinizi kaptırmayın. Danışanın gözü önünde duygusal bir çöküntü yaşamanız pek de iyi bir şey değildir. Bu sizin şifaya tanık olmanızı engeller.
- Danışanla yakın arkadaş olmadan önce Yaratıcı'ya bunun güvenli olup olmadığını sorun.
- Sadece duygusallaşmak için Okuma yaptırmaya gelen danışanların olacağı zamanlar olacaktır. Hatta size bağırabilirler de. Bu kolayca dengenizi bozabilir. Yüzde doksanında, bunun sizinle alakası yoktur.
- Bir şifacı olarak, en zorlayıcı durumlarda bile olumlu bir ruh halinde kalmak gibi bir sınavınız vardır. Asla danışanların sizi zorlanırken görmelerine izin vermeyin. Günün sonunda kendi bedeninize dönmüş olmalı, topraklanmalı, negatiflikten arınmalı ve iyi bir ruh haline bürünmelisiniz. Başkalarıyla ilgilenebilmek için önce kendinize iyi bakmalısınız.
- Fark etmeden birisine onun negatif bilinçaltından yansıyan biçimde davranıyor olabilirsiniz. Düşüncede ve davranışta, sözde ve hareketlerde insanlara iyilikle yaklaşmalıyız. Bunu yapabilmek için de kendi hislerimiz, programlarımız

ve inançlarımız ile başkalarınınkiler arasındaki farkı bilmemiz önemlidir.

İlahî Olanı Dinlemek

Egonuzdan ötesini duyma ve dinleme yeteneğini geliştirmek önemlidir. Bir insanı nasıl şifalandıracağınızı duymayı öğrenin, gerçeği nasıl duyacağınızı ve Yaratıcı'nın açıklamalarını nasıl duyacağınızı öğrenin.

Birinin düşüncelerini duymak zor olabilir, özellikle de o kişinin sizden nefret ettiğini duyuyorsanız. Ama eğer kendinize "Onları yine de sevebilirim," diyebilirseniz, bu çok büyük bir fark yaratır, en azından çoğu zaman.

Mahremiyet

Mahrem olan şeyleri mümkün olduğu kadar gizli ve kutsal tutun. İsim vermeyin ve dedikodu yapmayın. Eğer birisi tehlikedeyse, yapabileceğiniz fazla bir şey olmadığı zamanlar olabilir. Böyle durumlarda Yaratıcı'nın sizi yönlendirmesine izin vermelisiniz.

Mutaassıplık

Okuma yaparken kendi ahlaki değerlerinizin işin içine karışmasına izin vermemek zor olabilir. İnsanlar "Şu kişiyle beraberim," tarzında sırlarını paylaştıklarında bunun yanlış olduğunu düşünmenin bana düşmediğine inanıyorum. Yukarı çıkıp Yaratıcı'ya durumdaki doğruyu sorarım. Uzaktan bakınca, bir insanı incittiğiniz her defa hatalısınızdır ama bu düşüncemi Okumaya getirmem.

Gerçek, yeri gelmişken, danışana pat diye "Bir ilişkin olduğunu görüyorum," demek değildir çünkü başka birinin gerçeğini onurlandırmak da önemlidir. Okuma yaptığımda bazen insanların bana soru sormalarını sağlarım, böylece öğrenmemi istemedikleri şeyler hakkında konuşmamış olurum.

Neden?

Uygulayıcı olarak, bir Okumada, bir şeyin "neden" öyle olduğunu anlamak zorundaymışız gibi hissederiz. Uygulayıcı olarak kişinin hikâyesindeki duygusal dramaya kendinizi kaptırmaya gerek yoktur. Bazı şeylerin "nedeni" yoktur, sadece "öyledir!". Şifacı olarak hastalık "vardır" ve değiştirilmesi gereklidir. Eğer hastalığa yol açan duygusal bir bileşen varsa, o zaman İnancın salıverilmesi ya da his yüklemesi gereklidir. Hastalık sebebiyle duygusal bağ kurmayın.

Örneğin, eğer bir hastalığın duygusal sebebi aldatan eski eşin verdiği acıysa, eski eşin neden aldattığını anlamanıza gerek yoktur, bu sadece olmuştur. Basitçe, eski eşle ilgisi olan Programları değiştirin. Bir şifacı olarak her şey ya da herkes sizin için bir anlam ifade etmeyecek.

Gerçek

Okuma yaparken daima en yüce Gerçeği isteyin. Yaratıcı'ya sadece "Bana en yüce Gerçeği göster," deyin. Eğer bağlanmak için "yukarı" gittiğinizde enerjide kaos, korku ya da öfke hissi varsa, o muhtemelen saf Gerçek değildir. En yüce Gerçek çok sakin bir hisse sahiptir.

Örneğin, diyelim ki şehrin tehlikeli tarafındasınız ve size sakince "Ayrılma zamanı!" diyen bir mesaj aldınız. Eğer mesaj size açık ve net geliyorsa ve sakin hissediyorsanız, bu inkâr edilemez gerçektir.

Gerçek aslında komik bir şeydir. Dünyada korkunç şeyler olduğu bir gerçektir ve eğer sezgileri güçlü biri olacaksınız iyiyi gördüğünüz gibi kötü şeyleri de görmek durumunda olacaksınız. İnsanların sahici gerçeğini görmeye başladığınızda bir daha asla insanlarla çalışmak istemeyebilirsiniz. Onu gördüğünüz şeye rağmen nasıl seveceğiniz konusunda Yaratıcı'dan talimat almaya ihtiyaç duyabilirsiniz.

Herkes beraber büyüdüğü şeylerin ve genlerinden gelen etkilerin ürünüdür. *Eğer onların tam ve eksiksiz kutsal Gerçeğini görebilseydiniz, haklarında o kadar eleştirel bir yargıda bulunmazdınız.*

Birisi Okuma için gelmişse ve siz onun dengesiz olduğunu hissedebiliyorsunuz, bu kişinin "Gerçeğini" görme konusunda zor bir duruma düşerseniz. Onu geri mi çevirirsiniz? Kendi Gerçeğinizi dile getirip o kişiye bildiğinizi mi söylersiniz? Ya da nazikçe o kişiye yardım mı edersiniz? Bu akıllıca olur mu? Onlar tehlikeli mi? Bütün bu sorular zihninize doluşacaktır. Gerçek şu ki size zarar verme durumu olmadığı müddetçe dengesiz insanların da herkes gibi yardıma ihtiyacı vardır.

Bir kez bu çalışmayı yapmaya ve Yaratıcı ile konuşmaya başladığınızda, insanların egosuna dikkat etmeniz gerekir; hem kendinizinkine hem de başkalarınınkine. Eğer işi yapanın ve yapılan işe şahit olmanıza izin verenin Yaratıcı olduğunu bilirseniz, ego duruma karışamayacaktır. Bu, biri size gelip "Sen benim son ve tek umudumsun," dediği zaman üzerinizdeki yükün bir kısmını da alır. Bu durumda o kişiye "Yaratıcı seni iyi edebilir ve ben senin için dua edeceğim," deme zamanıdır. Bu egonuzu da sürecin dışında tutacaktır. Kendinizi keşfe çıkın ve aşağıdaki programlara ihtiyaç duyup duymadığınıza bakın.

- Gerçeği görmek güvenlidir.
- Gerçeğin nasıl hissediliğini biliyorum.
- Başka birinin realitesinin (gerçeğini) anlıyorum.
- Var Olan Her Şeyin Yaratıcısı aracılığıyla en yüce gerçeği ayırt edebilirim.

Gerçeği Ayırt Etme – Düşünceleriniz Nereden Geliyor?

İnsanlar Yaratıcı'nın benimle daima konuştuğunu ve benim de her zaman ne yapılması gerektiğini bildiğimi sanırlar. Ne var ki gelişigüzel düşünceler hâlâ zihnime doluşuyor. Ben, bu düşünce formlarının Yaratıcı'dan mı geldiği yoksa boş gezen düşünce formları mı olduğunu ayırt edebilmeliyim.

Bilmeniz gereken şey, zihnin sürekli binlerce düşünceyi işlemden geçirdiğidir. Örneğin eşim Guy benim duyabildiğim *düşünceleri* hakkında kavga etmenin adil olmadığını söyler, çünkü onlar sadece aklından gelişigüzel geçen düşüncelerdir. Bazı düşünceleri aklınızdan geçtikleri sırada iptal edersiniz ve çoğunlukla bunlara göre hareket etmeyiz. İşte bu yüzden odaklanmalı ve hangilerinin Yaratıcı'dan geldiğini, hangilerinin gelmediğini ayıklayabilmelisiniz... ve bu biraz pratik gerektirir. Bir başka karmaşa da, bazen insanların farklı ruhsal rehberleri dinlemeye başlamasıdır ve rehberlerin de kendi fikirleri vardır.

Okuma yaparken diğer insanların düşüncelerini yakalayıp yakalamadığınıza karar vermelisiniz. Bazı durumlarda en büyük korkularını yakalayabilirsiniz. İnsanların anlamadığı yegâne şey Okuma sırasında Sır diye bir şey olmadığıdır, en azından sezgileri güçlü birinden saklanamaz. Okuma yaptırmak için gelen danışanların kendilerini koruma altına almaya çalışmalarını hep eğlendirici bulurum. Eğer size sözlü onay vermişlerse ve sizi bloke etmeye çalışıyorlarsa bu sadece düşüncelerini okumayı daha kolay hale getirir.

Evrende sır diye bir şey yoktur. Eğer dünyadaki herkesin ruhunuzun derinliklerini görebildiklerini bilerek yaşayabilirseniz, bu hayatınızı yaşayışınızı kesinlikle değiştirirdi. Benimkini kesinlikle değiştirdiğine inanıyorum.

Bir ThetaHealing uygulayıcısı olarak, zihninizi ayırt edebilecek şekilde eğitmek önemlidir. Neyin Var Olan Her Şeyin Yaratıcısı'ndan, neyin diğer insanlardan geldiğini ayırabildiğinizden emin olmalısınız. Bunu diğer önemli titreşimleri kapatmadan veya zihninizi aşırı yüklenmeye maruz bırakmadan yapmalısınız.

Her zaman sorulacak soru şudur: "Bu Yaratıcı'nın gerçeği mi?"

Bunun iyi bir örneği eşimin kardeşinin beni ziyarete geldiği zaman olabilir. Kanser problemi vardı ve o sıralarda kötüye gidiyordu. Odaya girdiği zaman aklıma gelen ilk şey "Olamaz kanser her yerde!" oldu. Bu düşünce bana ait değildi, *ondan* yayılan kendi düşüncesiydi. Bu düşüncenin sert bir dalga gibi bana çarptığını hissettim ve bir anlığına paniğe kapıldım. En azından yukarı çıkıp Yaratıcı'ya neyin gerçek olduğunu sorana kadar. Bana kanserin "her yerde" olmadığı, daha ziyade tek bir yerde olduğu söylendi. Ve bu daha sonra doktorları tarafından da doğrulandı. Yani aldığım şey onun korkusuydu, gerçeği değil.

Yaratıcı'nın Gerçeği

Okuma sırasında, kişinin gerçeğini algılayacaksınız (kendileri için yarattıkları gerçek), ama Yaratıcı'nın gerçeği farklı olabilir.

Eşim Guy ile tanışmamdan uzun yıllar önce, uyumlu olmadığım biriyle beraberdim. Onunla kaldım çünkü değişimden korkuyordum ve durum potansiyel olarak değişkendi, ilişkiyi kesin olarak sonlandırma konusunda tereddütlerim vardı.

Bu süre zarfında Yaradan ile sohbet ettim. Durum hakkında benim gerçekliğim ve Yaratıcı'nın gerçeği hep farklıydı. Yaratıcı'nın gerçeği şuydu: *"Bu insan senin hayatına girdi ve sen onun seni kullanmasına izin verdin. Hâlâ seni kullanmalarına izin veriyorsun. Hayır diyebilirdin ya da bu durumla farklı şekilde başa çıkabilirdin, ama gerçekte Vianna, bunun olmasına sen izin verdin. Bu bayağı iyi bir dramdı."*

Kendime mutsuz olduğumu ve de değişmek istediğimi itiraf etmek o dönem kaldırabileceğimden fazlaydı. Yapamadım ve durumla ilgili mazeretler ürettim. Hal böyleyken, Yaratıcı'nın gerçeği şöyleydi: *"Daha bununla işin bitmedi mi? Değişmek ister misin? Nasıl yapılacağını bilmek ister misin? Kendini bu insana olan zorunluluklardan serbest bırakmalısın. İnanç Sistemini değiştir ve bu kişi hayatından yok olacak."*

Dürüst olmak gerekirse, Guy ile tanışmadan önce ilişkilerimde kendime sevilme izni nasıl verilir bilmiyordum. Yürümeyen ilişkileri geride bırakacak kadar zekiydim ama Montana'dan gelen erkeğimi bulmadan önce onları terk etmek *zorunda* olduğuma dair kesin bir programım da vardı. Belki de bırakıp gidebileceğimi bildiğim insanları seçtim. Guy ile bir araya gelince, kendimi gerçekten onunla sallanan bir sandalyede oturup yaşlanırken gördüm. En sonunda kendime, hayatımın sonuna kadar beraber olduğumu görebildiğim birini bulmuştum. İnanç Çalışması onunla tanıştığım dönem ortaya çıktı.

Geliştikçe kutsal zamanlamayla kendi ruh ailemizle buluştuğumuza inanıyorum.

Kutsal gerçeğimizin kısmen bu ailelerle bir araya gelmek ve İnanç Sistemlerimiz üzerinde çalışmak olduğuna inanıyorum.

Burada Yaratıcı'nın enerjisine bağlanmak ve "*öğrenmek*" için bulunduğumuza inanıyorum. Bu gerçekten önemli olan şeydir, bu harikulade Varoluştan bir şeyler öğrenmek. Hayatımdaki farklı insanlardan pek çok harika şey öğrendim.

Eğer evliliğinizde ya da ilişkinizde sorunlar yaşıyorsanız, aşağıdaki programları enerji testiyle kendinizde kontrol edin.

Sevilmek uygundur.
Sevilmenin güvenli olduğunu biliyorum.
Mutlu olmanın nasıl hissedildiğini biliyorum.
Mutlu olmak yanlış.
Mutlu olmak bencillik.
Eğer mutluysam kötü bir şey olacak.
Eğer biriyle yakınlaşırsam beni incitirler.

Bu negatif Programların farkına vardıkça, bazılarının hayatta kalmanıza, hatta gelişmenize, büyümenize yardımcı olduklarını aklınızda tutun. Bunların ağırlığı altında ezilip, kendinize "Üzerinde çalışmam gereken çok fazla *şey* var," demeyin. Bunun yerine şöyle düşünün: "Üzerinde çalışmam gereken çok şey var, ama biliyorum ki sonucunda daha iyi bir insan olacağım. Neden bu İnanç Sistemlerine sahip olduğumu anlayacağım ve onları nasıl değiştireceğimi bileceğim."

İnançların Yansıtılması

Okuma yaparken kaçınılması gereken en önemli şeylerden biri kendi inançlarımızı başkalarına dayatmak ve yansıtmaktır. Örneğin, eğer eşinizle sorunlar yaşıyorsanız, kendi durumunuzdan ötürü duygusal anlamda o kadar dengesiz hale gelebilirsiniz ki *herkesin* eşiyle sorunlar yaşadığını düşünebilirsiniz.

Böyle şeylerin nasıl kolaylıkla olabileceğini ofisimde okumalar yapan genç bir adamdan öğrendim. Eşcinseldi ve okuma yaptığı insanların büyük çoğunluğuna onların da eşcinsel olduklarını söylemeye başladı. Kendi dünyasına öylesine dalmıştı ki, herkesin kendi gibi olmasını istiyordu. Herkese tabiatları gereği aynı cinse çekim duyduklarını yaymak gibi tek kişilik bir misyon yüklenmişti.

İlk defa bu durumdan, danışanlarından birinin bunları ağzından kaçırması sonucu haberdar oldum. Kadın 28 yıllık evliydi ve bana hayatındaki her şeyin yıkılacağını, çünkü daha yeni eşcinsel olduğunu öğrendiğini söyledi. Ona neden eşcinsel olduğunu düşündüğünü sordum. Bana, Okuma yapan genç adamın en ufak bir şüpheye bile yer bırakmayacak bir şekilde ona eşcinsel olduğunu söylediğini anlattı.

Birinin bu denli gerçekdışı bir şeyi Okuma içine koyması karşısında şok oldum. Kadına ardı ardına sorular sordum: "Eşini seviyor musun?"

Kadın cevap verdi. "Tabii ki eşimi seviyorum."

"Peki eşinle seks yapmaktan hoşlanıyor musun?"

"Evet, eşimle seks yapmaktan hoşlanıyorum."

"Tamam o zaman, eşcinsel değilsin, bunun için endişelenmeyi bırak," dedim.

Bundan sonra, bu kişinin Okuma yaptığı diğer danışanlarla da benzer şekilde hasar kontrolü yapmam gerekti. Öylesine bir sıkıntı haline gelmeye başladı ki, ondan gitmesini istemek zorunda kaldım.

İşte bu yüzden Okuma yaparken çok dikkatli olmalısınız. İnsanlar sizden sezgisel bir tavsiye duymaya geldiklerinde öylesine hassas olabilirler ki, bazen size hayatlarının kontrolünü verirler. İşte bu yüzden bir insana geleceği hakkında bir şeyler söylerken, daima geleceklerini *kendilerinin* yarattığını söylemelisiniz, çünkü bazen sizin söylediğiniz şeyleri yaratırlar.

Diyelim ki bir Danışan ile derin bir Okuma yapıyorsunuz, birden psişik tezahürlerden birini yaşadınız ve o kişiye "Sevgilinle aranız iyi değil," diyorsunuz.

Hayatlarına bu denli müdahil olduğunuza göre sorunlarını çözmeye yardımcı olmak ve belki de ilişkilerini yeniden inşa etmeye yardımcı olmak da artık sizin işiniz haline geldi. Okumanın bu safhasında sezgisel kişi danışanla çok dikkatli olmalı. Danışan sevgilisiyle ayrılmak için harekete geçmeye hazır olabilir ve bu nedenle sizi suçlayabilir.

Durumun bu hale gelmesinin sebebi, birbirlerinin sevgisini ya da endişesini hissedemiyor olmaları ya da bir eş olarak sevgililerini asla mutlu etmeyi beceremeyeceklerini düşünüyor olmaları olabilir. İlişkideki sorunların başka insanlarla hiç alakası olmayabilir, daha ziyade danışanda eksik olan hisler sebep olabilir.

Uygulayıcı olarak duruma kendi duygularınızı yansıtmaktan kaçınmalısınız, özellikle de eğer *kendi ilişkinizde sorunlar yaşıyorsanız.* İşte Okumanın burasında inanç ve his çalışmaları sahneye çıkıyor. Danışana daha önce belki de hissetmediği "Sevgi almayı biliyorum" Hissini kabul etmek ya da reddetmek için özgür iradesi ile seçme şansı verilmelidir. Aynı zamanda, eğer danışanla inanç çalışması yaparsanız, eşlerine tekrar bağlanmak istediklerine karar verebilirler. Bu onların seçimidir. Sizin işiniz onlara duygusal istikrara ulaşmaları için yardımcı olmak ve kendileri için uygun kararlar alabilecek duruma gelmelerini sağlamaktır.

Algının Yansıtılması

Düşüncede ve davranışta, söylenen sözde ve harekette başkalarına iyilikle davranmalıyız. Bunu yapabilmek için, kendi hislerimiz, programlarımız ve inançlarımız ile onlarınkiler arasındaki farkı sezgisel olarak bilmek önemlidir.

Biz çocukken öğretilen "Hey benden uzak dur," gibi Programlar bugün burada kim olduğumuzun yansıması haline gelmiş olabilir. Bu Programları düşünce-formları ile dışarı yansıtmamız mümkündür ve kendilerini bütün seviyelerde tezahür ettirebilirler: Spiritüel, fiziksel, ruhsal ve duygusal olarak. O zaman, bazı durumlarda diğer insanlar bize, bilinçaltımızdan dışarıya ne yansıtıyorsak ona uygun şekilde davranırlar.

Kendimizi bilinçli olarak algıladığımız ve yansıttığımız tarz, bilinçaltımızla ve fiziksel olarak yansıttığınız olmayabilir. İyi olduğumuzu düşünüyor olabiliriz ama çocukken kabul ettiğimiz Programlar hâlâ bilinçaltımızda dolanıyor olabilir. Bu programlar başkalarıyla etkileşime geçme ve onların da bizimle etkileşim kurma yöntemlerinde aksamalara sebep olabilirler.

Okumalar esnasında, bu sebeple, danışandan yansıtılan düşüncelerin farkına varmak önemlidir. Farkına bile varmadan, kendinizi kişilere, negatif bilinçaltlarının yansıttığı şekilde davranırken bulabilirsiniz.

Hedef, açıkça görüldüğü gibi, hepimiz için, birbirimizle Yedinci Seviye etkileşimi kurabilmektir. Bu tarz bir etkileşim bizi tüm yönleriyle rekabetin, kıskançlığın ve nefretin ötesine götürecektir ve söylemeye bile gerek yok; başkalarıyla beraber olduğu kadar, kendi başımıza da olabileceğimiz her şey olmaktan bizi alıkoyan, diğer küçük ve altta kalmış duyguların da üstüne çıkaracaktır.

İnsanlarla ilişkilerimizde onlara *tepkili* olmak yerine onlarla *iletişim içinde* olmayı öğrenmeliyiz. Eğer bunu yapabilirsek, sezgisel olarak mesajları algılama ve gönderme yöntemimizi değiştirerek, dünyayı da değiştirebiliriz.

Bilginin algılanması, kutsal bilginin anlaşılmasında önemli bir faktördür. Pek çok faktör devreye girer: Sezgisel kişinin geçmişi, mevcut ruh hali, fiziksel hali olduğu kadar kişinin spiritüel gelişimi de. Bunların hepsi sezgisel olanın dinleme, kutsal bilginin farkına varma yeteneğinde rol oynayan faktörlerdir. Sezgisel kişi algılama yeteneğine ince ayar yapmayı öğrenmelidir, böylece kabul etmenin özünü, gelişimi bloke edebilecek negatif ve hatta pozitif etkilerin müdahalesi olmadan bulabilir.

Bilinçli Kabullenme

Okuma yapmanın başka bir yönünü daha açıklamama izin verin. İnanç çalışması yaptığınız sırada danışana sizin onlar için iyi olduğuna karar verdiğiniz çoklu his ve program yüklemesi için izin vermelerini isteyemezsiniz. Her bir program ve inanç için sırasıyla danışan özgür iradesi ile sözlü olarak izin vermelidir. Uygulayıcı, Yaratıcı ile bağlantıya geçip Yaratıcı'nın kişi için yararlı olduğunu söylediği bir his bulunca da, bu enerjinin bilinçli kabulü ya da reddi için danışana sözlü olarak söylemek uygulayıcının sorumluluğudur. Uygulayıcı, işi, Yaratıcı'ya kişinin Hisleri kabul etmesi durumunda olası sonuçların ne olacağını soracak kadar ileri götürebilir.

İnanç programları ve his çalışmaları canımız isteyince oynayıp sonra da kenara atılacak oyuncaklar değildir. Yaratıcı'dan gelen bu özlerin, kişinin titreşiminde değişiklikler yapabilecek güçleri vardır ve ne uygulayıcı ne de danışan tarafından hafife alınmamalıdır. Bir uygulayıcının burnu havada bir şekilde başka birinin hangi programlara ve inançlara ihtiyaç duyduğunu bildiğine inanması ve ileri gidip bunları kişinin sözlü izni olmadan yüklemeye teşebbüs etmesi kibrin canlı örneğidir.

Ayrıca, büyük ihtimalle uygulayıcının yükleme yapmaya çalıştığı kişinin bilinçaltı bu enerjileri kabul etmeyecektir; çünkü kendini hali hazırda bilmediği Programlardan koruyacak donanıma sahiptir. Yüklemeler ve düşünce formları gibi bilinçli olarak kabul edilmeyen pek çok dışsal etken bilinçaltı tarafından "otonom hayatta kalma refleksi" olarak adlandırılabilecek şekilde otomatikman reddedilir. Bu refleks bizi başkalarına ait olan negatif düşünce formlarından ve duygulardan korumak için tasarlanmıştır. Böylece kendi düşüncelerimizle başkalarının düşünceleri arasındaki farkı da bilebiliriz. Bazılarında bu refleks öylesine iyi çalışır ki başkalarının düşüncelerinden asla etkilenmezler. Bununla birlikte sezgisel olan insanların başkalarının düşüncelerinden ve diğer "metafiziksel" enerjilerden gelen bütün bilgileri ayırt etme yeteneğini geliştirmeleri gerekir.

Ne olursa olsun, her birimiz, bir başkası ne düşünürse düşünsün, programları ve hisleri kabul edip etmeme konusunda bilinçli seçim yapmalıyız. Örneğin eşimin "Kendimi ifade etmeyi biliyorum" İnanç Programına her seviyede ihtiyacı olduğunu bütün varlığımla biliyor olabilirim. Altıncı Seviyenin Özgür İrade Yasasına göre, diğer odada otururken eşime "Yükleme" gönderip, bunu benliğinin her seviyesinde kabul etmesini bekleyemem. Onun bilinçaltı zihni bu tarz düşünce formlarını reddedecek bir donanıma sahiptir. Benzer şekilde ThetaHealing uygulayıcısı bir elini Yükleme kitabına diğer elini de o kişinin omzuna koyup, kişiye kitapta yer alan bütün programların yüklenmesini kabul edip etmediğini de soramaz. Bilinçaltı zihni böyle çalışmaz. Bunun sebebi de *Özgür İrade Yasasıdır.*

Özgür İrade ve Davranış Özgürlüğü

Özgür İrade ve Davranış Özgürlüğü insanların kendi kararlarını verme gücüne sahip oldukları inancıdır. Davranış Özgürlüğünün spiritüel çağrışımları kişiye Tanrı ya da Yaratıcı olarak algıladıkları neyse onunla bağlantıya geçmek için öz-yetki verir. ThetaHealing'de içimizdeki ilahî olanla olduğu kadar dışımızda olanla da, içteki ve dıştaki tüm yönleriyle bağlantıya geçmek için Davranış Özgürlüğümüz var.

Her ne kadar *ahlaki prensipler* ve başkalarına *saygı* duyma gibi araçlar bize verilmiş olsa da, bunları kullanıp kullanmama konusunda Özgür İradeye sahibiz. Yaratıcı bizi dışarıdan müdahale olmadan hayatın neşesini deneyimleme fırsatına sahip olmamıza izin verecek kadar çok seviyor. Bu Varoluş boyunca ilerledikçe bize kendi yönümüzü bulmak için bazı yolları yaratma fırsatı veriliyor. Buradaki Varoluşumuz fiziksel, ruhsal ve spiritüel keşifler yaptığımız güzel bir öğrenim süreci olarak görülebilir.

Özgür İrade pek çok dinî otorite tarafından ahlaki yargılama için önemli kabul edilip destek görürken, bireyci bir ideoloji olduğu için de eleştirilmiştir. Özgür İrade Prensibinin dinî, etik, psikolojik ve bilimsel etkileri vardır. Örneğin, dinî açıdan Özgür İrade; Tanrı'nın, gücünü kişisel irade ve seçimler üzerinde kullanmadığı anlamına gelebilir. Etik olarak Özgür İrade kişinin kendi davranışlarından sorumlu tutulacağı anlamına gelebilir. Psikolojik olarak, zihnin hiç olmazsa vücudun bazı hareketlerini kontrol ettiğini söyler. Bilimsel alanda Özgür İrade, vücudun eylemlerinin beyin de dahil olmak üzere tam anlamıyla bedensel nedensellik tarafından belirlenmediğini ima edebilir. (Nedensellik sebep-sonuç prensibidir.)

Özgür İrade kavramı ilk kez 4. Yüzyılda Katolik İngiliz Rahip Pelagius tarafından tartışma konusu olarak öne sürüldü.

Pelagius'un yazıları günümüze kadar gelemedi ama müritlerinden biri onun inandığı prensiplerden bazılarını kaleme aldı. Bu inançlar kilisenin ve Aziz Augustine'nin inançlarıyla taban tabana zıttı. Pelagius'un yaşadığı zamandan beri Özgür İrade kavramı spritüel, dinî ve hatta bilimsel düşünürlerin zihinlerinde soru işareti olmaya devam ediyor.

Görüşlerden biri de, insanlığın, Tanrı'nın sözünden ya da Kutsal Ruh'a ait akımlardan bağımsız olarak, Tanrı'yı kendi içinde arama özgürlüğü olduğudur. Her şey üzerinde tam kontrole sahip değiliz ama, insanın kurtuluş çabası için bir dereceye kadar Tanrı ile işbirliği yapabiliriz: İnsan (Tanrının lütfuyla) Tanrı'ya doğru ilk adımı atabilir ve ardından Tanrı kurtuluş sürecini tamamlar. Bu öğreti kurtuluş sürecinin baştan sona Tanrı ile insan arasındaki işbirliği ile ilerlemesi olan "sinerji" doktrinidir.

Görüşlerimiz ne olursa olsun, Özgür İrade güçlü bir prensiptir. Yeteneklerimizle ilgili olduğu için, ilahî olana, büyük resmin içindeki bireylere, ve hatta bedeni kontrol eden beyne ait olduğu için öyle kolayca ortadan kaldırılmamalıdır. Asırlardır bunu aşmak için çok çaba sarf edilmiştir ve hatta ThetaHealing'de bile kişilerin *bilinçli rızası* olmadan onlara Programlar ve İnançlar yüklemeye teşebbüs edenler oldu. Daha önce açıklandığı gibi, bu kutsal düşünce formları iyi niyetle gönderilse bile, kişi onları bilinçli olarak kabul etmediğinde asla etkili olamayacaklardır.

Daima hatırlayın; Davranış Özgürlüğü ve Özgür İrade kavramları ThetaHealing ağacının en önemli dallarındandır.

4
İleri Şifa

Genel olarak enerji-Şifası uygulamanın dört yolu vardır:

- Vücudun *Chi* enerjisi aracılığıyla.
- Zihnin elektriksel enerjisi aracılığıyla.
- Şifa için getirilen spiritüel enerjiler aracılığıyla.
- Var Olan Her Şeyin Yaratıcısı aracılığıyla.

Bu Şifa yöntemlerinin hepsi Yaratıcı'dan geliyor olsa da sadece sonuncusu en basitidir.

YARATICI'NIN ŞİFASINA TANIKLIK

Bazen vücutta değişiklikler yaratmak için zihnin elektriksel enerjisini kullanırız. Eğer şifa için zihninizi kullanıyorsanız, bitirince büyük ihtimalle çok yorgun hissedeceksiniz. Diğer taraftan, eğer Yaratıcı'nın şifa vermesine tanık olursanız, bitirince kendinizi canlı ve uyanık hissedersiniz. Yaratıcının şifasına tanıklık etmek, egoyu şifanın dışında tutar. Sabırlı olun ve Yaratıcı'nın enerjisinin gelmesini bekleyin, sonra kendi enerjiniz ile *zorlamak* yerine, sadece sürece *tanıklık* edin.

Yüzündeki melanom için seansa gelen bir kadın zihnin *zoraki şifayı* kullanmasının iyi bir örneğidir. Melanomlar çok tehlikeli bir kanser türüdür ve tedavi edilmezse çok hızlı bir şekilde bütün vücuda yayılabilirler. Çok endişelenmiştim ve hastalığın bu denli ilerlemesine izin verdiği için kadına çok kızmıştım. Düşünebildiğim tek şey "Nasıl olur da bir doktora görünmeden bu kadar ilerlemesine izin verirsin!?" olmuştu. Bu Yaratıcı'dan ilaveten sabırlı olmayı öğrenmemden yıllar önceydi. Yukarı çıktım ve melanomun kadının vücudundan *hemen* gitmesini istedim ve kızgınlığımın da enerjisi ile zihnimde Şifayı *zorladım* ve cildinden yok olduğunu hayal ettim. Yaratıcı'nın aracılığıyla gerçekleşmesini izlemek yerine, ona ulaşıp, çıkardığımı hayal ettim.

Kadın ertesi gün yüzünde büyük bir delikle geldi, görünüşe göre kanserli kitle açıklanamayan bir şekilde düşmüştü. Zamanla delik tamamen kapandı ama Yaratıcı hiç şüphesiz kadının cildindeki kanseri yüzünde açık bir delik bırakmadan da iyileştirirdi.

Şunu öğrendim: *Şifayı zorlama!*

Kendi görüşümü eklemeyi bırakıp "Yaratıcı bana ne yapılması gerektiğini göster," demek tam yedi yılımı aldı. Her ne kadar vücutta olan bitenin büyük çoğunluğunu anlasam da hastalıklar için Yaratıcı'nın anlayışına sahip değilim. Şifada ne yapılması gerektiğine dair genel bir fikrim olabilir ama Yaratıcı gibi her şeyi kapsayan bir şekilde anlayamam. Ben moleküler veya atom altı seviyede yapılması gereken her şeyi anlayıp, Şifanın nedenini, nasılını ya da şifayı kimin gerçekleştirdiğini çözene kadar elli yıl uğraşabilirim. Bunların hepsi egodur.

Yani, şifanın işe yaraması için yapılması gerekenin ne olduğunu size göstermesini Yaratıcı'dan istemenizi şiddetle tavsiye ediyorum. Sadece "Yaratıcı ne yapılması gerekiyorsa yap ve bana göster" deyin. Bozukluğu anlamanıza gerek yoktur, sadece şifanın gerçekleştiğine tanık olmanız gereklidir.

Güvenilir bilimsel dergileri okudukça moleküler yapının değiştirilmesinin ne kadar kolay olduğunu fark ediyorum. Eğer Yaratıcı onu olduğu şekilde yapmayı biliyorsa o zaman onun nasıl düzeleceğini de bilir ve ben bunun açıklamasını daha sonra sorabilirim.

Şifacı ve Psişiği Bir Araya Getirmek

ThetaHealing *psişik yeteneklerinizi şifa vermek için* geliştirme amacıyla tasarlandı. Pek çok insan şifacı ve psişik olmanın iki farklı yetenek olduğunu fark etmiyor. Bu ikisini bir araya getirmek anahtardır.

İkisinin de kendine göre zorlukları var. *Şifacının* Şifaya şahit olması, psişiğin de vücudun içini görmesi ve gördüğünü doğrulaması beklenir.

Buna bağlı olarak, bir *psişik* olarak farklı virüsleri, bakterileri, parazitleri ve ağır metalleri görmeye ve onları tanımaya çalışmalısınız ki böylece onların neye benzediğini ve vücutta nasıl hissedildiğini bilebilirsiniz. Danışan sizden bu etkileri eksiksiz tanımanızı bekleyecektir.

Bir *şifacı* olarak farklı şekilde zor durumda bırakılıyorsunuz; Yaratıcı'nın iyileştirmesi için hastalığın ne olduğunu bilmek zorunda değilsiniz. Bilmeniz gereken tek şey danışanlarda bir şeylerin yanlış olduğudur. Kendinizi bunun değiştiğine ve Şifanın *gerçekleştiğine* şahit olacak derinlikte meditatif bir hale sokmalısınız.

ThetaHealing'de insanların kullandığı "alçak" ve "yüksek" teta halleri vardır. Ciddi, büyük Şifalarda zihnin "yüksek" teta hali, "alçak" teta hali kadar etkili değildir. Şifa yaparken derin teta haline geçmek için kendinize zaman tanıdığınızdan emin olun.

Bir ThetaHealing uygulayıcısı, bir şifacı ve psişiğin kombinasyonudur; Yaratıcı ile olan bağlantıdan gelen şifaya tanıklık etmek için psişik yeteneklerini kullanan bir şifacıdır.

Şifa İşlemi

Sağlıklı Hissetmek

Biri bana şifa çalışması için geldiğinde, ilk yapılacak işlemlerden biri, Yaratıcı'nın onlara sağlıklı olmanın nasıl hissedildiğini öğretmesini istemektir, çünkü bazı insanlar bunun nasıl hissedildiğini bilmezler. Seansın bu aşamasından itibaren kendilerini hemen daha iyi hissetmeye başlayacaklardır ve böylece fiziksel iyileşmeyi de daha fazla kabul edeceklerdir.

Aşağıdaki adım adım şifa işlemidir:

Şifa ve Topraklanmanın Bütün Aşamaları

1. Bilincinizi kalbinizde merkezleyin ve aşağıya Her Şey Olanın bir parçası olan Toprak Ana'ya gittiğinizi imgeleyin.
2. Enerji ayaklarınızdan yukarı doğru giderken, her bir çakrayı açtığınızı imgeleyin. Taç çakranızdan yukarı doğru devam edin, güzel bir ışık topunun içinde Evren'e gidin.
3. Evren'in ötesine gidin, beyaz ışıkları geçin, karanlık ışığı geçin, beyaz ışığı geçin, Yasalar olan jöle gibi maddeyi geçin, incimsi, yanardöner beyaz ışığa, Varoluşun Yedinci Seviyesine gelin.
4. Koşulsuz Sevgiyi toplayıp, emri verin: "Yaratan, şimdi bu kişinin iyileştirilmesi emredilir. Teşekkür ederim, Oldu, Oldu, Oldu."

5. Kişinin alanına girerek şifa enerjisine tanık olun, yapılan değişiklikleri ve dönüşümleri izleyin. Bitinciye kadar izlemeye devam edin.
6. Bir akarsuda ya da beyaz ışıkta durulandığınızı imgeleyin.
7. Düzgün bir şekilde topraklanmak için enerjinizin kendi alanınıza döndüğünü, toprağa gittiğini, tüm çakralarınızdan geçerek, taç çakranıza getirdiğinizi hayal edin. Bu işleme alıştıkça, Var Olan Her Şey'den ayrı olmadığınızın farkına vardığınızdan, bedeninize geri topraklanmanıza gerek kalmayabilir.
8. Fiziksel enerji kesmesi yapın (ThetaHealing kitabında anlatılmıştır). Bu bedeninizi dengede tutar.

Koşulsuz Sevgi

Vücutta moleküler değişimler yapmak için, kişinin yaratma ya da yok etme enerjisine sahip olması gerekir. Şifada kullanılan bu enerji nereden gelmektedir?

Var Olan Her Şeyin Yaratıcısı'na şifa için çıktığınız zaman, uzanıp *koşulsuz sevgi* enerjisini alırsınız ve onu bedene yerleştirirsiniz. Bu, vücudun değişiklikler yapması ihtiyaç duyduğu enerjiyi sağlar. Bedende herhangi bir değişim yapmak için, koşulsuz sevginin sadece bir atomu yeterlidir.

Başlangıç derslerinde öğrencilere "yukarı çıkmayı" ve sevgi toplama işlemlerini zihinde canlandırmayı adım adım öğretiriz. Beyin canlandırması gereken şeye alıştıkça süreç kendiliğinden ve anında gerçekleşecektir.

Sonuçta Şifayı *var olmaya* getirecek olan, uygulayıcının *şahit olabilme* yeteneğidir. Şifayı Yaradan gerçekleştirir, uygulayıcı şahit olur ve işte böyledir. Fizikte, şahit olunmadığı müddetçe hiçbir şeyin var olmadığını söyleyen bir kural vardır.

ThetaHealing sınıflarında, grup şifası süreci insanlara Yaratıcı'dan gelen koşulsuz sevgiyi kabul etmeyi öğretir ve grupları inanç ve his çalışmaları ile tanıştırır. Ne var ki, eğer koşulsuz sevgiyi daha önce onu hiç almamış birinin vücuduna zorlarsanız, vücut bununla tıpkı bir virüsle ya da bakteriyle savaşır gibi savaşacaktır. Kişi kendini iyi hissetmemeye başlar ve bütün bunlardan rahatsız olur. Koşulsuz sevgiyi getirmeye çalışan Uygulayıcı bu reddedişi hissedebilir. İşte bu "Koşulsuz sevgiyi kabul edebilirim" için Kas Testi uygulamanın tam zamanıdır. Eğer kişinin koşulsuz sevgiyi kabul etmeyi bilmediği ortaya çıkarsa, izin verirler ve uygulayıcı Yaratıcı'dan hissi yükler.

İnsanlara karşı *koşulsuz sevgiye* sahip olmak demek onları "peygamber bilincinde" sevmektir. Bu bir insanın gerçekliğini Yaratıcının aracılığıyla (veya aydınlanma ile) görebilmek ve gördüğünüz şeye rağmen yine de onları sevmektir.

Deneyimlerime göre koşulsuz sevginin kabulüyle ilgili programlar genellikle çocuklukta yaratılmış oluyor. Örneğin, bir anne çocuğuna gerçek sevgiyi, hemen ardından onu acımasızca dövebilmek için gösterebilir. Ya da başka bir senaryoda bir baba çocuğuna sevgisini gösterip ardından onu taciz edebilir. Kişinin koşulsuz sevgiyi almayı bilmediği programlar işte böyle çocukluk durumlarında oluşabilir.

Çocukluklarında ağır ve ciddi tacize maruz kalmış olanların, biri bir şeyi yapacağı zaman önceden sezme eğilimleri olduğunu gözlemledim. Bu hayatta kalma refleksi, açıkça ortada olan nedenlerden dolayı bu kişilerin psişik olmalarına yol açtı. Tacize uğramış çoğu çocuğun benzer şekilde geliştiğini düşünüyorum. Onlar için alanlarından çıkmak ve sezgisel olarak başkalarını izlemek doğal çünkü bunu yapmaya alışkınlar. Bu tarz insanlar yaşamlarının ilk yıllarında çoğunlukla başkalarının alanında olmaya odaklanmışlardır. Sevgiyi aramaktadırlar.

Hayatlarımız büyük ölçüde, bütün biçimleri ve formlarıyla sevginin özünü arayışımızla doludur. Örnekler bulmak için sadece kendimizdeki ve diğerlerindeki itici gücü gözlemlemeye ihtiyacımız vardır; ruh eşi bulmak için, arkadaşlar edinmek için, çocuk sahibi olup onları yetiştirmek için, evcil hayvan sahibi olmak için, gibi. Erkeklerin dostça hissetmek ve bağ kurmak için rekabetçi spor müsabakaları var. Hatta biraz öfke ve nefret sevgi arayışının sonucudur, veya sevginin kaybı ya da sevgiyi hissetmeyi istemek bile. Olumlu bir tabiata sahip olan insan ilişkilerinin büyük çoğunluğu sevginin özünün arayışıdır.

Çalışma yapacağınız insanların büyük çoğunluğu sevgiyi boşuna arıyor olacaklar ve ne kadar uğraşsalar da bulamayacaklar. Bunun sebebi kendilerini sevmemeleri ve sevginin nasıl hissedildiğini anlamıyor olmaları olabilir. İznini alarak bu kişiye bütün seviyelerde saf sevgi hissini Yaratıcı'dan yükleyin.

Anda Şifa

Bazı insanlar yaşamakta oldukları zorlukların doğası gereği birden fazla kez şifaya ihtiyaç duyarlar. Bu zorluklar spritüel, ruhsal, fiziksel ya da duygusal olabilir. Diğer insanlar vücutlarında anında ve tamamen şifa olması için hazırdır.

Eğer vücut emir verildiğinde anında şifa almıyorsa, sebebi bunu bloke eden bilinçaltı programlarının olmasıdır. Bu programlar bulunmalı ve değiştirilmelidir. Şifayı durduracak herhangi bir blokajı olmayanlar hemen şifalanacaktır.

Şifa için size gelen başka insanlar ise iyileşebileceklerine "inanmayacaklar" ve değişmek için yüklemelere ihtiyaç duyacaklardır. Cesaretinizi yitirmediğiniz müddetçe, uygun hissi, duyguyu ya da inancı bulmada Yaratıcı size ve onlara yardımcı olacaktır. Bir insanın zihni, bedeni ve ruhu tıpkı bir bilgisayar gibi hafızaya sahiptir ve sorulacak doğru soruları biliyorsanız, size neyin serbest bırakılıp neyin değiştirilmesi gerektiğini ya da hangi hissin eksik olduğunu söyleyecektir.

Yine de, bu mesajları yanlış anlamanız ve cesaretinizin kırılması mümkündür. Bu cesaret kırılması hissi size ait değil de şifa almakta olan kişiden bir yansımadır. Belki de kişi cesaretini kaybetmeden ya da umudunu kaybetmeden yaşamanın nasıl olduğunu bilmiyordur.

Benim inancıma göre şifa için hayati olan sadece birkaç his, duygu ve İnanç vardır. Anladığıma göre bir hastalık belirli bir inanç programına uzunca bir süre sahip olmakla gelişiyor. Bir kez bu inançlar temizlendi mi hastalık vücudu terk ediyor. Sizin dikkatinizi çekmek, bir şeylerin uyumunun, odağının ya da dengesinin bozulduğunu söylemek için orada bulunurlar.

Hedef, bedeni, zihni ve ruhu Yaratıcı ile saf ve tam iletişim sağlayacak kadar, olumsuz inanç yüklerinden temizlemektir. Yani ThetaHealing'in sadece hastalıkları temizlemek için olmadığı aynı zamanda insanlığın Var Olan Her Şeyin Yaratıcısı ile iletişime olanak verdiği de benim inancımdır.

Çocuklarla Şifa

Bir çocukla başarılı bir şifa yapma olasılığı çok yüksektir. Çocukların kutsal olanın gerçekliğine dair saf inançları vardır ve genelde bir şifayı engellemez ya da aksatmazlar. Bununla beraber anne babalar çoğu zaman çocuğun sorunlarına öylesine derin bir şekilde kilitlenmişlerdir ki çocuğun iyileşmesine izin vermeyebilirler. Çocuğun şimdi ve daima hep hasta olduğu ve olacağı ve hiçbir şeyin ona yardımcı olamayacağı inancını yaratmış olabilirler. Bu şifa sürecine engel olur.

Yani, çocuklarla, anne ve babanın inanç sistemleri üzerinde çalışmalısınız. En büyük zorluk ailenin çocuğun değişebileceğini fark etmesini sağlamaktır. Anne babanın ama özellikle de annenin inanç sistemleri üzerinde çalışın. Anne babaların çocuklarının iyileşeceğine inanma konusunda cesarete ihtiyaçları vardır.

Sevgi bir çocuğu iyileştirmek için kilit elementtir. *Anne babasının ilgisini çekmek için hasta olması gerektiği inancı olup olmadığını kontrol edin.* Eğer yeterince büyükse, çocuktan onu iyileştirmek için izin isteyin. "Yeterince büyük" demekteki kasıt çocuğun konuşabiliyor olmasıdır.

Bazı durumlarda çocuklar iyileşir ama tekrar onları en başta hasta eden ortamlara geri bırakılırlar. Kirlilik, ağır metaller, kötü beslenme ve besin eksikliğinin hepsi etken olabilir.

Küçük çocukların olduğu bir sınıfta bütün grubu tetaya yönlendirdim. Birbirlerinin vücutlarında taramalar yapan ufaklıklarım vardı. Çocuklar bana ve birbirlerine tekrar tekrar, Okuma yaparken buldukları şeyleri doğruladılar. Bu çocuklar yetişkinlerin 3 günde öğrendikleri şeyleri 4 saatte öğrendiler.

Bunun sebeplerinden biri onlarda hâlâ olan "Yapabileceğimi düşünüyorum" enerjisidir. Kendinize "Yapabileceğimi düşünüyorum" enerjisine sahip olmanın nasıl *hissedildiğini* bilmeyi tekrar isteyip istemediğinizi sorun. Bu pek çok insanın zaman içinde kaybettiği bir çocukluk programıdır.

Hayatınızın bu noktasına kadar yaptığınız her şeyin aslında gerçekten *önemli olduğunu* bilmek ister misiniz?

Şu deyişi severim: "Çocukluğun hayatın harika bir parçası olması gerekir ama hayatımızın çoğunu onun üstesinden gelmek için harcıyor gibiyiz." Başlangıçlar zor, bitişler de üzücü olabilir ama önemli olan bu ikisi arasında neler olduğudur. Eğer hayat zorsa, umuda yüzeye çıkması için zaman ver. (Hope Floats/ Umut Dalgaları filmi-1998)

İnançlar ve Hastalıklar

Bazı durumlarda insanların bakteri ve virüsleri, onlara olan korkularıyla alakalı inanç nedeniyle kendilerine çektiklerine inanıyorum.

Hepimizin etrafında neredeyse hiç hastalanmayan insanlar ve hasta olmaya daha yatkın insanlar vardır. Bazı insanların bağışıklık sistemlerinin daha güçlü olduğunu söyleyebilirsiniz. Bence bağışıklık sistemlerinin güçlü olmasının nedeni böyle olduğuna inanmalarıdır.

Örneğin bazı insanlar eğer karda yalın ayak yürürlerse hasta olacaklarına inanırlar. Diğerleri küçük çocukların hastalık yuvası olduğuna inanırlar. Yine bazıları eğer belli bazı hastalıkları olan insanların etrafında olurlarsa, o hastalıklara yakalanacaklarına inanırlar.

Eğer bu inançlar herkes için doğru olsaydı, hemşireler, doktorlar ve öğretmenler sürekli hasta gezerdi. Nasıl oluyor da hemşireler sürekli hasta insanların etrafında oldukları halde neredeyse hiç hastalanmıyorlar? Çünkü onları saran bir hastalık korkusu yok. Eğer dünyada bu korkusuz insanlarımız olmasaydı ve herkesin hastalanmaktan ödü kopsaydı, enfeksiyonlu hastalıkları olan insanlarla çalışacak kimse olmazdı.

Virüsler ve İnançlar

Arkadaş seçer gibi hastalık seçiyoruz. Birbirimize aynı sebeplerden dolayı çekiliyoruz: uyuşan titreşimleriz ve inanç Sistemlerimizle. Virüsle, bakteriyle, mantarla ya da mayayla aynı inanç sistemine sahip olduğumuzda, bağışıklık sisteminde bir zayıflık oluşur. Böylece virüs, bakteri, maya ya da mantar bize çekilir ve bağlanabilir.

Bunun cesur bir ifade olduğunu biliyorum ama bu sonuca genital uçuğu olan bir kadınla çalışırken vardım. ThetaHealing kitabında da anlattığım gibi, bu kişiyle oldukça uzun bir süre çalıştım ama uçuk bir türlü gitmedi. Sonunda Yaratıcı bana hem kadının hem de virüsün inanç sistemlerini değiştirmemi söyledi. Bununla ilgili etrafındaki inanç istemlerini çekmeye başladım ve ilgili kök inanç sistemini de bulup çektim, virüsün tamamen farklı bir hal alıp, vücudu terk etmesini izledim. O gitmişti ve bu doktorlar tarafından da onaylandı.

Peki bu olduğu zaman gerçekten neler oluyor, en azından bilimsel manada? Bilimsel bir teoriye göre bakteri virüse dönüşür, virüs de mantara ve daha farklı şeylere dönüşür ve böylece fark edilmez. İnanç çalışmasını virüs üzerinde yapınca, o tekrar değişiyor, ama bu defa zararsız enerji haline geliyor. Şunu anlayın; virüsü *öldürmüyoruz*, daha ziyade atom altı parçacıkların yeniden düzenlenmesine şahit olarak virüsü *dönüştürüyoruz*. Eğer atom altı partiküllerin yeniden düzenlenmesine şahit olursanız vücuttaki her şey değişebilir.

5
Hislerin Yaratılması

Bazı insanlar hayatları boyunca belirli hisleri hiç deneyimlememiş olabilirler. Belki onlar bir çocuk olarak travmaya uğramış ve bu hisleri geliştirememişlerdir ya da bu varoluşunun dramasının bir yerinde onları kaybetmişlerdir. Hayatlarımıza, örneğin neşe ya da sevgiyi getirebilmek için, önce onu deneyimlememiz gerekir. Bize bunların nasıl "hissedildiğinin" Yaratıcı tarafından gösterilmesi gerekir. İleri ThetaHealing sınıfı, insanlara bir grup his yüklemesi verecek şekilde geliştirilmiştir.

His çalışmasıyla meydana gelen değişikliklerin hızı hayranlık vericidir. Öğrenmesi bir ömür sürecek şeyler birkaç saniyede öğrenilebilir. İnsanlara saniyeler içinde; sevilmenin, onurlandırılmanın, saygı duyulmanın, kutsanmanın nasıl hissedildiği öğretilebilir; hatta alışkanlık sebebiyle negatif hisler yaratma *olmadan yaşamak* da öğretilebilir. Bunun bir örneği "üzgün olmadan yaşamanın nasıl olduğunu biliyorum" gibidir.

ThetaHealing - Sıra dışı bir enerji yaklaşımına giriş kitabında bahsettiğim gibi; inanç çalışmasında olduğu gibi, his çalışması için de, uygulayıcı danışana (ya da kendine) enerji testi yaparak, bazı hislere sahip olup olmadığını ya da deneyimleyip deneyimlemediğini kontrol eder. Daha sonra danışanın sözlü iznini alarak, Var Olan Her Şeyin Yaratıcısı'na bağlanır. Emir işlemini uygulayarak, hissin enerjisinin, kişinin her bir hücresine ve dört inanç seviyesine akıp yüklenmesine tanıklık eder. His bir kere deneyimlendiğinde, kişi artık hayatında değişikler yaratmaya hazırdır.

İnanıyorum ki, his çalışması kullanarak aslında hücrelerimizi eğitiyor, depresyon gibi bazı duygular olmadan yaşamayı öğreniyoruz. His çalışması bize tam anlamıyla, zihnimizi değiştirme yeteneği sağlıyor, depresyon ya da diğer istenmeyen duygularla ilgili reseptörleri sıfırlıyor ve Teta dalgasındayken yapılabilen yeni reseptörler oluşturuyor.

"Bunun kanıtı nerede?" diye sorabilirsiniz. Pek çok insanın his çalışmasını uygulamaya başladıkları zaman iyi olmaya başlamaları kanıtını sunuyorum. Örneğin, sadece "Yenilgiye uğramadan yaşamanın nasıl *hissedildiğini* biliyorum" Hissini yüklenmesiyle, diyabetli kişilerin hayatına pozitif değişiklikler getirebilir ve aynı zamanda diğer hastalıklara da yardımcı olabilir.

Hisler, aşağıdaki işlem uygulanarak Var Olan Her Şeyin Yaratıcısı'ndan yüklenebilir.

Hislerin Yaratımı İşlemi

1. Kendinizi merkezleyin. Bilincinizi, Var Olan Her Şeyin Yaratıcısı'nın bir parçası olan Toprak Ana'nın merkezine gönderin. Enerjiyi ayaklarınızdan yukarıya, bedeninizde ve tüm çakralarınızdan yukarıya getiririn.
2. Evren'in ötesine gidin, beyaz ışıkları geçin, karanlık ışığı geçin, beyaz ışığı geçin, Yasalar olan jöle gibi maddeyi

geçin, incimsi, yanardöner beyaz ışığa, Varoluşun Yedinci Seviyesine gelin.

3. Var Olan Her Şeyin Yaratıcısı'na bağlanıp, aşağıdaki emri verin: "*Her Şeyin Yaratıcısı bu kişiye (kişinin adı) Bu hissin (hissin adı) bedenindeki tüm hücrelere, dört inanç seviyesinde ve yaşamının her alanında, en yüce ve en iyi şekilde yüklenmesi emredilir. Teşekkür ederim. Oldu, Oldu. Oldu.*"
4. Hissin enerjisinin kişinin alanına akışına tanık olun, yapılan değişiklikleri ve Yaratıcı'dan hissin kişinin bedeninin her hücresinin içinden hareket ettiğini, hissin her dört inanç seviyesine yüklendiğini imgeleyin.
5. Bitirdiğinizde bilincinizi kişinin alanından taç çakradan çıkarın ve kendinizi akan su veya beyaz ışıkta durulayarak bağlantıyı kesin. Kendi bedeninize taç çakranızdan girin, bilincinizi Toprak Ana'ya gönderin, sonra enerjiyi bedeninizden yukarıya, taç çakranızın üzerine getirip enerji kesmesi yapın.

Zamanla, bu süreçte daha rahat hale geldiğinizde, topraklanma gerekli olmayacak.

Yüklemeler

Kişilerin belki de hiç deneyimlemediği hislerin ve bilgilerin değişik versiyonları vardır. Bunlar kişiye yüklendiğinde, Oldukları Her Şeyle Yedinci Varoluş Seviyesindeki Her Şeyin Yaratıcısı'ndan entegre edilmesinin farkındalığını yaşarlar. Bu hislerin öğretilmesi sezgisel kişinin yetenekleri üzerinde şaşırtıcı bir etki yapar ve fiziksel iyileşme ve daha büyük ruhsal farkındalık yaratır.

Burada listelenmiş hisleri, hem kendinize hem de diğerlerine, yüklemeyi dikkate almak önemlidir. Sonra, hizmet etmeyen her şey kolayca bırakılabilir.

Zihninizi bu şekilde ne kadar çok temizlerseniz, vücudunuzu dengelemek için Yedinci Seviyeye o kadar çok erişebilirsiniz. Hastalık düşmanınız değildir. Hastalık yalnızca dengesizliğin bir işaretidir.

◊◊◊

Aşağıdaki Hisler Ve Programlar bu kategoridedir:

"Yaratıcı'nın ....tanımını biliyorum."

"..........nasıl hissedildiğini biliyorum."

" ....nasıl olduğunu anlamanın nasıl hissedildiğini biliyorum."

"..........ne zaman olduğunu biliyorum."

"..........nasıl olduğunu biliyorum."

"..........günlük hayatımı nasıl yaşayacağımı biliyorum."

"Yaratıcının.........perspektifini biliyorum."

"......... 'nın mümkün olduğunu biliyorum."

İşte birkaç örnek:

"Yaratıcı'nın güven tanımını biliyorum."

"Güvenin nasıl hissedildiğini biliyorum."

"Nasıl güvenileceğini anlamanın nasıl bir his olduğunu biliyorum."

"Ne zaman güvenileceğini biliyorum."

"Nasıl güvenileceğini biliyorum."

"Güvenerek günlük hayatımı nasıl yaşayacağımı biliyorum."

"Yaratıcının güven perspektifini biliyorum."

"Güvenmenin mümkün olduğunu biliyorum."

Her ne kadar size bu yüklemeleri veriyor olsam da, sertifikalı bir Eğitmenden İleri Seviye ThetaHealing kursuna katılmanıza değer.

Var Olan Her Şeyin Yaratıcısı Programları

"Var Olan Her Şeyin Yaratıcısı'na tamamen bağlı olmanın nasıl hissedildiğini anlıyorum."

"Var Olan Her Şeyin Yaratıcısı'na nasıl tamamen bağlanılacağını biliyorum"

"Var Olan Her Şeyin Yaratıcısı'nı biliyorum."

"Yaratıcı'ya bana bedenin içinde ne olduğunu göstermesi için izin vermenin nasıl hissedildiğini anlıyorum."

"Var Olan Her Şeyi Yaratan'a bedende ne olduğunu göstermesi için nasıl izin verileceğini biliyorum."

"Var Olan Her Şeyin Yaratıcısı'nın bedende tam olarak neye baktığımı bana söylemesine izin vermenin nasıl bir his olduğunu anlıyorum."

"Bedende baktığımın tam olarak ne olduğunu Yaratıcı'nın bana söyleyeceğine güvenmenin nasıl olduğunu biliyorum."

"Var Olan Her Şeyin Yaratıcısı ile kendimi dinlemenin arasındaki farkı biliyorum."

"Diğerlerine Var Olan Her Şeyin Yaratıcısı için önemli olduklarını göstermenin nasıl hissedildiğini anlıyorum."

"Diğerlerine Var Olan Her Şeyin Yaratıcısı için önemli olduklarını nasıl göstereceğimi biliyorum."

"Var Olan Her Şeyin Yaratıcısı'nın enerjisini dünyaya nasıl yayacağımı biliyorum."

"Var Olan Her Şeyin Yaratıcısı'nın enerjisini dünyaya nasıl yayacağımı anlıyorum."

"Kendimi dinlemek ve Var Olan Her Şeyin Yaratıcısı'nı dinlemenin farkının nasıl hissedildiğini biliyorum."

"Var Olan Her Şeyin Yaratıcısı'nın sevgisine layık olmanın nasıl hissedildiğini anlıyorum."

"Var Olan Her Şeyin Yaratıcısı'nı bilmenin nasıl hissedildiğini anlıyorum."

"Var Olan Her Şeyin Yaratıcısı'nın var olmasının mümkün olduğunu biliyorum."

"Var Olan Her Şeyin Yaratıcısı'nın sevgisine layık olmanın nasıl hissedildiğini anlıyorum."

"Var Olan Her Şeyin Yaratıcısı'nın sevgisine layık olduğumu biliyorum."

"Var Olan Her Şeyin Yaratıcısı'na bağlanmanın nasıl hissedildiğini anlıyorum."

"Var Olan Her Şeyin Yaratıcısı'na nasıl bağlanacağımı biliyorum."

"Var Olan Her Şeyin Yaratıcısı'nın bana tamamen bağlı olduğunu biliyorum."

"Günlük hayatımı Var olan Her Şeyin Yaratıcısına tamamen bağlı olarak nasıl yaşayacağımı biliyorum."

"Var Olan Her Şeyin Yaratıcısı'nın şifa yapmasına şahit olmanın nasıl hissedildiğini anlıyorum."

"Var Olan Her Şeyin Yaratıcısı'nın şifa yapmasına nasıl şahit olacağımı biliyorum."

"Var Olan Her Şeyin Yaratıcısı'nın şifa yapmasına ne zaman şahit olacağımı biliyorum."

"Var Olan Her Şeyi Yaratıcısı'ndan ayrı hissetmeden nasıl yaşayacağımı biliyorum tanımını anlıyorum."

Bolluk

"Yaratıcı'nın bolluk tanımını anlıyorum."

"Bolluğa sahip olmanın nasıl hissedildiğini anlıyorum."

"Bolluğa nasıl sahip olunacağını biliyorum."

"Günlük hayatımı bolluk ile nasıl yaşayacağımı biliyorum."

"Yaratıcı'nın bolluk perspektifini biliyorum."

"Bolluğa sahip olmanın mümkün olduğunu biliyorum."

Kabul

"Yaratıcı'nın kabul etme tanımını anlıyorum."

"Kabulün nasıl hissedildiğini anlıyorum."

"Bir şeylerin ne zaman kabul edileceğini biliyorum."

"Bir şeylerin nasıl kabul edileceğini biliyorum."

"Günlük hayatımı kabulle ile nasıl yaşayacağımı biliyorum."

"Yaratıcı'nın kabul perspektifini biliyorum."

"Kendimi tamamen kabul etmenin mümkün olduğunu biliyorum."

"Başka birinden şifa kabul etmenin ve almanın nasıl hissedildiğini anlıyorum."

"Başka birinden nasıl şifa kabul edilir ve alınır biliyorum."

"Yaratıcı'nın şifa perspektifini biliyorum."

"Başka birinden şifa kabul etmenin ve almanın mümkün olduğunu biliyorum."

Yaratıcı Tarafından Kabul Edilme

"Var Olan Her Şeyin Yaratıcısı tarafından tamamen kabul edilmenin Yaratıcı tanımını anlıyorum."

"Yaratıcı tarafından tamamen kabul edilmenin nasıl hissedildiğini anlıyorum."

"Yaratıcı tarafından tamamen kabul edilmenin nasıl olduğunu biliyorum."

"Yaratıcı tarafından tamamen kabul edilmiş olarak günlük hayatımı nasıl yaşayacağımı biliyorum."

"Var Olan Her Şeyin Yaratıcısı tarafından tamamen kabul edilmenin Yaratıcı perspektifini biliyorum."

"Yaratıcı tarafından kabul edilmenin mümkün olduğunu biliyorum."

Sorumluluk

"Yaratıcı'nın sorumluluk tanımını anlıyorum."

"Sorumluluk sahibi olmanın nasıl hissedildiğini anlıyorum."

"Ne zaman sorumluluk sahibi olunmalı, biliyorum."

"Nasıl sorumluluk sahibi olunur biliyorum."

"Günlük hayatımı sorumluluk ile nasıl yaşayacağımı biliyorum."

"Yaratıcı'nın sorumluluk perspektifini biliyorum."

"Kendi davranışlarımdan sorumlu olmanın mümkün olduğunu biliyorum."

Başarma

"Yaratıcı'nın başarının tanımını anlıyorum."

"Başarmanın nasıl hissedildiğini anlıyorum."

"Ne zaman başaracağımı biliyorum."

"Nasıl başaracağımı biliyorum."

"Günlük hayatımı başararak nasıl yaşayacağımı biliyorum."

"Yaratıcı'nın başarma perspektifini biliyorum."

Hisleri Dile Getirme

"Yaratıcı'nın hislerimi dile getirme tanımını anlıyorum."

"Hislerimi dile getirmenin nasıl hissedildiğini anlıyorum."

"Hislerimi ne zaman dile getireceğimi biliyorum."

"Hislerimi nasıl dile getireceğimi biliyorum."

"Günlük hayatımı hislerimi dile getirerek yaşamayı biliyorum."

"Yaratıcı'nın hislerimi dile getirme perspektifini biliyorum."

"Hislerimi dile getirmenin mümkün olduğunu biliyorum."

Denge

"Yaratıcı'nın denge tanımını anlıyorum."

"Dengede olmanın nasıl hissedildiğini anlıyorum."

"Nasıl dengede olunacağını biliyorum."

"Günlük hayatımı dengede olarak nasıl yaşayacağımı biliyorum."

"Yaratıcı'nın denge perspektifini biliyorum."

"Dengede olmanın mümkün olduğunu biliyorum."

Güzellik

"Yaratıcı'nın güzellik tanımını anlıyorum."

"Güzel olmanın nasıl hissedildiğini anlıyorum."

"Günlük hayatımı güzellik içinde nasıl yaşayacağımı biliyorum."

"Yaratıcı'nın güzellik perspektifini biliyorum.

"Güzel olmanın mümkün olduğunu biliyorum."

El Üstünde Tutulmak

"Yaratıcı'nın el üstünde tutulmak tanımını anlıyorum."

"El üstünde tutulmanın nasıl hissedildiğini anlıyorum."

"El üstünde tutulmanın nasıl olduğunu biliyorum."

"Günlük hayatımı el üstünde tutularak nasıl yaşarım biliyorum."

"Yaratıcı'nın el üstünde tutulma perspektifini biliyorum."

"El üstünde tutulmanın mümkün olduğunu biliyorum."

Bütün (Tam) Olma

"Yaratıcı'nın bütün (tam) olmanın tanımını anlıyorum."

"Bütün (tam) olmak nasıl hissedilir biliyorum."

"Nasıl bütün (tam) olunur biliyorum."

"Bütün (tam) olmanın mümkün olduğunu biliyorum."

Duygusal Olarak Var Olma

"Yaratıcı'nın duygusal olarak var olma tanımını anlıyorum."

"Duygusal olarak var olmanın nasıl hissedildiğini anlıyorum."

"Duygusal olarak nasıl var olunacağını biliyorum."

"Günlük hayatımda duygusal olarak var olarak nasıl yaşayacağımı biliyorum."

"Yaratıcı'nın duygusal olarak var olma perspektifini biliyorum."

"Duygusal olarak var olmanın mümkün olduğunu biliyorum."

Başkaları İçin Mutlu Olmak

"Yaratıcı'nın başkaları için mutlu olma tanımını anlıyorum."

"Başkaları için mutlu olmanın nasıl hissedildiğini anlıyorum."

"Başkaları için ne zaman mutlu olacağımı biliyorum."

"Başkaları için nasıl mutlu olunur biliyorum."

"Günlük hayatımı başkaları için mutlu olarak nasıl yaşayacağımı biliyorum."

"Yaratıcı'nın başkaları için mutlu olma perspektifini biliyorum."

"Başkaları için mutlu olmanın mümkün olduğunu biliyorum."

Başkaları Tarafından Duyulmak

"Yaratıcı'nın başkaları tarafından duyulma tanımını anlıyorum."

"Başkaları tarafından duyulmanın nasıl hissedildiğini anlıyorum."

"Başkaları tarafından ne zaman duyulacağımı biliyorum."

"Başkaları tarafından nasıl duyulacağımı biliyorum."

"Günlük hayatımı başkaları tarafından duyularak nasıl yaşayacağımı biliyorum."

"Yaratıcı'nın başkaları tarafından duyulma perspektifini biliyorum."

"Başkaları tarafından duyulmanın mümkün olduğunu biliyorum."

Anda Olmak

"Yaratıcı'nın anda olma tanımını anlıyorum."

"Anda olmanın nasıl hissedildiğini anlıyorum."

"Nasıl anda olunacağını biliyorum."

"Günlük hayatımı anda olarak nasıl yaşayacağımı biliyorum."

"Yaratıcı'nın anda olma perspektifini biliyorum."

"Anda olmanın mümkün olduğunu biliyorum."

"Şimdide, bu anda ve bu saniyede yaşamanın nasıl hissedildiğini anlıyorum."

"Şimdide, bu anda ve bu saniyede nasıl yaşanır biliyorum."

"Şimdide yaşamanın ve neşesini deneyimlemenin nasıl hissedildiğini anlıyorum."

Sevilebilir Olmak

"Yaratıcı'nın sevilebilir olma tanımını anlıyorum."

"Sevilebilir olmanın nasıl hissedildiğini anlıyorum."

"Sevilebilir nasıl olunur biliyorum."

"Yaratıcı'nın sevilebilir olma perspektifini biliyorum."

"Sevilebilir olmanın mümkün olduğunu biliyorum."

Yoldaş/Arkadaş Tarafından Sevilmek

"Yaratıcı'nın arkadaşım tarafından sevilme tanımını anlıyorum."

"Arkadaşım tarafından sevilmenin nasıl hissedildiğini anlıyorum."

"Arkadaşım tarafından ne zaman sevildiğimi biliyorum."

"Arkadaşım tarafından nasıl sevildiğimi biliyorum."

"Günlük hayatımı arkadaşım arafından sevilerek nasıl yaşayacağımı biliyorum."

"Yaratıcı'nın arkadaşım tarafından sevilme perspektifini anlıyorum."

"Arkadaşım tarafından sevilmenin mümkün olduğunu biliyorum."

Fikirlere Açık Olmak

"Yaratıcı'nın fikirlere açık olma tanımını anlıyorum."

"Fikirlere açık olmanın nasıl hissedildiğini anlıyorum."

"Ne zaman fikirlere açık olunur biliyorum."

"Fikirlere nasıl açık olunur biliyorum."

"Günlük hayatımı fikirlere açık olarak nasıl yaşayacağımı biliyorum."

"Fikirlere açık olmanın mümkün olduğunu biliyorum."

Özel Olma

"Özel olmanın nasıl hissedildiğini anlıyorum."

"Nasıl özel olunacağını anlıyorum."

"Yaratıcı'nın özel olma perspektifini anlıyorum."

"Özel olmanın mümkün olduğunu biliyorum."

Başkaları Tarafından Anlaşılmak

"Yaratıcı'nın başkaları tarafından anlaşılma tanımını anlıyorum."

"Başkaları tarafından anlaşılmanın nasıl hissedildiğini anlıyorum."

"Başkaları tarafından ne zaman anlaşılacağımı biliyorum."

"Başkaları tarafından nasıl anlaşılacağımı biliyorum."

"Günlük hayatımı başkaları tarafından anlaşılarak nasıl yaşayacağımı biliyorum."

"Yaratıcı'nın başkaları tarafından anlaşılma perspektifini biliyorum."

"Başkaları tarafından anlaşılmanın mümkün olduğunu biliyorum."

İstenen

"Yaratıcı'nın istenen olma tanımını anlıyorum."

"İstenen olmanın nasıl hissedildiğini anlıyorum."

"Ne zaman istenen olunduğunu biliyorum."

"Nasıl istenen olunduğunu biliyorum."

"İstenilen olmanın mümkün olduğunu biliyorum."

Bütün Olmak

"Bütün olmanın nasıl hissedildiğini anlıyorum."

"Nasıl bütün olunacağını biliyorum."

"Bütün olmanın mümkün olduğunu biliyorum."

Yardımseverlik

"Yaratıcı'nın yardımseverlik tanımını anlıyorum."

"Yardımsever olmanın nasıl hissedildiğini anlıyorum."

"Gerçek yardımseverliği biliyorum."

"Ne zaman yardımsever olunacağını biliyorum."

"Nasıl yardımsever olunacağını biliyorum."

"Günlük hayatımı yardımseverlik içinde nasıl yaşayacağımı biliyorum."

"Yaratıcı'nın yardımseverlik perspektifini biliyorum."

"Yardımsever olmanın mümkün olduğunu biliyorum."

Yaşam Nefesi

"Yaratıcı'nın yaşam nefesi tanımını anlıyorum."

"Yaşam nefesi almanın nasıl hissedildiğini anlıyorum."

"Yaşam nefesini nasıl alacağımı biliyorum."

"Günlük hayatımı yaşam nefesini soluyarak nasıl yaşayacağımı biliyorum."

"Yaratıcı'nın yaşam nefesi perspektifini biliyorum."
"Nefes almanın mümkün olduğunu biliyorum."

Sakin

"Yaratıcı'nın sakinlik tanımını anlıyorum."
"Sakin olmanın nasıl hissedildiğini anlıyorum."
"Ne zaman sakin olunur biliyorum."
"Nasıl sakin olunur biliyorum."
"Günlük hayatımı nasıl sakince yaşayacağımı biliyorum."
"Yaratıcı'nın sakin olma perspektifini biliyorum."
"Sakin olmanın mümkün olduğunu biliyorum."

Durugörü

"Yaratıcı'nın duru görü ile görme tanımını anlıyorum."
"Duru görüyle görmenin nasıl hissedildiğini anlıyorum."
"Ne zaman duru görüyle göreceğimi biliyorum."
"Nasıl duru görüyle göreceğimi biliyorum."
"Günlük hayatımı duru görüyle görerek nasıl yaşayacağımı biliyorum."
"Yaratıcı'nın duru görü perspektifini biliyorum."
"Duru görüyle görmenin mümkün olduğunu biliyorum."

Açık Biçimde İletişim

"Yaratıcı'nın açık biçimde iletişim kurma tanımını anlıyorum."
"Açık biçimde iletişim kurmanın nasıl hissedildiğini anlıyorum."
"Açık biçimde nasıl iletişim kurulur biliyorum."
"Günlük hayatımı açık biçimde iletişim kurarak nasıl yaşayacağımı biliyorum."
"Yaratıcının açık biçimde iletişim kurma perspektifini biliyorum."
"Açık biçimde iletişim kurmanın mümkün olduğunu biliyorum."

Sağduyu

"Yaratıcı'nın sağduyu tanımını anlıyorum."

"Sağduyulu olmanın nasıl hissedildiğini anlıyorum."

"Ne zaman sağduyulu olunacağını biliyorum."

"Nasıl sağduyulu olunacağını biliyorum."

"Günlük hayatımı sağduyulu olarak nasıl yaşayacağımı biliyorum."

"Yaratıcı'nın sağduyu perspektifini biliyorum."

"Sağduyulu olmanın mümkün olduğunu biliyorum."

Şefkat

"Yaratıcı'nın şefkat tanımını anlıyorum."

"Kendim ve başkaları için şefkatin nasıl hissedildiğini anlıyorum."

"Gerçek şefkati biliyorum."

"Ne zaman şefkatli olunur biliyorum."

"Nasıl şefkatli olunur biliyorum."

"Günlük hayatımı şefkatle nasıl yaşayacağımı biliyorum."

"Yaratıcı'nın şefkat perspektifini biliyorum."

"Kendim ve başkaları için şefkat hissetmenin mümkün olduğunu biliyorum."

Kendinden Emin

"Yaratıcı'nın kendinden emin olma tanımını anlıyorum."

"Kendinden emin olmanın nasıl hissedildiğini biliyorum."

"Ne zaman kendinden emin olunur biliyorum."

"Nasıl kendinden emin olunur biliyorum."

"Günlük hayatımı kendimden emin olarak nasıl yaşayacağımı biliyorum."

"Yaratıcı'nın kendinden emin olma perspektifini biliyorum."

"Kendinden emin olmanın mümkün olduğunu biliyorum."

İşbirliği

"Yaratıcı'nın işbirliğinin tanımını anlıyorum."
"İşbirliği yapmanın nasıl hissedildiğini anlıyorum."
"İşbirliğinin ne demek olduğunu anlıyorum."
"Ne zaman işbirliği yapılır biliyorum."
"Günlük hayatımı işbirliği yaparak nasıl yaşayacağımı biliyorum."

Borç

"Yaratıcı'nın borçtan arınmış olma tanımını anlıyorum."
"Borçtan arınmış olmanın nasıl hissedildiğini anlıyorum."
"Nasıl borçtan arınmış olunacağını biliyorum."
"Günlük hayatımda borçtan arınmış olarak nasıl yaşayacağımı biliyorum."
"Borçtan arınmış olmanın mümkün olduğunu biliyorum."

Kendini Adama

"Yaratıcı'nın kendini adama tanımını anlıyorum."
"Kendini adamanın nasıl hissedildiğini anlıyorum."
"Kendimi nasıl adayacağımı biliyorum."
"Günlük hayatımı kendimi adayarak nasıl yaşayacağımı biliyorum."
"Yaratıcı'nın kendini adama perspektifini biliyorum."
"Kendini adamanın mümkün olduğunu biliyorum."
"Kendini Yaratıcı'ya adamanın Yaratıcı tanımını anlıyorum."
"Kendini Yaratıcı'ya adamanın nasıl hissedildiğini anlıyorum."
"Yaratıcı'ya adanmış nasıl olunur biliyorum."
"Günlük hayatımı kendimi Yaratıcı'ya adayarak nasıl yaşayacağımı biliyorum."
"Yaratıcı'nın kendini Yaratıcı'ya adama perspektifini biliyorum."
"Kendini Yaratıcı'ya adamanın mümkün olduğunu biliyorum."
"Yaratıcı'nın kendimi hedeflerime adama tanımını anlıyorum."

"Kendimi hedeflerime adamanın nasıl hissedildiğini anlıyorum."

"Kendimi hedeflerime ne zaman adayacağımı biliyorum."

"Kendimi hedeflerime nasıl adayacağımı biliyorum."

"Günlük hayatımı kendimi hedeflerime adayarak nasıl yaşayacağımı biliyorum."

"Yaratıcı'nın kendimi hedeflerime adama perspektifini biliyorum."

"Kendimi hedeflerime adamanın mümkün olduğunu biliyorum."

Parıldamayı Hak Etmek

"Yaratıcı'nın parıldamayı hak etme tanımını anlıyorum."

"Parıldamayı hak etmenin nasıl hissedildiğini anlıyorum."

"Parıldamayı nasıl hak edeceğimi biliyorum."

"Günlük hayatımı nasıl parıldayarak yaşayacağımı biliyorum."

"Yaratıcı'nın parıldamayı hak etme perspektifini biliyorum."

Özveri

"Yaratıcı'nın özveri tanımını anlıyorum."

"Özverili olmanın nasıl hissedildiğini anlıyorum."

"Özveri ne demek biliyorum."

"Günlük hayatımı nasıl özveri ile yaşayacağımı biliyorum."

"Yaratıcı'nın özveri perspektifini biliyorum."

"Özverili olmanın mümkün olduğunu biliyorum."

Özenle ve Sebat Ederek Çalışmak

"Yaratıcı'nın özenle ve sebat içinde çalışma tanımını anlıyorum."

"Özenle ve sebat içinde çalışmanın nasıl hissedildiğini anlıyorum."

"Günlük hayatımı özenle ve sebat ederek çalışarak nasıl yaşayacağımı biliyorum."

"Yaratıcı'nın özenle ve sebat içinde çalışma perspektifini biliyorum."

"Özenle ve sebat ederek çalışmanın mümkün olduğunu biliyorum."

Bir Durumu Değerlendirmek

"Yaratıcı'nın bir durumu değerlendirme tanımını anlıyorum."

"Bir durumu açıklık içinde değerlendirmenin nasıl hissedildiğini anlıyorum."

"Bir durumu ne zaman değerlendireceğimi biliyorum."

"Bir durumu nasıl değerlendireceğimi biliyorum."

"Yaratıcının bir durumu değerlendirme perspektifini biliyorum."

"Hareket etmeden önce durum değerlendirmesi yapmanın mümkün olduğunu biliyorum."

İnanç

"Yaratıcı'nın inanç tanımını anlıyorum."

"İnançlı olmanın nasıl hissedildiğini anlıyorum."

"Günlük hayatımı inançla nasıl yaşayacağımı biliyorum."

"Yaratıcı'nın inanç perspektifini biliyorum."

"İnançlı olmanın mümkün olduğunu biliyorum."

Aile

"Yaratıcı'nın aile tanımını anlıyorum."

"Bir aileye sahip olmanın nasıl hissedildiğini anlıyorum."

"Ne zaman bir aileye sahip olunacağını biliyorum."

"Bir aileye nasıl sahip olunacağını biliyorum."

"Yaratıcı'nın aile perspektifini biliyorum."

"Bir aileye sahip olmanın mümkün olduğunu biliyorum."

Odaklanma

"Yaratıcı'nın odaklanma tanımını anlıyorum."

"Odaklanmanın nasıl hissedildiğini biliyorum."

"Ne zaman odaklanılır biliyorum."

"Nasıl odaklanılır biliyorum."

"Günlük hayatımı odaklanmış olarak nasıl yaşayacağımı biliyorum."

"Odaklanmanın Yaratıcı perspektifini biliyorum."

"Odaklanmanın mümkün olduğunu biliyorum."

Affetme

"Yaratıcı'nın affetme tanımını anlıyorum."

"Kendimi ve başkalarını affetmenin nasıl hissedildiğini anlıyorum."

"Gerçek affediciliği biliyorum."

"Ne zaman affedilir biliyorum."

"Nasıl affedilir biliyorum."

"Günlük hayatımı affetmeyle nasıl yaşayacağımı biliyorum."

"Yaratıcı'nın affetme perspektifini biliyorum."

"Kendimi ve başkalarını affetmenin mümkün olduğunu biliyorum."

Eğlenmek/ Eğlence

"Yaratıcı'nın eğlencenin tanımını anlıyorum."

"Eğlenmenin nasıl hissedildiğini anlıyorum."

"Ne zaman eğlenilir biliyorum."

"Nasıl eğlenilir biliyorum."

"Günlük hayatımı nasıl eğlenerek yaşayacağımı biliyorum."

"Yaratıcı'nın eğlenme perspektifini biliyorum."

"Eğlenmenin mümkün olduğunu biliyorum."

Şükran / Minnettar Olma

"Yaratıcı'nın şükran tanımını anlıyorum."

"Başkalarına ve Tanrı'ya şükran duymanın nasıl hissedildiğini anlıyorum."

"Ne zaman minnettar olacağımı biliyorum."

"Nasıl minnettar olunur biliyorum."

"Günlük hayatımı şükran içinde nasıl yaşayacağımı biliyorum."

"Yaratıcı'nın şükran perspektifini biliyorum."

"Minnettar olmanın mümkün olduğunu biliyorum."

Sağlık

"Yaratıcı'nın sağlık tanımını anlıyorum."

"Sağlıklı olmanın nasıl hissedildiğini anlıyorum."

"Ne zaman sağlıklı olduğumu biliyorum."

"Nasıl sağlıklı olunacağını biliyorum."

"Günlük hayatımı nasıl sağlıklı yaşayacağımı biliyorum."

"Yaratıcı'nın sağlık perspektifini biliyorum."

"Sağlıklı olmanın mümkün olduğunu biliyorum."

Ev/ Yuva

"Yaratıcı'nın yuva tanımını anlıyorum."

"Bir yuvaya sahip olmanın nasıl hissedildiğini anlıyorum."

"Bir yuvaya nasıl sahip olunacağını biliyorum."

"Yaratıcı'nın yuva perspektifini biliyorum."

"Bir yuvaya sahip olmanın mümkün olduğunu biliyorum."

Dürüstlük

"Yaratıcı'nın dürüstlük tanımını anlıyorum."

"Dürüst olmanın nasıl hissedildiğini anlıyorum."

"Ne zaman dürüst olunacağını biliyorum."

"Nasıl dürüst olunacağını biliyorum."

"Günlük hayatımı nasıl dürüstçe yaşayacağımı biliyorum."

"Yaratıcı'nın dürüstlük perspektifini biliyorum."

"Dürüst olmanın mümkün olduğunu biliyorum."

"Yaratıcı'nın kendime dürüst olma tanımını anlıyorum."

"Kendime dürüst olmanın nasıl hissedildiğini anlıyorum."

"Kendime nasıl dürüst olacağımı biliyorum."

"Kendime dürüst olarak günlük hayatımı nasıl yaşayacağımı biliyorum."

"Yaratıcı'nın kendime dürüst olma perspektifini biliyorum."

"Kendime dürüst olmanın mümkün olduğunu biliyorum."

Onur

"Yaratıcı'nın onur tanımını anlıyorum."

"Onurlu olmanın nasıl hissedildiğini anlıyorum."

"Ne zaman onurlu olunacağını biliyorum."

"Nasıl onurlu olunacağını biliyorum."

"Günlük hayatımı onurlu bir biçimde nasıl yaşayacağımı biliyorum."

"Yaratıcı'nın onur perspektifini biliyorum."

"Onurlu olmanın mümkün olduğunu biliyorum."

Alçakgönüllü

"Yaratıcı'nın alçakgönüllü olma tanımını anlıyorum."

"Alçakgönüllü olmanın nasıl hissedildiğini anlıyorum."

"Ne zaman alçakgönüllü olacağımı biliyorum."

"Nasıl alçakgönüllü olacağımı biliyorum."

"Yaratıcı'nın alçakgönüllü olma perspektifini biliyorum."

"Alçakgönüllü olmanın mümkün olduğunu biliyorum."

Geçirmez/Etkilenmez

"Yaratıcı'nın şüpheye geçirmez olma tanımını anlıyorum."

"Şüpheye geçirmez olmanın nasıl hissedildiğini anlıyorum."

"Nasıl şüpheye geçirmez olunacağını biliyorum."

"Günlük hayatımı şüpheye geçirmez olarak nasıl yaşayacağımı biliyorum."

"Yaratıcı'nın şüpheye geçirmez olma perspektifini biliyorum."

"Şüpheye geçirmez olarak yaşamanın mümkün olduğunu biliyorum."

"Yaratıcı'nın zehre geçirmez olma tanımını anlıyorum."

"Zehre geçirmez olmanın nasıl hissedildiğini anlıyorum."

"Nasıl zehre geçirmez olunacağını biliyorum."

"Günlük hayatımı nasıl zehre geçirmez olarak yaşayacağımı biliyorum."

"Zehre geçirmez olmanın mümkün olduğunu biliyorum."

"Yaratıcı'nın olumsuzluğa geçirmez olma tanımını anlıyorum."

"Olumsuzluğa geçirmez olmanın nasıl hissedildiğini anlıyorum."

"Olumsuzluğa nasıl geçirmez olunacağını biliyorum."

"Günlük hayatımı olumsuzluğa geçirmez olarak nasıl yaşayacağımı biliyorum."

"Olumsuzluğa geçirmez olarak yaşamanın mümkün olduğunu biliyorum."

"Yaratıcı'nın endişeye geçirmez olma tanımını anlıyorum."

"Endişeye geçirmez olmanın nasıl hissedildiğini anlıyorum."

"Endişeye nasıl geçirmez olunur biliyorum."

"Günlük hayatımı endişeye geçirmez olarak nasıl yaşayacağımı biliyorum."

"Endişeye geçirmez olmanın mümkün olduğunu biliyorum."

"Yaratıcı'nın hastalığa geçirmez olma tanımını anlıyorum."

"Hastalığa geçirmez olmanın nasıl hissedildiğini anlıyorum."

"Hastalığa geçirmez nasıl olunur biliyorum."

"Günlük hayatımı hastalığa geçirmez olarak nasıl yaşayacağımı biliyorum."

"Hastalığa geçirmez olmanın mümkün olduğunu biliyorum."

Önemli

"Yaratıcı'nın önem tanımını anlıyorum."

"Önemli hissetmenin nasıl hissedildiğini anlıyorum."

"Günlük hayatımı önemli hissederek nasıl yaşayacağımı biliyorum."

"Yaratıcı'nın önem perspektifini anlıyorum."

"Var Olan Her Şeyin Yaratıcısı için önemli olmanın mümkün olduğunu biliyorum."

Doğruluk

"Yaratıcı'nın doğruluk tanımını anlıyorum."

"Doğru olmanın nasıl hissedildiğini anlıyorum."

"Nasıl doğru olunur biliyorum."

"Günlük hayatımı doğruluk içinde nasıl yaşayacağımı biliyorum."

"Yaratıcı'nın doğruluk perspektifini biliyorum."

"Tamamen doğruluk içinde olmanın mümkün olduğunu biliyorum."

Başkalarıyla Etkileşim

"Yaratıcı'nın başkalarıyla etkileşim tanımını anlıyorum."

"Başkalarıyla etkileşim içinde olmanın nasıl hissedildiğini anlıyorum."

"Başkalarıyla ne zaman etkileşim içinde olacağımı biliyorum."

"Başkalarıyla nasıl etkileşim içinde olacağımı biliyorum."

"Günlük hayatımı başkalarıyla etkileşim içinde nasıl yaşayacağımı biliyorum."

"Başkalarıyla etkileşim içinde olmanın mümkün olduğunu biliyorum."

Anında Şifa

"Yaratıcı'nın anında şifa tanımını anlıyorum."

"Anında şifaya tanık olmanın nasıl hissedildiğini biliyorum."

"Anında Şifaya nasıl tanık olacağımı biliyorum."

"Yaratıcı'nın anında şifa perspektifini biliyorum."

"Anında şifaya tanık olmanın mümkün olduğunu biliyorum."

Sezgi

"Yaratıcı'nın gerçek sezgi tanımını anlıyorum."

"Kendi sezgilerime güvenmenin nasıl hissedildiğini anlıyorum."

"Sezgilerime ne zaman güveneceğimi biliyorum."

"Sezgilerime nasıl güveneceğimi biliyorum."

"Günlük hayatımı sezgilerime güvenerek nasıl yaşayacağımı biliyorum."

"Sezgilerime güvenmenin mümkün olduğunu biliyorum."

Neşe

"Yaratıcı'nın neşe tanımını anlıyorum."

"Neşeli olmanın nasıl hissedildiğini anlıyorum."

"Nasıl neşeli olunacağını biliyorum."

"Günlük hayatımı neşe içinde nasıl yaşayacağımı biliyorum."

"Yaratıcı'nın neşe perspektifini biliyorum."

"Neşeli olmanın mümkün olduğunu biliyorum."

Yaratıcı Gerçektir

"Yaratıcı'nın gerçek olduğunu bilmenin nasıl hissedildiğini anlıyorum."

"Günlük hayatımı Yaratıcı'nın gerçek olduğunu bilerek nasıl yaşayacağımı biliyorum."

"Yaratıcı'nın gerçek olmasının mümkün olduğunu biliyorum."

Gerçek Benlik/Öz

"Gerçek benliğimi/özümü bilmenin nasıl hissedildiğini anlıyorum."

"Gerçek benliğimi/özümü biliyorum."

"Yaratıcı'nın gerçek benliğim/özüm perspektifini biliyorum."

Öyle Olsun

"Birisine olduğu gibi olması için izin vermenin nasıl hissedildiğini anlıyorum."

"Birisine olduğu gibi olması için nasıl izin vereceğimi biliyorum."

"Dünya mükemmel uyum ve dengede olduğunda nasıl hissedileceğini anlıyorum."

"(Kendime ve başkalarına) Aşırı derecede eleştirel olmadan yaşamanın nasıl hissedildiğini anlıyorum."

Hayatın Amacı

"Yaratıcı'nın hayat amacı perspektifini biliyorum."

"Hayat amacımı bilmenin mümkün olduğunu biliyorum."

Dinlemek

"Yaratıcı'nın dinleme tanımını anlıyorum."

"Dinlemenin nasıl hissedildiğini biliyorum."

"Ne zaman dinlenir biliyorum."

"Nasıl dinlenir biliyorum."

"Yaratıcı'nın dinleme perspektifini biliyorum."

"Günlük hayatımı dinleyerek nasıl yaşayacağımı biliyorum."

"İyi bir dinleyici olmanın mümkün olduğunu biliyorum."

"Bir erkek/ Bir kadın/ Var Olan Herşeyin Yaratıcısı tarafından dinlenmenin nasıl hissedildiğini anlıyorum"

"Bir erkek/ Bir kadın/ Var Olan Herşeyin Yaratıcısı tarafından dinlenmenin nasıl olduğunu biliyorum"

Sevgi

"Yaratıcı'nın sevgi tanımını anlıyorum."

"Arkadaşım olan bir erkeği/kadını sevmenin nasıl hissedildiğini anlıyorum."

"Arkadaşım olan bir erkeği/kadını nasıl seveceğimi biliyorum."

"Yaratıcı'nın sevgi perspektifini biliyorum."

"Arkadaşım olan bir erkeği/kadını sevmenin mümkün olduğunu biliyorum."

"Anne sevgisi tanımını Var Olan Herşeyin Yaratıcısı aracılığıyla anlıyorum."

"Anne sevgisine sahip olmanın nasıl hissedildiğini anlıyorum."

"Günlük hayatımı anne sevgisiyle nasıl yaşayacağımı biliyorum."

"Yaratıcı'nın anne sevgisi perspektifini biliyorum."

"Anne sevgisi almanın mümkün olduğunu biliyorum."

"Yaratıcı'nın baba sevgisi tanımını anlıyorum."

"Baba sevgisine sahip olmanın nasıl hissedildiğini anlıyorum."

"Günlük hayatımı baba sevgisiyle nasıl yaşayacağımı biliyorum."

"Yaratıcı'nın baba sevgisi perspektifini biliyorum."

"Baba sevgisi almanın mümkün olduğunu biliyorum."

İnsanları Oldukları Gibi Sevmek

"Yaratıcı'nın insanları oldukları gibi sevme tanımını anlıyorum."

"İnsanları oldukları gibi sevmenin nasıl hissedildiğini anlıyorum."

"İnsanları nasıl oldukları gibi seveceğimi biliyorum."

"Günlük hayatımı nasıl sevgi ile yaşayacağımı biliyorum."

"Yaratıcı'nın sevgi perspektifini anlıyorum."

"İnsanları oldukları gibi sevmenin mümkün olduğunu biliyorum."

Sadakat

"Yaratıcı'nın sadakat tanımını anlıyorum."

"Sadık olmanın nasıl hissedildiğini anlıyorum."

"Nasıl sadık olunur biliyorum."

"Ne zaman sadık olunur biliyorum."

"Günlük hayatımı sadakat içinde nasıl yaşayacağımı biliyorum."

"Yaratıcı'nın sadakat perspektifini biliyorum."

"Sadık olmanın mümkün olduğunu biliyorum."

Sihirli

"Yaratıcı'nın sihir tanımını anlıyorum."

"Sihirli olmanın nasıl hissedildiğini anlıyorum."

"Nasıl sihirli olunur biliyorum."

"Ne zaman sihirli olunur biliyorum."

"Günlük hayatımı sihirle nasıl yaşayacağımı biliyorum."

"Yaratıcı'nın sihir perspektifini biliyorum."

"Sihri deneyimlemenin mümkün olduğunu biliyorum."

Mucize

"Yaratıcı'nın mucize tanımını anlıyorum."

"Mucizenin nasıl hissedildiğini anlıyorum."

"Mucizenin ne zaman olduğunu biliyorum."

"Bir mucizeyi nasıl ortaya koyacağımı ve ona nasıl şahit olacağımı biliyorum."

"Günlük hayatımı mucizelerle nasıl yaşayacağımı biliyorum."
"Yaratıcı'nın mucize perspektifini biliyorum."
"Mucizelere şahit olmanın mümkün olduğunu biliyorum."

Para

"Paraya sahip olmanın nasıl hissedildiğini anlıyorum."
"Nasıl paraya sahip olunacağını biliyorum."
"Günlük hayatımı paralı olarak nasıl yaşayacağımı biliyorum."
"Yaratıcı'nın para perspektifini biliyorum."
"Paraya sahip olmanın mümkün olduğunu biliyorum."
"Paranın bir değiş tokuş yolu olduğunu biliyorum."

Motivasyon

"Yaratıcı'nın motivasyon tanımını anlıyorum."
"Var Olan Her Şeyin Yaratıcısı tarafından motive edilmenin nasıl hissedildiğini anlıyorum."
"Var Olan Her Şeyin Yaratıcısı tarafından nasıl motive edileceğimi biliyorum."
"Günlük hayatımı motive olarak nasıl yaşayacağımı biliyorum."
"Yaratıcı'nın motivasyon perspektifini anlıyorum."
"Var Olan Her Şeyin Yaratıcısı tarafından motive edilmenin mümkün olduğunu biliyorum."

Huzur

"Yaratıcı'nın huzur tanımını anlıyorum."
"Huzura sahip olmanın nasıl hissedildiğini biliyorum."
"Nasıl huzura sahip olunur biliyorum."
"Günlük hayatımı huzur içinde nasıl yaşayacağımı biliyorum."
"Yaratıcı'nın huzur perspektifini biliyorum."
"Huzura sahip olmanın mümkün olduğunu biliyorum."

Sebat

"Yaratıcı'nın sebat tanımını anlıyorum."

"Sebat etmenin nasıl hissedildiğini biliyorum."

"Nasıl sebat edilir biliyorum."

"Sebat etmenin mümkün olduğunu biliyorum."

Oyun

"Yaratıcı'nın oyun tanımını anlıyorum."

"Oyun oynamanın nasıl hissedildiğini biliyorum."

"Ne zaman oyun oynanır biliyorum."

"Nasıl oyun oynanır biliyorum."

"Günlük hayatımı oyunla nasıl yaşayacağımı biliyorum."

"Yaratıcı'nın oyun perspektifini biliyorum."

"Oyun oynamanın mümkün olduğunu biliyorum."

Gurur

"Yaratıcı'nın gurur tanımını anlıyorum."

"Gururlu olmanın nasıl hissedildiğini anlıyorum."

"Ne zaman gururlu olunur biliyorum."

"Nasıl gururlu olunur biliyorum."

"Günlük hayatımı nasıl gururla yaşayacağımı biliyorum."

"Yaratıcı'nın gurur perspektifinin biliyorum."

"Gurura sahip olmanın mümkün olduğunu biliyorum."

"İşimle gurur duymanın nasıl hissedildiğini anlıyorum."

Rahatlama

"Yaratıcı'nın rahatlama tanımını anlıyorum."

"Rahatlamanın nasıl hissedildiğini anlıyorum."

"Ne zaman rahatlanır biliyorum."

"Nasıl rahatlanır biliyorum."

"Günlük hayatımı rahatlamış olarak nasıl yaşayacağımı biliyorum."
"Yaratıcı'nın rahatlama perspektifini biliyorum."
"Rahatlamanın mümkün olduğunu biliyorum."

Çözümlemek

"Kendi programlarımı bulmanın ve onları çözmenin nasıl hissedildiğini anlıyorum."
"Kendi programlarımı nasıl bulacağımı ve onları nasıl çözeceğimi biliyorum."

Saygı Göstermek

"Yaratıcı'nın kendime ve başkalarına saygı gösterme tanımını anlıyorum."
"Kendim için ve başkaları için saygı duymanın nasıl hissedildiğini anlıyorum."
"Kendime ve başkalarına nasıl saygı duyulacağını biliyorum."
"Günlük hayatımı her şeye saygı duyarak nasıl yaşayacağımı biliyorum."
"Yaratıcı'nın saygı tanımını biliyorum."
"Saygı duymanın mümkün olduğunu biliyorum."
"Öğrencilerim tarafından saygı duyulmanın nasıl hissedildiğini anlıyorum."
"Öğrencilerim tarafından nasıl saygı duyulacağımı biliyorum."
"Öğrencilerim tarafından saygı duyulmanın mümkün olduğunu biliyorum."

Dinlenmek

"Yaratıcı'nın dinlenme tanımını anlıyorum."
"Dinlenmenin nasıl hissedildiğini biliyorum."
"Ne zaman dinlenilir biliyorum."

"Nasıl dinlenilir biliyorum."

"Yaratıcı'nın dinlenme perspektifini anlıyorum."

"Dinlenmenin mümkün olduğunu biliyorum."

Güvende Olmak

"Yaratıcı'nın güvenlik tanımını anlıyorum."

"Güvende olmanın nasıl hissedildiğini anlıyorum."

"Ne zaman güvende olunur biliyorum."

"Nasıl güvende olunur biliyorum."

"Günlük hayatımı güvenlik içinde nasıl yaşayacağımı biliyorum."

"Yaratıcı'nın güvenlik perspektifini biliyorum."

"Güvende olmanın mümkün olduğunu biliyorum."

Hayır Demek

"Hayır demenin nasıl hissedildiğini anlıyorum."

"Ne zaman hayır denir biliyorum."

"Nasıl hayır denir biliyorum."

"Hayır demenin mümkün olduğunu biliyorum."

Emniyet İçinde Olmak

"Yaratıcı'nın emniyet içinde olma tanımını anlıyorum."

"Emniyet içinde olmanın nasıl hissedildiğini anlıyorum."

"Nasıl emniyet içinde olunur biliyorum."

"Günlük hayatımı emniyet içinde nasıl yaşayacağımı biliyorum."

"Yaratıcı'nın emniyet içinde olma perspektifini biliyorum."

"Emniyette olmanın mümkün olduğunu biliyorum."

Kendini Açıklıkla Görmek

"Yaratıcı'nın tanımına göre kendimi nasıl açıklıkla göreceğimi biliyorum."

"Yaratıcı'nın tanımına göre kendimi açıklıkla görmenin mümkün olduğunu biliyorum"

Kendini Kabul Etme

"Yaratıcı'nın kendini kabullenme tanımını arıyorum."

"Kendini kabul etmenin nasıl hissedildiğini anlıyorum."

"Kendimi nasıl kabulleneceğimi biliyorum."

"Günlük hayatımı kendimi tamamen kabul ederek nasıl yaşayacağımı biliyorum."

"Kendini tamamen kabul etmenin mümkün olduğunu biliyorum."

Dinginlik

"Yaratıcı'nın dinginlik tanımını anlıyorum."

"Dingin olmanın nasıl hissedildiğini anlıyorum."

"Nasıl dingin olunur biliyorum."

"Günlük hayatımı dinginlik ile nasıl yaşayacağımı biliyorum."

"Yaratıcı'nın dinginlik perspektifini biliyorum."

"Dingin olmanın mümkün olduğunu biliyorum."

Erkek ve Kız Evlat

"Yaratıcı'nın erkek veya kız evlat tanımını anlıyorum."

"Bir erkek evlat veya kız evlat olmanın nasıl hissedildiğini anlıyorum."

"Günlük hayatımı bir evlat olarak nasıl yaşayacağımı biliyorum."

"Yaratıcı'nın bir kız veya erkek evlat perspektifini biliyorum."

"Bir evlat olmanın mümkün olduğunu biliyorum."

Konuşmak

"Söyleyecek bir şeyim var."

"Diğerlerine söyleyecek değerli bir şeyim var."

"Söylemek durumunda olduğum şeyin önemli olduğunu biliyorum."

Kendi Gerçeğini Konuşmak

"Yaratıcı'nın kendi gerçeğimi konuşma tanımını anlıyorum."

"Kendi gerçeğimi konuşmanın nasıl hissedildiğini anlıyorum."

"Ne zaman kendi gerçeğimi konuşacağımı biliyorum."

"Kendi gerçeğimi nasıl konuşacağımı biliyorum."

"Günlük hayatımı kendi gerçeğimi konuşarak nasıl yaşayacağımı biliyorum."

"Kendi gerçeğimi konuşmanın mümkün olduğunu biliyorum."

Sessizlik

"Yaratıcı'nın sessizlik tanımını anlıyorum."

"Sessiz olmanın nasıl hissedildiğini anlıyorum."

"Ne zaman sessiz olunacağını biliyorum."

"Nasıl sessiz olunacağını biliyorum."

"Günlük hayatımı sessizlik içinde nasıl yaşayacağımı biliyorum."

"Sessiz olmanın mümkün olduğunu biliyorum."

Başarı

"Yaratıcı'nın başarı tanımını anlıyorum."

"Başarılı olmanın nasıl hissedildiğini anlıyorum."

"Nasıl başarılı olunur biliyorum."

"Günlük hayatımı başarılı olarak nasıl yaşayacağımı biliyorum."

"Yaratıcı'nın başarı perspektifini biliyorum."

"Başarılı olmanın mümkün olduğunu biliyorum."

İnce Düşünceli

"Yaratıcı'nın ince düşünceli olma tanımını anlıyorum."

"İnce düşünceli olmanın nasıl hissedildiğini anlıyorum."

"Nasıl ince düşünceli olunur biliyorum."

"Günlük hayatımı ince düşünceyle nasıl yaşayacağımı biliyorum."

"Yaratıcı'nın ince düşünce perspektifini biliyorum."

"İnce düşünceli olmanın mümkün olduğunu biliyorum."

Minnettarlık

"Yaratıcı'nın minnettarlık tanımını anlıyorum."

"Minnettar olmanın nasıl hissedildiğini anlıyorum."

"Ne zaman minnettar olacağımı biliyorum."

"Nasıl minnettar olacağımı biliyorum."

"Günlük hayatımı minnettarlık içinde nasıl yaşayacağımı biliyorum."

"Yaratıcı'nın minnettarlık perspektifini biliyorum."

"Minnettar olmanın mümkün olduğunu biliyorum."

Teta Çalışması

"Kendi üzerimde Teta Çalışması yapmanın nasıl hissedildiğini anlıyorum."

"Kendi üzerimde ne zaman Teta Çalışması yapacağımı biliyorum."

"Kendi üzerimde nasıl Teta Çalışması yapacağımı biliyorum."

"Günlük hayatımı kendi üzerimde Teta Çalışması yapabilme yeteneğiyle nasıl yaşayacağımı biliyorum."

"Kendi üzerimde Teta Çalışması yapabilmemin mümkün olduğunu biliyorum."

Sakinlik

"Yaratıcı'nın sakinlik tanımını anlıyorum."

"Sakin olmanın nasıl hissedildiğini anlıyorum."

"Nasıl sakin olacağımı biliyorum."

"Günlük hayatımı sakinlik içinde nasıl yaşayacağımı biliyorum."

"Yaratıcı'nın sakinlik perspektifini biliyorum."

"Sakin olmanın mümkün olduğunu biliyorum."

Güven

"Yaratıcı'nın güvenilir olma tanımını anlıyorum."

"Güvenilir olmanın nasıl hissedildiğini anlıyorum."

"Nasıl güvenilir olunur biliyorum."

"Güvenilir olmanın mümkün olduğunu biliyorum."

"Yaratıcı'nın kendime güvenme tanımını anlıyorum."

"Kendime %100 güvenmenin nasıl hissedildiğini anlıyorum."

"Kendime %100 nasıl güveneceğimi biliyorum."

"Kendime %100 güvenmenin mümkün olduğunu biliyorum."

"Yaratıcı'nın Yaratıcı'ya güvenme tanımını anlıyorum."

"Yaratıcı'ya %100 güvenmenin nasıl hissedildiğini anlıyorum."

"Yaratıcı'ya %100 nasıl güveneceğimi biliyorum."

"Günlük hayatımı Yaratıcı'ya tamamen güvenerek nasıl yaşayacağımı biliyorum."

"Yaratıcı'ya %100 güvenmenin mümkün olduğunu biliyorum."

Gerçek

"Yaratıcı'nın en yüce gerçek tanımını anlıyorum."

"Günlük hayatımı en yüce gerçeğe göre nasıl yaşayacağımı biliyorum."

"Yaratıcı'nın en yüce gerçek perspektifini biliyorum."

"En yüce gerçeği bilmenin mümkün olduğunu biliyorum."

"Gerçeği biliyorum."

"Gerçek nasıl görülür biliyorum."

"Günlük hayatımı gerçekle nasıl yaşayacağımı biliyorum."

"Gerçeği görmenin mümkün olduğunu biliyorum."

"Gerçeği duymanın nasıl hissedildiğini anlıyorum."

"Gerçeği nasıl duyacağımı biliyorum."

"Günlük hayatımda gerçeği nasıl duyacağımı biliyorum."

"Gerçeği duymanın mümkün olduğunu biliyorum."

"Gerçeğin nasıl hissedildiğini anlıyorum."

"Gerçeği hissetmenin mümkün olduğunu biliyorum."

"Gerçeği koklamanın nasıl hissedildiğini anlıyorum."

"Gerçek nasıl kokar biliyorum."

"Gerçeği nasıl koklayacağımı biliyorum."

"Gerçeği koklamanın mümkün olduğunu biliyorum."

Eşsizlik

"Yaratıcı'nın eşsizlik tanımını anlıyorum."

"Eşsiz olmanın nasıl hissedildiğini anlıyorum."

"Nasıl eşsiz olunacağını biliyorum."

"Eşsiz olmanın mümkün olduğunu biliyorum."

Bilgelik

"Yaratıcı'nın bilgelik tanımını anlıyorum."

"Bilgeliğe sahip olmanın nasıl hissedildiğini anlıyorum."

"Ne zaman bilgeliğe sahip olacağımı biliyorum."

"Bilgeliğe nasıl sahip olacağımı biliyorum."

"Günlük hayatımı bilgelikle nasıl yaşayacağımı biliyorum."

"Yaratıcı'nın bilgelik perspektifini biliyorum."

"Bilgeliğe sahip olmanın mümkün olduğunu biliyorum."

Daha Fazla His ve Program

Günlük hayatımızda his çalışmasını sahip olmadığımız his ve bilgiyi keşfetmek için kullanabiliriz. Aşağıdaki cümle kalıplarını kullanarak, uygun hisleri kendinize ya da başkalarına yükleyin:

_______'sız yaşamanın *nasıl hissedildiğini* biliyorum.

Günlük hayatımda _______ olmadan yaşamanın *nasıl hissedildiğini* ve nasıl *yaşayacağımı biliyorum.*

_______ korkusu olmadan günlük hayatımı yaşamanın *nasıl hissedildiğini* ve *nasıl yaşayacağımı* biliyorum.

_______ yapmam gerekmeden günlük hayatımı yaşamanın *nasıl hissedildiğini* ve *nasıl yaşayacağımı* biliyorum.

Bu Hisleri kendinize yükleyin veya bir başkasının kabul etmesine yardımcı olun.

Olmadan Yaşamak

"Şüphe olmadan günlük hayatımı nasıl yaşayacağımı ve bunun nasıl hissedildiğini biliyorum."

"Öfke olmadan günlük hayatımı nasıl yaşayacağımı ve bunun nasıl hissedildiğini biliyorum."

"Korku olmadan günlük hayatımı nasıl yaşayacağımı ve bunun nasıl hissedildiğini biliyorum."

"Acı olmadan günlük hayatımı nasıl yaşayacağımı ve bunun nasıl hissedildiğini biliyorum."

"Hastalık olmadan günlük hayatımı nasıl yaşayacağımı ve bunun nasıl hissedildiğini biliyorum."

"Kırgınlık olmadan günlük hayatımı nasıl yaşayacağımı ve bunun nasıl hissedildiğini biliyorum."

"Kin tutma (ihtiyacı) olmadan günlük hayatımı nasıl yaşayacağımı ve bunun nasıl hissedildiğini biliyorum."

"Pişmanlık olmadan günlük hayatımı nasıl yaşayacağımı ve bunun nasıl hissedildiğini biliyorum."

"Çatışma yaratma (ihtiyacı) olmadan günlük hayatımı nasıl yaşayacağımı ve bunun nasıl hissedildiğini biliyorum."

"Depresyon olmadan günlük hayatımı nasıl yaşayacağımı ve bunun nasıl hissedildiğini biliyorum."

"Vahim durumda olmadan günlük hayatımı nasıl yaşayacağımı ve bunun nasıl hissedildiğini biliyorum."

"Hayal kırıklığı olmadan günlük hayatımı nasıl yaşayacağımı ve bunun nasıl hissedildiğini biliyorum."

"Cesaretimin kırılması olmadan günlük hayatımı nasıl yaşayacağımı ve bunun nasıl hissedildiğini biliyorum."

"Drama olmadan günlük hayatımı nasıl yaşayacağımı ve bunun nasıl hissedildiğini biliyorum."

"Kaos olmadan günlük hayatımı nasıl yaşayacağımı ve bunun nasıl hissedildiğini biliyorum."

"Zavallı olmadan günlük hayatımı nasıl yaşayacağımı ve bunun nasıl hissedildiğini biliyorum."

"Aşırı olmadan günlük hayatımı nasıl yaşayacağımı ve bunun nasıl hissedildiğini biliyorum."

"Suistimal edilmiş olmadan günlük hayatımı nasıl yaşayacağımı ve bunun nasıl hissedildiğini biliyorum."

"Kullanılmış olmadan günlük hayatımı nasıl yaşayacağımı ve bunun nasıl hissedildiğini biliyorum."

"Kıtlık olmadan günlük hayatımı nasıl yaşayacağımı ve bunun nasıl hissedildiğini biliyorum."

"İmrenme olmadan günlük hayatımı nasıl yaşayacağımı ve bunun nasıl hissedildiğini biliyorum."

"Kıskançlık olmadan günlük hayatımı nasıl yaşayacağımı ve bunun nasıl hissedildiğini biliyorum."

"Başkalarında gözü kalmış olmadan günlük hayatımı nasıl yaşayacağımı ve bunun nasıl hissedildiğini biliyorum."

"Sabırsız olmadan günlük hayatımı nasıl yaşayacağımı ve bunun nasıl hissedildiğini biliyorum."

"Acınası olmadan günlük hayatımı nasıl yaşayacağımı ve bunun nasıl hissedildiğini biliyorum."

"Endişe olmadan günlük hayatımı nasıl yaşayacağımı ve bunun nasıl hissedildiğini biliyorum."

"Çaresiz olmadan günlük hayatımı nasıl yaşayacağımı ve bunun nasıl hissedildiğini biliyorum."

"Kendi gücümden şüphe etme olmadan günlük hayatımı nasıl yaşayacağımı ve bunun nasıl hissedildiğini biliyorum."

"Gerçeği görme korkusu olmadan günlük hayatımı nasıl yaşayacağımı ve bunun nasıl hissedildiğini biliyorum."

"Kırgınlık olmadan günlük hayatımı nasıl yaşayacağımı ve bunun nasıl hissedildiğini biliyorum."

"İnkâr olmadan günlük hayatımı nasıl yaşayacağımı ve bunun nasıl hissedildiğini biliyorum."

"Rahatsızlık olmadan günlük hayatımı nasıl yaşayacağımı ve bunun nasıl hissedildiğini biliyorum."

"Utanç olmadan günlük hayatımı nasıl yaşayacağımı ve bunun nasıl hissedildiğini biliyorum."

"Kargaşa olmadan günlük hayatımı nasıl yaşayacağımı ve bunun nasıl hissedildiğini biliyorum."

"Stres olmadan günlük hayatımı nasıl yaşayacağımı ve bunun nasıl hissedildiğini biliyorum."

"Kaygı olmadan günlük hayatımı nasıl yaşayacağımı ve bunun nasıl hissedildiğini biliyorum."

"Tehdit edilmiş olmadan günlük hayatımı nasıl yaşayacağımı ve bunun nasıl hissedildiğini biliyorum."

"Başkalarına karşı tehditkâr olmadan günlük hayatımı nasıl yaşayacağımı ve bunun nasıl hissedildiğini biliyorum."

"Başkalarının beni incitmesine izin verme durumu olmadan günlük hayatımı nasıl yaşayacağımı ve bunun nasıl hissedildiğini biliyorum."

"Başkalarının beni kurban etmesine izin vermeden günlük hayatımı nasıl yaşayacağımı ve bunun nasıl hissedildiğini biliyorum."

"Kurban olmadan günlük hayatımı nasıl yaşayacağımı ve bunun nasıl hissedildiğini biliyorum."

"Başkalarını sinirlendirmeden günlük hayatımı nasıl yaşayacağımı ve bunun nasıl hissedildiğini biliyorum."

"Başkalarını rahatsız etmeden günlük hayatımı nasıl yaşayacağımı ve bunun nasıl hissedildiğini biliyorum."

"Trafik öfkesi olmadan günlük hayatımı nasıl yaşayacağımı ve bunun nasıl hissedildiğini biliyorum."

"Kararsızlık olmadan günlük hayatımı nasıl yaşayacağımı ve bunun nasıl hissedildiğini biliyorum."

"Cezalandırılma olmadan günlük hayatımı nasıl yaşayacağımı ve bunun nasıl hissedildiğini biliyorum."

"Bunalmış olmadan günlük hayatımı nasıl yaşayacağımı ve bunun nasıl hissedildiğini biliyorum."

"Bir sonraki adımı atmak için gergin hissetmeden günlük hayatımı nasıl yaşayacağımı ve bunun nasıl hissedildiğini biliyorum."

"Gelecek hakkında gergin olmadan günlük hayatımı nasıl yaşayacağımı ve bunun nasıl hissedildiğini biliyorum."

"Aileme öfkeli olmadan günlük hayatımı nasıl yaşayacağımı ve bunun nasıl hissedildiğini biliyorum."

"Kendime öfkeli olmadan günlük hayatımı nasıl yaşayacağımı ve bunun nasıl hissedildiğini biliyorum."

"Yaratıcıya öfkeli olmadan günlük hayatımı nasıl yaşayacağımı ve bunun nasıl hissedildiğini biliyorum."

"Dünyam yıkılıyormuş gibi olmadan günlük hayatımı nasıl yaşayacağımı ve bunun nasıl hissedildiğini biliyorum."

"Yeterince zamanım olmadığı için endişeli olmadan günlük hayatımı nasıl yaşayacağımı ve bunun nasıl hissedildiğini biliyorum."

"Başkalarının 'şeylerini' üzerime alma olmadan günlük hayatımı nasıl yaşayacağımı ve bunun nasıl hissedildiğini biliyorum."

"Kendimi ve başkalarını eleştirme (ihtiyacı) olmadan günlük hayatımı nasıl yaşayacağımı ve bunun nasıl hissedildiğini biliyorum."

"Kim olduğum için mazeret bulma (ihtiyacı) olmadan günlük hayatımı nasıl yaşayacağımı ve bunun nasıl hissedildiğini biliyorum."

"Vücudun içini netlikle görme yeteneğim için şüphe duyma olmadan günlük hayatımı nasıl yaşayacağımı ve bunun nasıl hissedildiğini biliyorum."

"Grup korku bilincine kapılmış olmadan günlük hayatımı nasıl yaşayacağımı ve bunun nasıl hissedildiğini biliyorum."

"Kendimi yiyecek, sigara, uyuşturucu ve alkol ile cezalandırma (ihtiyacı) olmadan günlük hayatımı nasıl yaşayacağımı ve bunun nasıl hissedildiğini biliyorum."

"Hissetmenin acı verdiğini düşünme (ihtiyacı) olmadan günlük hayatımı nasıl yaşayacağımı ve bunun nasıl hissedildiğini biliyorum."

"İhanete uğramış olmadan günlük hayatımı nasıl yaşayacağımı ve bunun nasıl hissedildiğini biliyorum."

"Görmezden gelinmiş olmadan günlük hayatımı nasıl yaşayacağımı ve bunun nasıl hissedildiğini biliyorum."

"Üzgün olma zorunluluğu olmadan günlük hayatımı nasıl yaşayacağımı ve bunun nasıl hissedildiğini biliyorum."

"Unutma zorunluluğu olmadan günlük hayatımı nasıl yaşayacağımı ve bunun nasıl hissedildiğini biliyorum."

"Susma zorunluluğu olmadan günlük hayatımı nasıl yaşayacağımı ve bunun nasıl hissedildiğini biliyorum."

"Kapanma zorunluluğu olmadan günlük hayatımı nasıl yaşayacağımı ve bunun nasıl hissedildiğini biliyorum."

"Kötü adam olma zorunluluğu olmadan günlük hayatımı nasıl yaşayacağımı ve bunun nasıl hissedildiğini biliyorum."

"Ezik kişilerin benden yaralanmasına izin verme zorunluluğu olmadan günlük hayatımı nasıl yaşayacağımı ve bunun nasıl hissedildiğini biliyorum."

"Diğerlerinin hataları için suçlanma zorunluluğu olmadan günlük hayatımı nasıl yaşayacağımı ve bunun nasıl hissedildiğini biliyorum."

"Var Olan Her Şey'den kendimi ayırma zorunluluğu olmadan günlük hayatımı nasıl yaşayacağımı ve bunun nasıl hissedildiğini biliyorum."

"Diğer insanlarının eziyetlerini üstlenme zorunluluğu olmadan günlük hayatımı nasıl yaşayacağımı ve bunun nasıl hissedildiğini biliyorum, eğer yaparsam, bu hemen sevgi ve ışığa dönüşür.

..... Hissetmeden Yaşamak

"Hırpalanmış hissetmeden yaşamanın nasıl hissedildiğini ve günlük hayatımı nasıl yaşayacağımı biliyorum."

"Yalnız hissetmeden yaşamın nasıl hissedildiğini ve günlük hayatımı nasıl yaşayacağımı biliyorum."

"Terk edilmiş hissetmeden yaşamın nasıl hissedildiğini ve günlük hayatımı nasıl yaşayacağımı biliyorum."

"Karamsar hissetmeden yaşamın nasıl hissedildiğini ve günlük hayatımı nasıl yaşayacağımı biliyorum."

"İhmal edilmiş hissetmeden yaşamın nasıl hissedildiğini ve günlük hayatımı nasıl yaşayacağımı biliyorum."

"Dışarıda bırakılmış hissetmeden yaşamın nasıl hissedildiğini ve günlük hayatımı nasıl yaşayacağımı biliyorum."

"Arkada bırakılmış hissetmeden yaşamın nasıl hissedildiğini ve günlük hayatımı nasıl yaşayacağımı biliyorum."

"Dövülmüş hissetmeden yaşamın nasıl hissedildiğini ve günlük hayatımı nasıl yaşayacağımı biliyorum."

"Arızalı hissetmeden yaşamın nasıl hissedildiğini ve günlük hayatımı nasıl yaşayacağımı biliyorum."

"Önemsiz hissetmeden yaşamın nasıl hissedildiğini ve günlük hayatımı nasıl yaşayacağımı biliyorum."

"Deli hissetmeden yaşamın nasıl hissedildiğini ve günlük hayatımı nasıl yaşayacağımı biliyorum."

"Aptal hissetmeden yaşamın nasıl hissedildiğini ve günlük hayatımı nasıl yaşayacağımı biliyorum."

"Aşağılık hissetmeden yaşamın nasıl hissedildiğini ve günlük hayatımı nasıl yaşayacağımı biliyorum."

"Aşağılanmış hissetmeden yaşamın nasıl hissedildiğini ve günlük hayatımı nasıl yaşayacağımı biliyorum."

"İhmal edilmiş hissetmeden yaşamın nasıl hissedildiğini ve günlük hayatımı nasıl yaşayacağımı biliyorum."

"Küçültülmüş hissetmeden yaşamın nasıl hissedildiğini ve günlük hayatımı nasıl yaşayacağımı biliyorum."

"Yük gibi hissetmeden yaşamın nasıl hissedildiğini ve günlük hayatımı nasıl yaşayacağımı biliyorum."

"Yük haline getirilmiş gibi hissetmeden yaşamın nasıl hissedildiğini ve günlük hayatımı nasıl yaşayacağımı biliyorum."

"Baş belası gibi hissetmeden yaşamın nasıl hissedildiğini ve günlük hayatımı nasıl yaşayacağımı biliyorum."

"Zahmet verirmiş gibi hissetmeden yaşamın nasıl hissedildiğini ve günlük hayatımı nasıl yaşayacağımı biliyorum."

"Dışlanmış hissetmeden yaşamın nasıl hissedildiğini ve günlük hayatımı nasıl yaşayacağımı biliyorum."

"Yanlış ailede doğmuş gibi hissetmeden yaşamın nasıl hissedildiğini ve günlük hayatımı nasıl yaşayacağımı biliyorum."

"Yanlış gezegendeymiş gibi hissetmeden yaşamın nasıl hissedildiğini ve günlük hayatımı nasıl yaşayacağımı biliyorum."

"Yanlış bedendeymiş gibi hissetmeden yaşamın nasıl hissedildiğini ve günlük hayatımı nasıl yaşayacağımı biliyorum."

"Ebeveynlerim için sorumlu hissetmeden yaşamın nasıl hissedildiğini ve günlük hayatımı nasıl yaşayacağımı biliyorum."

"Kontrolden çıkmış gibi hissetmeden yaşamın nasıl hissedildiğini ve günlük hayatımı nasıl yaşayacağımı biliyorum."

"Ebeveynlerimin ebeveyni gibi hissetmeden yaşamın nasıl hissedildiğini ve günlük hayatımı nasıl yaşayacağımı biliyorum."

"Tehdit edilmiş hissetmeden yaşamın nasıl hissedildiğini ve günlük hayatımı nasıl yaşayacağımı biliyorum."

.... Korkusu Hissetmeden

"Yaratıcıyla bağlantımın kesilmesi korkusu hissetmeden yaşamın nasıl hissedildiğini ve günlük hayatımı nasıl yaşayacağımı biliyorum."

"Uykuya geri dalıp gerçeği unutma korkusu hissetmeden yaşamın nasıl hissedildiğini ve günlük hayatımı nasıl yaşayacağımı biliyorum."

"Bu hayattaki misyonumda başarısız olma korkusu hissetmeden yaşamın nasıl hissedildiğini ve günlük hayatımı nasıl yaşayacağımı biliyorum."

"Yakınlık kurma korkusu hissetmeden yaşamın nasıl hissedildiğini ve günlük hayatımı nasıl yaşayacağımı biliyorum."

"Başkalarına karşı incinebilme korkusu hissetmeden yaşamın nasıl hissedildiğini ve günlük hayatımı nasıl yaşayacağımı biliyorum."

"Harika olma korkusu hissetmeden yaşamın nasıl hissedildiğini ve günlük hayatımı nasıl yaşayacağımı biliyorum."

"Tanrı'dan korkmadan yaşamın nasıl hissedildiğini ve günlük hayatımı nasıl yaşayacağımı biliyorum."

6
İleri İnanç, His ve Kazma Çalışması

Beyinlerimiz biyolojik süper bilgisayarlar gibi çalışır, bilgileri değerlendirir ve yanıtlar. *Nasıl* yanıt vereceğimiz aldığımız bilgiye ve nasıl yorumladığımıza bağlıdır, bir inanç sisteminden gelse bile. Bir İnanç, beden, zihin ya da ruh tarafından gerçek olarak kabul edildiği zaman "Program" haline gelir.

Programlar, ne olduklarına ve onlara nasıl tepki verdiğimize bağlı olarak, yararımıza ya da zararımıza olabilirler. Negatif formdayken, kalbimiz, zihnimiz, bedenimiz ve ruhumuz üzerinde aleyhte etkileri olabilir.

İnanç Çalışması

İnanç Çalışması insanları negatif programları ve inanç sistemlerini kaldırma ve Her Şeyin Yaratıcısı'ndan pozitif olanlarla değiştirme yeteneği ile güçlendirir. Bu davranışı değiştirmek demektir. Davranış fiziksel, zihinsel veya ruhsal olabilir.

Bu aynı zamanda şifanın da olmasını sağlar. Bana gösterildiğine göre, bir şifalanmanın oluşabilmesi için, alıcı kişinin iyileşmeyi istemesi ve tanık olanın da bunun mümkün olduğuna inanması gerekir, aksi takdirde tanık olması mümkün değildir. Her iki durumda da inanç çalışması işe yarar.

İnançları değiştirmenin en iyi yollarından biri, bir çocuk saflığına geri dönmektir. Çocukken beyin dalgası modelimiz yeni bilgileri almaya ve kabul etmeye açıktır. Teta hali işte bu yüzden çok önemlidir, çünkü bilinçaltını o büyüme ve değişim frekansına geri götürür, zihni pozitif değişikliklere açar.

Çocukken inanç sistemlerini değiştirmeye açığızdır ancak bir yetişkinin olarak İnanç Sistemini değiştirmek için, saatler sürecek hipnoz veya terapi olmadan, bilinçaltına ulaşılması kolay değildir. İnanç Çalışması işte tam da bunun aracıdır; bilinçaltı zihnine erişim. Bununla beraber, bizi bir adım öteye götürür: Bize, pek çok alternatif terapi yöntemlerinde görmezden gelinen, bilinçaltının ötesine giden spiritüel ve genetik alandaki inançları değiştirme yeteneği verir.

Dört İnanç Seviyesi

ThetaHealing'de kendi hayat maceramızı yarattığımızı ve inançlarımızı değiştirmeye izinli olduğumuzu öğretiyorum. Tek yapmamız gereken, onları değiştirmek için doğru yere gitmektir.

ThetaHealing kitabında zaten dört inanç seviyesi olduğunu anlatmıştım, ancak bu bilgiye kısaca burada değinmekte fayda var.

Bir kişinin Her Şey Olan bedenini, duygularını, zihnini kapsayan ve hatta ruh enerjisine kadar genişleyen dört İnanç Seviyesi bulunur. Bu İnanç Sistemleri geçmişe, şu ana ve geleceğe, hatta DNA'mıza ne yapması gerektiğini söyleyen genetik yapımızdaki elektromanyetik enerjiye kadar uzanır. Bunlar *İnanç Çalışmasının* esasını oluşturur.

Öz-İnanç Seviyesi

Öz-İnançlar bu yaşamda bize çocukluğumuzdan beri öğretilen ve kabul ettiklerimizdir. Bizim bir parçamız haline gelmiş İnançlardır. Bunlar enerji olarak beynin ön lobunda tutulurlar.

Genetik Seviye

Bu seviyede, programlar atalardan miras kalmıştır ya da bu yaşamda genlere eklenmiştir. Bu İnançlar, fiziksel DNA'nın etrafındaki morfolojik alanda muhafaza edilen enerjilerdir. Bu bilgi "alanı" DNA'nın mekaniğine ne yapacağını söyleyen yerdir. Bu seviyeye beyindeki pineal bezde bulunan ana hücre aracılığıyla ulaşılır.

Geçmiş Seviye

Bu Seviye, geçmiş yaşamdan anılar ya da derin genetik hafıza veya bizim şimdiye taşıdığımız kolektif bilinç deneyimlerimizden oluşur. Bu anılar bizim aura alanımızda muhafaza edilir.

Ruhsal Seviye

Bu Seviye bizim olduğumuz her şeydir. Programlar kalp çakrasından başlayarak kişinin bütünlüğünden dışarı doğru çıkarılır.

◊◊◊

Bir inanç programı bir ya da daha fazla seviyede ya da aynı anda dördünde birden bulunabilir. Eğer bir seviyeden kaldırılır ve diğerlerinden kaldırılmazsa, kendini tıpkı eskiden olduğu yere koyacaktır. Bu yüzden bütün seviyelerden çekmek gereklidir. Bu otomatikman bütün Varoluş Seviyelerinde değişim yaratır.

Bir programın çekilmesini istediğimde, alanımın üzerine çıkarım ve Yaratıcı'dan onu her dört Seviyede birden çekmesini isterim. Sonra onun bırakılmasına ve yeni programın ilahi saflıkta gelişine tanık olurum.

ThetaHealing kitabında sizlere önce inanç programlarını her inanç seviyesinden tek tek, sonra hepsini aynı anda çekmeyi öğrettim. İleri bir uygulayıcı inanç programlarının nerelerde bulundukları ve kaç seviyede bulunduğu konusuna aşina oldukça, süreç daha da hızlanacaktır. İnsan beyni düşünebildiğimizden çok daha hızlı çalışır. İnanç çalışmasına alıştıkça, programların Yaratıcı'ya gönderilmesi ve değiştirilmesi düşüncenin hızıyla olacaktır.

İNANÇ ÇALIŞMASININ PRENSİPLERİ

İşte hatırlamanız için inanç çalışması prensiplerinin kısa bir listesi

Sözlü İzin

Üzerinde inanç çalışması yapılan kişi uygulayıcıya *Programları kaldırması ve değiştirmesi* için ve *her bir Program için ayrı ayrı* tam sözlü izin vermelidir. Hepimiz seçtiğimiz herhangi bir programı tutmak için hareket özgürlüğüne sahibiz. Başka birisi sözlü iznimiz olmadan Programlarımızı değiştiremez. Bu işe yaramaz.

Programları ve İnançları Korumak

Hangi programları bıraktığınız konusunda çok dikkatli olun. Bazı programlar bizim yararımızadır.

Örneğin, küçük bir kızken şunun farkına vardığımı hatırlıyorum: "Bu insanlar beni sevemezler. Benim onları sevmem gerekiyor. Onlara beni nasıl seveceklerini öğretmeliyim."

Bu Programı anlamak bana, neden olduğum kişi olduğumu ve hayatımda yaptığım şeyleri neden yaptığımı gösterdi. Üzerinde düşününce, bu programın belki de o kadar kötü olmadığını anladım. Şöyle düşündüm: Sanırım bu programın bazı kısımlarını tutacağım, "Başkalarını nasıl seveceğimi biliyorum" kısmını mesela.

Sahip olduğunuz inançlardan bazıları sizi bugün olduğunuz yere getirdi. Kendinize karşı nazik olun.

Tutunmayan/Kabul Edilmeyen Programlar

Bazı uygulayıcıların bir programı tekrar tekrar değiştirdiğini ve bu yeni programı tutamadığını duydum. Bunun sebebi nasıl hissedildiğini bilmemeleridir.

Örneğin, bir kişinin alanına gittiğimde Yaratıcı ona "Sevildiğimi biliyorum" Programını veriyorsa, bu durum ertesi gün devam etmeyecektir, çünkü o kişi "sevilmenin nasıl hissedildiğini" bilmiyordur. Burada his çalışması devreye girer. Ancak eğer yukarı çıkıp "Her Şeyin Yaratıcısı bu kişiye sevilmenin nasıl hissedildiğini göster" dersem ona verdiğim bütün Programlar tutunacaktır. Bunu yaptığım zaman hissin vücuttaki her bir hücrenin içine girene kadar şelale gibi bütün Seviyelere aktığını gözümün önüne getiririm. Böylece vücut sevilmenin nasıl hissedildiğini bilir.

Programlar bu şekilde değiştirilir. Yine de davranışlarımızla, söylediklerimizle, düşüncelerimizle ve yapmayı ve yapmamayı seçtiğimiz şeylerle yeniden yaratılabilir. Yaşamlarımızın değişmesi için *pozitif yönde eylemlere* ihtiyaç vardır.

Zihninizi Berraklaştırın

İlk önce zihninizi berraklaştıracak inançlar üzerinde çalışın. Böylece değişmesi gereken Kök İnancı bulabilirsiniz. Eğer hastaysanız, Yaratıcıya *"Bu hastalığın iyileşmesi için hangi İnançlar üzerinde çalışmalıyım?"* diye sorun. Hangi inanç sistemlerinin bırakılması gerektiği söylenebilir ama aynı zamanda zihnini de berraklaştırmalısınız.

Bilinçaltı Zihin ile İletişim Kurma

Bilinçaltı zihni "yapma, yapamam, değil" gibi kavramları anlamaz. Danışanlarınıza İnanç Çalışması yaparken bu kelimeleri ifadelerinin dışında tutmaları gerektiğini söylemelisiniz

Örneğin danışan "Kendimi sevmiyorum" ya da "Kendimi sevemiyorum" gibi ifadeler kullanmamalıdır. Bir Programı doğru bir biçimde test etmek için ifade "Kendimi seviyorum" şeklinde olmalıdır ve danışan bu program için Kas Testine negatif ya da pozitif yanıt verir.

Çift İnançlar

Pek çok insanın çift inanç sistemi vardır. Örneğin, kişi zengin olduğuna inanıyordur ama aynı zamanda fakir olduğuna da inanıyor olabilir. Pozitif Programı yerinde bırakın ve negatif Programı çekip Yaratıcı'dan gelen doğru pozitif Program ile değiştirin.

Negatif Programları Çekme

Bütün negatif Programların vücuttan çekilmesi için asla emir veremezsiniz; çünkü bilinçaltı zihni hangi Programların negatif hangilerinin pozitif olduğunu bilmez.

Ölüm Arzuları

İnanç çalışması sırasında dikkat edilmesi gereken bazı önemli programlar da ölüm arzularıdır. Yaratıcı bana pek çok kişinin ölüm arzusu olduğu, ama bütün ölüm arzularının rasgele bir şekilde çekilip değiştirilmemeleri gerektiğini söyledi. Örneğin, eski bir Viking inancı ölümün iyi olması gerektiğidir. Eğer bu tip bir genetik inancı bir kişiden çekerseniz, kişi artık yaşamak istemiyor gibi hissetmeye başlayabilir, çünkü onlara göre ölüm yaşamın bir parçasıdır.

Genetik seviyede, bazı uluslar, Japonlar ve Kızılderiler gibi, onurlu ölüme inanırlar. Bu olumsuz bir inanç sisteminin insana hizmet edebileceğinin iyi bir örneğidir.

Kelimelerin Gücü Vardır

Ne dediğinize kulak verin! İnanç Çalışmasında dile getirilen sözlerin inanılmaz güçleri vardır. Eğer bir kadının erkeklerden nefret ettiğini bulursanız onu "Bütün erkekleri serbest bırakıyorum" ile programlamayın yoksa eşini de terk edebilir ve bir daha hiçbir erkekle beraberlik kurmayabilir. Kişiye ne tavsiye ettiğinize dikkat edin.

Kendi Kendine Ya Da Bir Uygulayıcı İle Çalışmak

Taşıdığımız bazı programlarla duygusal bağlarımız vardır. Programları kendinizden kaldırmak istediğinizde, bir başkasının size yardım etmesine izin vermek faydalı olabilir. Deneyimli bir ThetaHealing Uygulayıcısı ile çalışmak yardımcı olabilir çünkü o duygusal bağ kurmadan programları bulabilir, yerine uygun olan yenisini bulmada da size yol gösterebilir. Ancak bazı insanlar en rahat kendileriyle çalışırlar. Bu tamamen kişiye bağlıdır.

Yaratıcı'ya Sor

İnanç Çalışmasını öğretirken bana sıkça şu soru sorulur: Negatif Programları ne ile değiştireceğiz?" Yanıtım her zaman aynıdır: "Yaratıcı'ya sorun". İnanç değiştirilirken mutlaka her zaman ilahi olarak esinlenilmesi gerekir.

Hatırlayın, "egonuzu" denklemin dışında tuttuğunuz müddetçe, Yaratıcı size her konuda yardımcı olacaktır.

ENERJİ TESTİ/KAS TESTİ

ThetaHealing'e yeni başlayanlar için Kas Testi, bir insanın bilinçaltında belli bir programın bulunup bulunmadığını test eden çok önemli bir araçtır. Kas Testi; hem uygulayıcıya hem de danışana, uyarıcıya verilen tepkiyi izleyerek, belli bir inanç programının var olup olmadığını, ve inanç çalışması tamamlandığında, onun değiştiğini ve yeni bir tanesinin yerleştiğini görme izni verir. (Adım adım kas testi talimatları için, *ThetaHealing* kitabına ya da uygulamalı kinesiyoloji kitaplarına başvurun.)

İnanç Çalışmasında bire bir seanslarda deneyimli hale geldiğinizde, inancın temizlendiğini bilmek için kas testi yapmanıza gerek kalmaz. Kas testi danışana inançlarının ne olduğunu ve değişiklikleri göstermek için kullanılır. Kas testi aynı zamanda egoist hale gelip yanıtlara bakmayı unutmamamız için de kullanılır.

DUYGULARA BAĞLI İNANÇ SİSTEMLERİ

İnsanda doğal olarak bulunan duygular Programlardan farklıdır. Hatırlayın, duygular doğaldır. Çoğu zaman bizim yararımızadır. Bizim gerçek duygularımız öfke, sevgi, hüzün, mutluluk ve korku aslında hayat kurtarıcıdır. Bizim esenlik içinde olmamız için her biri zamanı geldiğinde gerekli olur. Bu sebeple, birisinden *olan bütün duyguları* çekme girişiminde bulunmayız.

Bununla birlikte, öfke ve üzüntü gibi duygular başıboş bırakıldıklarında ve kontrolden çıkıp büyüdüklerinde vücutta negatif etkilere sebep olurlar. Kafamızın içinde sürekli dönüp dururlar ve serbest bırakılmak için yalvarırlar. Bu duyguları çekmek ve değiştirmek uygundur, çünkü onlar daha sonra inanç sistemleri haline gelir.

Bu duygular aynı zamanda vücuttaki toksinler ve kimyasal reaksiyonlar tarafından da değiştirilebilirler. Vücudun genlerinin DNA'sını değiştirmek bu kimyasal reaksiyonları da değiştirebilir.

Reddetme, Kırgınlık, Pişmanlık

Duyguların ve düşünce formlarının vücutta fiziksel gerçeklik haline dönüşen duygusal moleküller yaratabileceğine inanırım. Bu moleküllerin bedendeki etkilerinin bedelini vücut çok farklı şekillerde öder. Bunlardan birinde sezgisel yeteneklerimizin engellenmesi olabilir. Psişik yeteneklerimizin tamamına sahip olmayışımızın sebebi, eskiden kalma veya kendi yarattığımız çok fazla kırgınlık ve kin barındırmamızdır. Bunları sürdürmek zaman, yer ve enerji ister ve bu enerji beynin belli bölümlerini işgal eder.

Kırgınlık, pişmanlık ve reddedilme duygularının ciddi etkileri olduğuna ve vücutlarımızı şifalanmaktan alıkoyan inançlarla doğrudan bağlantıları olduğuna inanırım. Kişiyi kırgınlık, pişmanlık ve reddedilme ile alakalı inançlar bakımından incelemeniz, danışanınız ile yaptığınız seansın sonuçlarını değiştirebilir. Bunu sonlandırmak önemlidir.

İnsan zihninin gücünü asla hafife almayın. Bilinçaltı, kırgınlık duygusunu daha kötü bir şeyin olmasını engellemek için kullanabileceğini bilir. Örneğin, eğer kişi babasına kırgınsa kendisini terk edilmekten ya da suistimal edilmekten koruyor olabilir. İnsan zihni kötünün iyisi olarak kırgınlığı kullanır. Sorun, zihnin kendini korumak için sürekli öfke ve kırgınlık yaratacak programı tekrar kullanmasında ve kendini korumak için sürekli daha çok kırgınlık yaratmak için çaba göstermesindedir. "Babama kırgınım" programının çekilmesi ve değiştirilmesi ile kırgınlığı bir nebze de olsa bırakacaktır. Ama beyindeki reseptörler bir kez sürekli kırgınlık içinde olmayı öğrendiler mi, kişi dargın olacağı başka birini bulacaktır ve bu da inancı olduğu gibi dokunulmamış olarak tutacaktır.

Bir başka örnek verelim, eskiden birinin bana bir şeyi yapamayacağımı söylemesine ihtiyaç duyardım. Bu insanlara sürekli "*Yapabilirim*, izleyin ve görün!" derdim. Sanki sırf onlara yapabileceğimi göstermek için birinin bana bir şeyin *imkânsız* olduğunu söylenmesine ihtiyaç duyardım. Bana bir şeyi yapamayacağımı söyleyen insanları hayatıma sokuyor gibiydim. Ama bu insanların hepsi bir amaca hizmet ettiler. Onların tepkilerini başarmak için motivasyon vermesi için kullanıyordum. Başarmak için bana yapamayacağımın söylenmesi gerekliliği ile ilgili inançları temizledikten sonra *bu kişilere* duyduğum ihtiyacın da değiştiğini fark ettim. Bu inançları değiştirmek, etrafımdaki insanlarla olan ilişkilerimi de değiştirdi.

İnsanlar hayatımıza, bize hangi inançların, programların ve hislerin bırakılıp, yüklenmesi gerektiğini göstermek için gelirler. Eğer hayatınıza bir şekilde sizi suistimal eden insanları getiriyorsanız bunun sebebini arayın. Hayatta ilerlememek için bu kötü durumu bir bahane olarak kullanıyor olabilirsiniz. Bana onları ilerlemekten alıkoyan şeyin eşleri olduğunu söyleyen sayısız insanla karşılaştım. Bu başka bir insanı bahane olarak kullanmaktır. "Birisinin bana meydan okumasına ihtiyaç duyuyorum" programını bırakmak ilişkiyi değiştirecektir. Kişi artık programlarını eşine yansıtmayacaktır, böylece programının özellikleri de eşte kendini göstermeyecektir.

İlişkilerin temelinde diğer kişiden yansıyan duygular ve programlar yatar. Bazı ilişkiler iyi duyguları ortaya çıkarırken bazıları da sert ve acımasız olanları ortaya çıkarır. Ama sebebi ne olursa olsun kişiye hizmet ediyordur ve bir amacı vardır.

Bazı insanlar hayatlarını "Sevdiğim herkes beni incitir" programı ile yaşar. Eğer sizde bu program varsa insanları kendinizden uzaklaştırıyor olabilirsiniz ve onlar da sizin istemediğiniz biçimde karşılık verebilirler.

Bende olduğunu bulduğum programlardan biri de bir erkekten nasıl sevgi alacağımı bilmediğim programıydı. Bu programı ortaya çıkarınca anladım ki, yaşadığım bütün geçmiş ilişkilerde beraber olduğum erkeklerin her biri beni sevmişti ama ben bunu nasıl alacağımı bilmiyordum. Anladım ki kaç kişi sizi sevmeye çalışırsa çalışsın, bu sevgiyi *almak* için kendinize nasıl izin vereceğinizi bilmiyorsanız onu *kabul edemezsiniz.*

Kin

Ben kendimi motive etmek için, insanların bana bir şeyi yapamazsın demelerini kullanıyordum, çoğu insan ise kini kullanır. Bazı insanlar sahip olduklarının farkına bile varmadan atalarından gelen kinleri taşırlar, bazıları da bölgelere, hükümetlere, eşlerine, kendilerine ve başaramadıkları şeylere kin tutarlar.

Eşinize ya da partnerinize karşı kin duyuyorsanız, size nasıl hizmet ettiğini kendinize sorun.

Kin çekilip, serbest bırakıldığı zaman boşalan yer Tanrı'nın ışığı tarafından doldurulacaktır ve psişik yetenekleriniz gelişmeye başlayacaktır.

Aşağıdaki inançları test edin ve gerekiyorsa aşağıdaki hisleri yükleyin:

Kin-İnançlar

Kinlerimi seviyorum.

Kinlerim beni koruyor.

Kinlerim olmazsa insanlar benden yararlanır.

Kin- His Yüklemesi

Kin duymadan yaşamanın nasıl hissedildiğini biliyorum.

Kin duymadan nasıl yaşayacağımı biliyorum.

Kin duymadan nasıl yaşayacağımı ve güvende olacağımı biliyorum.

ENDİŞE

Endişe sistemimizi çok zorlar. Serotonin seviyenizin dengesini bozar ve mide sorunlarına yol açabilir. Sürekli endişe içinde olursanız hassas bağırsak sendromu geliştirebilirsiniz.

Çoğu insan endişe duymadan nasıl yaşayacağını bilmiyor. Hatta bazı insanlar eğer bir şey için endişelenmiyorlarsa sanki yaşamıyormuş gibi hissetmeye başlıyorlar! Ama endişelenerek ne kadar vakit geçirdiğinizi fark ederseniz, buna ne kadar enerji harcadığınızı da anlarsınız. Endişe duymadan nasıl yaşanacağını kendinize öğretin, bu enerji yapıcı şeyler için harcanmalıdır.

Eğer size endişe içinde olmadan yaşamınızı tavsiye ettiğimde gerginleşiyorsanız bunun sebebi büyük ihtimalle faturalarınızı ödemek gibi konularda da "endişe" duymayacağınızı sanmanızdır. Bu gibi şeyler *sorumluluk* ile ilgilidir. Her an aşırı endişe duymadan da sorumluluk sahibi olabilirsiniz.

Bazı insanlar hayatlarını daha heyecanlı hale getirmek için stres ve dramaya ihtiyaç duyarlar. Stres ve drama yaratmaya bağımlı hale gelmek kolaydır. Ama "Stres ve drama olmadan nasıl yaşayacağımı biliyorum" programını yüklediğinizde, o enerjilere olan bağımlılıktan kurtulacaksınız.

KAZMA ÇALIŞMASI

Bire bir seanslarda sizin daha etkili olmanızı sağlayacak yollardan biri kazma tekniğini kullanmaktır. Bildiğiniz gibi bu, üstündeki diğer pek çok inancı tutan kök inancı bulmaya yarar.

Öğrencilerimden en sık duyduğum sorulardan biri: "Kazma çalışmasını ne zaman kullanacağınızı nasıl anlıyorsunuz?" sorusudur. Cevabım düşünebildiğinizden daha basittir. Aslında, kazma çalışmasını nasıl ve ne zaman kullanacağınızı bilmenize gerek yoktur. Danışanın bilinçaltı sizin için tüm işi yapacaktır. Hatırlamanız gereken tek şey *"Kim, ne, nerede, neden ve nasıl"* sorularını sormaktır. Danışanın zihni Kazma işini sizin için yapacak, tıpkı bir bilgisayar gibi bilgiye erişecek ve her bir soru için size yanıt verecektir. Yanıt ararken bir süre takılsa bile bu geçicidir. Yanıtlar ortaya çıkana kadar sorduğunuz soruyu değiştirin. Eğer bir yanıt gelmezse danışana "Eğer yanıtı bilseydin bu ne olurdu?" diye sorun. Biraz pratikle, yanıtı bulmak için sezgilerinizi kullanmayı öğreneceksiniz.

Anahtar kişinin söylediklerini dinlemektir. Tekrar edilen ya da büyük duygular yaratan konular genellikle kök inançla ilgilidir. Danışanlarınızı büyük bir dikkatle dinleyin, onlar size kendi sorunlarının çözümlerine ait ip uçlarını vereceklerdir.

Ayrıca İnanç Çalışmasının herhangi bir yerinde Yaratıcı size gelip aradığınız kök inancı verebilir. Bu yüzden ilahi müdahaleye açık olun.

İşte işlemin kısa bir özeti:

1. Kişiye "Eğer bir şey değiştirmek isteseydin bu ne olurdu?" diye sorun. Kişiye mevcut konuyla ilgili en derindeki çekirdek meseleye ulaşana kadar sorular sorarak başlayın. Kişi, bilinçaltının programa tutunma çabası nedeniyle, sözlü savunmaya geçmeye, ağlamaya, kıvranmaya başladığında Kök İnanca yaklaştığınızı anlayacaksınız. Sorunu, onu bulduğunuz bütün inanç Seviyelerinde gerektiği şekilde çekin, iptal edin, çözümleyin ve değiştirin; Kim, ne, nerede niçin ve nasıl sorularını kullanın.
2. Kendi programlarınızı ve hislerinizi araştırma sürecine dahil etmekten kaçının.
3. Kişinin "alanına" girdiğinizde Yedinci Seviyedeki Yaratıcının perspektifine sıkıca bağlandığınızdan emin olun. Bazı durumlarda kıvranacaklar, saklanacaklar ya da sizi boşa uğraştıracak soru/cevap senaryosuna götüreceklerdir. Sabırlı ve kararlı olun. Kişinin söylediklerini dinlerken Yaratıcı'ya en derindeki Programın ne olduğunu sormak gerekebilir.

Kök inanca yaklaştığınızı, kişi kas testine gözleri hem açıkken hem de kapalıyken pozitif tepki verdiğinde anlayabilirsiniz.

Kök İnanca yaklaştıkça, onun hemen üstündeki bazı inançları kök inanç olarak yorumlamak kolaydır ve bu kafa karıştırıcı olabilir. Danışanı dikkatle dinlemek ve beden dilini izlemek çok önemlidir. Kök İnanca yaklaştıkça *travmayı* tetikliyor, serbest bırakıyor ve çözümlüyor olacağınız için danışan da gittikçe daha rahatsız olacaktır.

Kök inancı aradığınız kadar, bu kök inancın kişiye sağladığı *pozitif katkı*yı da arıyorsunuz.

Ayrıca, hayatında bu kök inancı oluşturan, neler olup bittiğini de ortaya çıkarmalısınız.

Kök İnancı bulup bıraktığınızda danışanınız yenilenmiş gibi hissetmelidir. Tazelenmiş ve güçlü hissetmelidirler. Eğer danışmanınız seansın sonunda ağrı çekiyor, rahatsızlık duyuyor ve daha iyi hissetmiyorsa bu, İnanç Çalışmasının henüz bitmediği anlamına gelir. Kök Sorunları bulmak için danışanınızın birden fazla inanç çalışması seansına ihtiyaç duyabileceğini bilin.

Kazma işlemi ThetaHealing'deki en önemli şeylerden biridir. Bazı öğrenciler, örneğin, inanç ve his çalışmasını kullanmaya başladıklarında, kendilerine yardımcı olacağı düşüncesiyle, olası bütün inançları ve hisleri yüklemeye başlarlar. Aslında haklıdırlar, ancak sandıkları kadar değil. Bunun yaptığı, mevcutların yanına his ve inanç eklemektir. Yapmadığı ise, aslında çekilmesi ve değiştirilmesi gereken kök inancı ve gerçekten gerekli olan hisleri bulmaktır.

Pek çok ThetaHealing eğitmeni ve uygulayıcısı listeler yapar, kendilerine ve diğerlerine yüklemeyi istedikleri hislerin ve inançların listelerini yaparlar. Bazıları, kazma çalışmasını ihmal ederek, binlerce inanç üzerinde oturup çalışmışlardır. Ancak, kök inancı bulmadan, gelişigüzel inançların çekilmesi sadece kafa karışıklığına neden olacaktır.

Bu durum hastalıklar için de geçerlidir. Bazı insanlar bana gelirler ve hastalıklarıyla alakalı olabilecek olası bütün inançları çektiklerini söylerler. Bunun herkeste işe yaradığını ama onlarda sonuç vermediğini söylerler. Gerçekte ise, büyük ihtimalle ne hastalıklarıyla alakalı Kök İnançları temizlemişlerdir ne de buna bakmak için zaman ayırmaya istekleri vardır. Aslında yaptıkları şey belki de başkası tarafından derlenmiş ve onlarla ilgisi olmayan yazılı bir inanç listesiyle çalışmış olmalarıdır. Her birimiz özeliz; hastalıklarımız ve inançlarımız da bize özgüdür. *Hastalıklarla ilgili inançlarda benzerlikler olsa da her bir kişi farklıdır ve asla kök inancın herkeste aynı olacağını varsaymamalıyız.* İşte ben bu yüzden hastalıklarla alakalı inanç sistemlerine geniş bir açıdan bakıyorum ve bu sebeple en iyisi danışanı dinlemektir.

Hastalıklarla alakalı inançlar, üstesinden gelinecek basit bir zorluk olabilir. Hastalık ortadan kalktıktan sonra, gerçek zorluk, kişinin Yaratıcı ile iletişim kurma yeteneğini kazanmasına yardım etmek olmalıdır.

Özde, *ThetaHealing birisine kendini iyileştirmek için İnanç Çalışmasını nasıl kullanacağını öğretmek üzerinedir.*

Aynı zamanda, Yaratıcı'yla olabilecek en temiz bağlantıyı kurmak için kendi inançlarını değiştirmek üzerinedir. ThetaHealing size bütün hastalıkların, rahatsızlıkların, hayattaki bütün sorunların değiştirilebileceğini öğretmek hakkındadır. Basit kararlar ve biraz da İnanç Çalışması ile hayatınız ve danışanlarınızın hayatları sonsuza dek değişebilir.

İNANÇLARA TEPKİ

Anahtar İnancı arama sürecine bir kez başladığınızda o, seans sona ermeden bulunmalıdır yoksa kişi muhtemel bir şifalanma krizi deneyimleyebilir. Kişiyi İnanç Çalışması sona ermeden bırakmayın ve rahatsızlığı belli edecek işaretler için yakından gözlemleyin. Eğer kişi tedirgin olmuş gibi davranıyorsa veya hissediyorsa ya da herhangi bir acı veya üzüntü hissediyorsa bu, sorunların halledilmediği anlamına gelir ve İnanç Çalışmasına devam edilmelidir.

Eğer danışan seans sırasında açıklanamaz bir fiziksel ağrı hissederse bu sizin büyük olasılıkla derin bilinçaltı programlara ulaştığınız içindir. Bu, bilinçaltlarının tutunmak için savaştığı farklı İnanç Sistemlerini tetikliyorsunuz demektir. Acı ortadan kalkana kadar inançları bırakmaya devam edin. Güvende olmanın *nasıl hissedildiği*ni yüklemek için izinlerini alın. Kişi rahat ve huzurlu bir ruh haline kavuşana kadar seansa devam edin.

GENETİK PROGRAMLAR VE KÖK İNANÇLAR

İnançlar üzerinde çalışmanın bir başka yolu da kişiye anne ve babasından kabul ettikleri ya da genetik olarak onlara geçmiş olan kök İnançlar hakkında soru sormaktır. Bunu yapmak için uygulayıcı, kişiye ebeveynlerinden geçmiş olabilecek Programlar için Kas Testi uygulamalıdır. Örneğin babası emretmeyi seven ve kontrol düşkünü biri olabilir. Kişiye "Tıpkı babam gibi emretmeyi severim ve kontrol düşkünüyüm" genetik programı için kas testi uygulayın.

Sırf genetik olarak ebeveynlerinizden inançlar almış olmanız bunları hayatınızda sergileyeceksiniz anlamına gelmez. Bu İnançlar hayatınızda uyku modunda olabilirler ve doğru şartlar tarafından tetiklenmedikçe ortaya çıkmayacaklardır. Ama durum ne olursa olsun, bu negatif programlar, ebeveynlerinizin ve atalarınızın inançlarının ne oldukları bularak, ortadan kalkacaktır ve bunlar bir kez gidince, hayatta çok daha başarılı olabileceğinizi göreceksiniz.

Genetik programların bazıları "Ne kadar çok çalışırsam her şey o kadar iyi olur" ya da "Fakirim ve bundan gurur duyuyorum" şeklinde olabilir. Eğer ailenizin geçmişinde parasızlık varsa kendinizi aşağıdakiler için test edin:

"Fakirim ve bundan gurur duyuyorum."

"Bir şeye sahip olmak için çok çalışırım."

"Zengin olmak yanlıştır."

Anne ve babanızın neler dediğine ve nasıl davrandıklarına bakın. Bunların size geçip geçmediğini bulmak için alakalı programlar için kendinize Kas Testini uygulayın. Örneğin:

"Babamın öfkesini miras aldım."

"Babamın aşırı kontrolcü tavrını miras aldım."

"Babamın kontrol etme ihtiyacını miras aldım."

"Babamın herkese kendini zavallı hissettirme arzusunu miras aldım."

Hayatınızda kendilerini sahnelemeden bunların hepsini temizlemeyi hedefleyin.

YEMİNLER VE SÖZLER

ThetaHealing Eğitmenlerimin yaklaşımımıza yaptıkları katkılardan biri İnanç Çalışmasının parametrelerini keşfetmektir. Öğrencilerimden bazıları şartları zorlayarak ve *bütün* sözlerin ve yeminlerin geçmiş, şimdiki ve gelecek hayatlarından kaldırılmasını emrederek İnanç Çalışmasının değişik yönleriyle deneyler yaptılar. Şimdi geriye dönüp bakınca, bu tam anlamıyla iyi bir şey değil, çünkü bazı sözler ve yeminler kişinin yararına olabilir ya da kişi onları tutmak isteyebilir. Bu, kişiliğin büyük bir kısmını kaldırıp orada boşluklar yaratmaya benzer. Bu sebeple hangi yemin ve sözlerin kaldırılacağını belirlemek önemlidir. Sözleri kaldırırken değiştirmek için seçtiklerimi gelişigüzel kaldırmak yerine, onlara *tamamlanıp bitmeleri* için emir veririm.

Geçmişte, bağlantılı olduğumuz bir tıp doktoru, eğitmenlerimiz için, yönteme ve başkalarıyla yaptıkları çalışmalara karşı sorumluluk ve dürüstlük duygusu aşılamak amacıyla, bir çeşit Hipokrat yemini kullanmamızı önermişti. ThetaHealing insanlara kendilerine hizmet etmeyen sözleri ve yeminleri kaldırma izni verdiğinden, insanlardan yönteme bağlılık için yemin etmelerini istemek bazı öğretmenler tarafından bunun kendilerini bir şekilde sınırlayabileceği düşüncesiyle reddedildi. Tavsiye edilen yemin, güvensizlik ve kafa karışıklığına yol açtığından ThetaHealing kriterlerinden kaldırıldı.

Mesele şu ki, ben hiçbir zaman sözler ve yeminler kötüdür demedim, *sadece bazıları size hizmet etmiyor olabilir.* Bazıları iyidir; örneğin evlilik yemini. Bu yaşamınızdan yada geçmiş yaşamlarınızdan da olan bütün yeminleri ve sözleri çekmemelisiniz çünkü bu Programlardan bazıları sizi olduğunuz kişi yapar. Neyin çekilmesi gerektiğini daima Yaratıcı'ya sorun.

Genetik İnançlardan, Geçmiş Yaşamlardan ve Grup Bilincinden Gelen Programlar

Genetik inançlar, önyargı şeklinde ortaya çıkabilir. Örneğin: "Ben dinlere, etnik gruplara, farklı insanlara; entelektüel olanlara ve zihinsel engelli olan insanlara karşı önyargılı ve kırgınım" şeklinde olabilir. ThetaHealing Dünya İlişkileri kursu size önyargılı ya da kırgın olduğunuz şeyler için vücudunuza ve hücrelerinize Kas Testi yapmayı öğretir.

İnanç Çalışması aynı zamanda farklı zamanlar ve yerler ile alakalı konular üzerinde kazma çalışması uygulanarak da yapılabilir. Eğer kazma çalışması sırasında konunun kaynağının sizi farklı bir zaman ve yere götürdüğünü fark ederseniz, kendinize (ya da danışana) bu deneyimden ne öğrendiğini sorun. Eğer sorunlardan biri taciz edilmekle ilgiliyse, örneğin "Birinin bana sataşmasına izin vermek sorun değil çünkü ben güçlüyüm" gibi bunun geçmiş yaşamdan gelip gelmediğini anlamak için Kas Testi yapın.

Programlar geçmiş yaşamdan gelebileceği gibi, grup bilincinden de gelebilir. Grup bilinci nüfusun büyük çoğunluğu tarafından geçerli olarak kabul edilmiş olan ve bu sebeple insanlığın kolektif bilincine hakim olan İnançtır. Grup bilinci inancına örnek olarak "Diyabetin tedavisi yoktur" gösterilebilir.

Negatif Sonuç Yaratan Pozitif İnançlar

Bu, Kazma Çalışması hakkında bilmeniz gereken en önemli şey sorunun kişiye nasıl hizmet ettiğini bulmaktır. Bu hastalıklar için de geçerlidir. Eğer hastalığın kişiye nasıl hizmet ettiğini bulamazsanız hastalık büyük ihtimalle ortadan kalkmayacaktır.

Hastalık genelde pozitif bir İnanç tarafından tutulur. Örneğin, göğüs kanseri olan pek çok kadının bilinçaltında, hastalığın ailelerini yakınlaştıracağına dair bir inanç vardır. Bilinçaltı düzeyinde bu durumun eşleriyle ve çocuklarıyla olan ilişkilerine yardım edeceğine ve hepsini sevgi ve güven çatısı altında bir araya getireceğine inanabilirler. Bu yüzden hastalığı tutmak zorundadırlar.

Danışanın hastalığının, yaralanmasının, işlevsiz davranışının ve negatif Programlarının mantıksız bir şekilde danışana hizmet ettiği durumlar vardır. Danışanda hastalıklarına yada zorlanmalarına hizmet eden gizli Programlar olup olmadığını bulmak için kişiye "hastalığım (ya da zorluğum) bana hizmet ediyor" gibi ifadeleri söyleterek enerji testi yapın.

Sonra, Yaratıcı'ya bağlanarak çekip değiştirmek için, en dipteki programı arayarak, bunun nasıl oluştuğunu belirleyin.

NEGATİF SONUÇLAR YARATAN NEGATİF HİSLER

Negatif Hisleri Yüklemenin Tehlikesi

Bana hep inanç çalışmasının doğası gereği çok güçlü olduğu hatırlatılır. Başka bir örnek de yıllar içinde yaptıkları seanslardan ve sınıflardan derlenen İnanç Kitapları hazırlayan daha kıdemli eğitmenlerden geldi. Onlar pratik ve dikkatli teta şifacıları oldukları için içeriğin gözden geçirilmesini isteyecek kadar sezgiseldiler. Bunu yapmam için kitabı bana verdiler. Yüklemelerin ve inançların içeriğine baktığımda bazı tutarsızlıklar gördüm. Tutarsızlıklar pozitif bir sonuç yaratmak için negatif hisler yüklemek ile ilgiliydi. Mesela bir kişi depresyonun nasıl hissedildiği hissinin ve bilgisinin yüklenmesini öneriyordu.

Yaratıcı'nın bize fayda sağlaması ve nasıl depresif hissetmemeyi öğretmek için depresyonun perspektifini verebileceğini fark ettim ama ne istersek bize tam olarak o verilecektir. Eğer depresyonun nasıl hissedildiğini bilmeyi istersek tam olarak onu elde ederiz: *Kelimenin tam anlamıyla depresyonun özünü.* Şöyle devam eder, eğer bilinçaltı negatif bir his isterse kabul edip yaratacağı şey de öyle olacaktır. Bu, bir kişi ile Her Şey Olan arasındaki ortak yaratımın özüdür.

İşte bu yüzden pozitif bir sonuç yaratma amacıyla negatif hisler Yüklemekten kaçınmalı ve bunun yerine pozitif hissi kullanmalıyız. Örneğin çok daha iyi bir His Yüklemesi "Depresif olmadan yaşamayı biliyorum" ya da "Depresyonda olmadan yaşamanın nasıl hissedildiğini biliyorum" olabilir.

Bazı eğitmenler Yaratıcının depresyon tanımı gibi negatif bir His veya düşünceyi Yükleyip daha sonra "Depresyon olmadan nasıl yaşanacağını biliyorum" Programı ile karşı atak yapabileceğini savunurlar. Depresyon Hissinin yok olması bir hafta, bir ay ya da bir yıl sürebilir. Neden tam da elde edeceğiniz şey bu olduğu halde depresyonun, sefaletin ya da hastalığın tanımını bilmek isteyesiniz ki?

.... Ve Bazı Pozitif Yüklemeler

Madalyonun diğer yüzünde de strese yol açabilecek bazı pozitif yüklemeler vardır. Buna örnek olarak "Anlaşmazlıklarla nasıl başa çıkılır biliyorum" gösterilebilir. Bu yükleme büyük ihtimalle anlaşmazlık getirecektir çünkü tam olarak istediğiniz budur. Bir kez daha hislerin, düşüncelerin ya da söylenen sözlerin değişim yaratma gücünü hatırlayın. Bu değişim tabiatı gereği genelde dolambaçsız ve doğrudandır. En saf haliyle tam olarak istediğimiz şeyi alırız.

Stres getirebilecek bir başka yükleme de tam anlamıyla bağımsız olmayı istemek ve aynı zamanda hayatını paylaşacak bir ruh eşi istemektir. Bu birbiriyle çelişen iki programa örnektir.

İnanç ve His Çalışması yapmadan önce *düşünün.*

7
Kazma Çalışması Seansları

ThetaHealing kitabında Kazma çalışmasının birkaç örneği verilmişti, ama burada sorunun ortadan kalkması için tam olarak ne kadar derin çalışmanız gerektiğini gösterenler var. Bazı uygulayıcılar kök inancı ve yüklenmesi gereken Hissi bulmada yetersiz kalırlar. En iyisi kazmaya devam etmektir.

Bir danışan karşınıza oturunca yapmanız gereken ilk şey onlara ne üstünde çalışmayı istediklerini sormaktır. Pek çok insan daha sizin karşınıza oturmadan bunun ne olduğunu bilir. Karşınıza çıkacak konuların büyük çoğunluğu bolluk, sağlık veya sevgi ile ilgili olacaktır.

Harikulade sonuçlara ulaşmanın yollarından biri kişiye elde etmek istediği sonuçları sormaktır. Aşağıdaki örnekler ThetaHealing sertifika sınıflarında öğrencilerimle yaptığım çalışmalardan alınmıştır.

Kazma Çalışması Seansı Örnek 1-Kanser

Vianna'dan sınıfa: "Danışanınıza söyleyeceğiniz ilk şey 'Neyin üstünde çalışmak istiyorsun?' olacaktır."

Danışan: "Daha iyi olmak istiyorum. Hasta olmaktan bıktım. Kanserin gitmesini istiyorum."

Vianna: "Neden hastasın?"

Danışan: "Neden olduğunu bilmiyorum. Sadece iyileşmek istiyorum."

Vianna: "*Peki eğer neden* hasta olduğunu bilseydin bu neden olurdu?"

Danışan: "Bilmiyorum!"

Bu noktada uygulayıcı çıkmaza girdiğini fark etmeli ve farklı bir soru sorma yolu ile yeniden başlamalıdır.

Vianna: *"Hastalandığından beri başına gelen en iyi şey nedir?"*

Danışan: "İyi olan hiçbir şey yok. Sadece durmadan acı çektim."

Vianna: "Peki eğer hasta olduğun için başına gelen *iyi bir şey olsaydı,* bu ne olurdu?"

Danışan: "Şey, ailem şimdi birbiriyle daha iyi geçiniyor. Annem beni arıyor ve on beş senedir konuşmadığım babamla da görüşebiliyorum. Sanırım ilişkimizin düzeldiğini söyleyebiliriz. Bu hasta olduğumdan beri başıma gelen en iyi şey."

Vianna: "Eğer tekrar sağlığına kavuşursan ebeveynlerin olan ilişkin düzelmeye devam edem eder mi?"

Danışan: "Hayır, hayır, eminim her şey eski haline döner."

Vianna: "Yani aslında hasta olmak senin işine yarıyor."

Danışan: "Hayır... yani galiba evet, en azından ailemle ilişkilerim konusunda."

Vianna: "Hasta olmadan da ailenle iyi ilişkilere sahip olabileceğini bilmeyi ister misin?"

Danışan: "Evet!"

Burada danışana "Ailemle hasta olmadan da ilişki kurabilmenin" nasıl hissedildiği programını yükledim. Bu inanç çalışması seansının bittiği anlamına gelmez. Hastalıklar çoğu zaman birden fazla İnanç Programı tarafından yaratıldığı için, danışana soru sormaya devam ettim;

Vianna: "Eğer iyileşirsen olabilecek en kötü şey nedir?"

Danışan: "Çalışmak zorunda kalırım ve işim yok. Maddi durumum karmakarışık ve kendime bakamıyorum. Şu anda yardım alıyorum."

Vianna: "Bunu çözmenin başka yolları olduğunu ve şu anda bakmadığın olasılıklar olduğunu bilmek ister misin?"

Danışan: "Evet isterim!"

Danışan kendisi için yeni fırsatları nasıl yaratacağını bilmediği için yine his çalışması kullanılır. Danışanın sözlü onayı ile fırsatlara sahip olmanın nasıl, fırsatları fark etmenin ve tekrar işe dönebileceğini bilmenin nasıl hissedildiği yükledim. Bunlar kök inançlardan bazılarıdır ama daha fazla kazma gerekebilir.

Pek çok durumda, daha önce de belirtildiği gibi, hastalık yada diğer zorluklar negatif İnanç tarafından değil de pozitif bir İnanç tarafından tutulur. İşte pozitif inancın getirdiği zorluk getirdiği bir başka örnek:

Kazma Çalışması Örnek 2- Sevgiyi aramak

Vianna: "Bugün ne üzerinde çalışmak istersin?"

Danışan: "Hayatımı paylaşabileceğim birini hiç bulamadığım gerçeği üzerinde çalışmak istiyorum. Hep yalnızım, birlikte olabileceğim birini asla bulamıyorum."

Vianna: "Neden hep yalnızsın?"

Danışan: "Bilmiyorum. Bir türlü çözemiyorum. İyi bir insanım, hoş biriyim ve neden yalnız olduğuma dair en ufak bir fikrim yok."

Vianna: "*Ama eğer bilseydin* neden yalnız olduğunu, bunun cevabı ne olurdu?"

İnanç Çalışmasının bu noktasında danışan bir yanıt bulamaz ve sadece omuzlarını silkeler. Şimdi uygulayıcının konuyu değiştirmeye başlayıp seansın yönünü değiştirme zamanıdır.

Vianna: "Yalnız olduğunda başına gelen en iyi şey nedir?"

Danışan: "Yalnız olduğumda başıma gelen *en iyi şey* derken neyi kastediyorsunuz?!"

Vianna: "Kastetmek istediğim şey yalnız olmanın sana nasıl fayda sağladığı."

Danışan: "Peki tamam, zamanımı nasıl geçirmek istediğimi biliyorum. Bir ilişkin olunca her zaman partnerin ne isterse onu yapmak zorunda olduğunu biliyorum. Kendi düşüncelerini dile getirme fırsatın bile olumuyor. Sanki hayatını diğer kişi yönetiyor."

Vianna: "Bu geçmiş ilişkilerinde deneyimlediğin bir şey miydi?"

Danışan: "Evet. Deneyimlerim bu yöndeydi. Bir ilişki içindeyken asla olduğun kişi olamazsın. Diğerini memnun etmek için değiştirmek zorundasın. Kendin olamazsın."

Vianna: "Yani aslında senin için yalnız olmak daha güvenli çünkü kendin olabilirsin. Bu doğru mu?"

Danışana "Benim için yalnız olmak daha güvenli, en azından kendim olabilirim" Programı için Kas Testi yaptım. Kas Testine olumlu yanıt verir ve ağlamaya başlar.

Danışan: "Birisiyle beraber olmaktan korkuyorum. Beni değiştirmeye çalışacaklarından korkuyorum."

Vianna: "Dışarıda bir yerde, seni gerçekten olduğun gibi kabul edecek ve senin de onun yanında olmadığın biri gibi davranmaya çalışmak yerine kendin olabileceğin, biri olduğunu bilmek ister misin?"

Danışan: "Evet isterim!"

Yaratıcıya bağlandım ve danışanın izniyle aşağıdaki Hislerin Yüklenmesine tanık oldum.

"Nasıl kendim olurum biliyorum."

"Başka birinin Hislerine karşı nasıl anlayışlı olacağımı biliyorum."

"Hislerimi nasıl paylaşacağımı anlıyorum."

"Hayatımı nasıl paylaşacağımı anlıyorum."

"Yakınlık (mahremiyet) paylaşmanın nasıl hissedildiğini anlıyorum."

"Yakın ve nazik nasıl olunur biliyorum."

"Bir insanın hayatıma girmesine nasıl izin vereceğimi biliyorum."

Bu Hisler Yüklendikten sonra danışan ağlamaya başlar. Bunun çocukluktan gelen eski bir program olduğunu bilerek iki şekilde devam edebilirim. İlkinde danışana şu sorular sorulur:

Vianna: "İlişkiler hakkında ilk defa ne zaman böyle hissettin?"

Danışan: "Babam beni terk ettiği zaman."

Vianna: "Baban seni neden terk etti?"

Danışan: "Bilmiyorum. Beni seven herkes terk eder."

Bu da bir Kök İnançtır. Şimdi kişiye terk edilmeden de birini sevmenin mümkün olduğunu öğretilmeliyim. Duruma bağlı olarak, aynı zamanda kişiye affetmenin nasıl hissedildiğini ve büyük resmi nasıl görebileceğini de öğretebilirim. Bunlar bu durumda kullanılması olası olan Yüklemelerdir.

Vianna: "Babanın seni terk etmesindeki pozitif sonuç neydi?"

Danışan: "Hiçbir zaman bir erkeğe güvenmemeyi ve her şeyi kendim yapmayı öğrendim"

Bu noktada danışana "Hayatımı nasıl biriyle paylaşacağımı biliyorum" ve "Bir erkeğe güvenmek mümkündür." Yüklendi. Danışan sevinçli ve mutlu hisseder ve seans biter.

Kazma Çalışma Seansı Örnek 3 - Sevgi, Bolluk ve Anne Sorunları

Kazma Çalışmasına başlamadan önce kişinin İnanç Çalışmasından nasıl bir sonucun çıkmasına ihtiyacı olduğunu bilmelisiniz. Onları sessiz bir şekilde oturturum ve Her Şeyin Yaratıcısı'na bağlanıp hayatlarında tam olarak ne istediklerini hayal ettiririm. Sanki hayallerini yaşıyormuş gibi hayatlarının her alanında tam olarak istedikleri şeyleri zihinlerinde canlandırmalarını sağlarım. Onların bolluk içinde ve gönüllerinden geçtiği şekilde yaşadıklarını gözlerinin önüne getirmelerini sağlarım. Bazı seanslarda danışanlar araba, güzel bir ev ya da çok fazla para gibi maddi şeyler isterler. Aşağıdaki örnek İnanç Çalışması yaptığım 35 yaşındaki bir erkeğe ait.

Vianna: "Eğer istediğin her şeye sahip olabilecek olsaydın bu ne olurdu?"

Danışan: "Biri deniz kıyısında olan üç tane ev, bir sürü araba ve çok fazla para istiyorum."

Vianna: "Eğer bütün bunlara sahip olsaydın başına gelebilecek en kötü şey ne olurdu?"

Bu Kök İnancın yönünü bulmak için sorulmuş negatif bir sorudur. Bu soruyu sorduğunuz insanların büyük kısmından alacağınız tepki korku ve panik olacaktır. Korku ve paniğin ardından kişi yılgın ve mutsuz bir hale bürünür. Bu adam da farklı değildi.

Danışanın: "Eğer bütün bunlar gerçekten benim olsaydı yalnız olurdum. Paylaşacağım kimse olmazdı. Bütün bunlara sahip olmak ve paylaşacak kimsenin olmaması saçmalık, ama yine de öyle olurdu.Yapayalnız olurdum."

Vianna:"Neden yalnız olurdun?"

Danışan: "Kadınlarla nasıl anlaşılacağını bilmiyorum."

Vianna: Kadınlarla neden anlaşamıyorsun?"

Danışan: "Beni anlamıyorlar ve ben de onları anlamıyorum. Hiç denemeden vazgeçmek en iyisi."

Vianna: "Neden böyle diyorsun?"

Danışan: "Çünkü beni bir kez tanıdılar mı acımasızca eleştirip yerin dibine sokuyorlar."

Vianna: "Bu ne zaman başladı?"

Danışan: "Ben küçükken başladı. Annem bana hep böyle davranırdı."

Bu noktada sadece danışanın özellikle annesi ile ilgili programlara saplanma konusunda dikkatli olmalıyım. örneğin "Annem bana eziyet ediyor" gibi ve büyük ihtimalle bunlar Kök İnanç değildir.

Vianna: "Annen sana ne yaptı?"

Danışan: "Harika olduğunu düşündüğüm bir şey yapardım ve ona göstermek için koşardım. O bu sanki hiçbir şeymiş gibi davranır ve beni başından savardı. O noktada bir kadını asla memnun edemeyeceğimi biliyordum. Neden deneyeyim ki?"

Vianna: "Bundan ne öğrendin?"

Danışan: "Denemenin bile saçma olduğunu öğrendim."

Vianna: "Annen sana bunu mu öğretti?"

Danışan: "Annem bana kimseye güvenmemeyi öğretti."

Vianna: "Peki eğer hiç kimseye güvenmiyorsan bu sana ne yapıyor?"

Danışan: "Pekâlâ, beni incinmekten koruyor. Kimseye güvenmediğim müddetçe bana zarar veremezler. Ve annemden bunu öğrendim. Sanırım bunun için ona teşekkür etmeliyim."

İşte şimdi "Eğer kimseye güvenmezsem, kimse beni incitemez" olan Kök İnancı bulduk.

Kişiye öğreteceğiniz ilk şey kime güveneceğini bilmenin nasıl hissedildiği, ne zaman güveneceği ve güvenmenin mümkün olduğu ve de incinmeden nasıl güveneceğidir. Kök inancın yerine gelecek His Programı muhtemelen "Birinin beni sevmesine nasıl izin vereceğimi biliyorum ve onları ihanete uğramadan ya da ihanet etmeden nasıl seveceğimi biliyorum." olabilir.

Uygulayıcının nihai sonuca ulaşana kadar inanç çalışması seansına devam etmesi çok önemlidir. İnanç Çalışmasına ilk başladığınızda Kök İnanca ulaşmadan dikkatinizin dağılması çok kolaydır.

İnanç Çalışmasının saatler sürmesi gerekmiyor. Bu durumda Kök İnancı çabuk bulduk. Ortaya çıkan sonuç kişiye bir şekilde hizmet ediyordu. Eğer hayatına hiç kimseyi sokmazsa, kimseye güvenmesine gerek kalmaz. Eğer güvenmek zorunda kalmazsa, incinmez. En nihayetinde bilinçli zihninin istediği her şeyi elde etme konusunda rahat hissetmemesinin sebebi yalnız kalmak istememesiydi. Onu durduran şey buydu. Derin bilinçaltı seviyesinde eğer istediği her şeyi elde ederse eninde sonunda yalnız kalacağına inanıyordu. Bir kez bu konu kişiden temizlendiğinde ve hayatını bir partnerle nasıl paylaşacağını öğrendiği zaman istediklerini yapma gücü katlanarak artacak.

Birçok durumda insanların istediklerini yaratamamalarının sebebinin ne istediklerini bilmemelerinden kaynaklandığını buldum. On seferden dokuzunda insanlar iyileşemez çünkü hiç sağlıklı olma planı yapmamışlardır. Çoğu insanda beynin tek bir amacı vardır ve o da günü atlatmaktır. Bu birisi çok hasta olduğunda bilhassa doğrudur.

İnsanları hayatlarında sağlıklı oldukları bir noktayı düşünmek için uyarmak, onları iyileşmekten alıkoyan şeyleri ortaya çıkaracaktır.

Sorunlar bir kez açığa çıktığı zaman bu, uygulayıcıya üzerinde çalışmak için bir şeyler verir. Mesela şimdi hayatında bolluk isteyen birinin örneğini kullanalım.

Kazma Çalışması Örnek 4 -Bolluk ve Anne ile Olan Sorunlar

Vianna: "Eğer istediğin her şeye sahip olabilseydin, bu ne olurdu?"

Danışan: "Hayalim biri California'da, biri New York'ta ve biri de Paris'te üç eve sahip olmak. Bu evlerin her biri lüks bir şekilde döşenecek ve çok iyi muhitlerde olacaklar. Bütün dünyayı, egzotik yerleri gezebilmek istiyorum ve güçlü ve sağlıklı olmak istiyorum."

Vianna: "Şimdi bütün bu bolluğa sahip olduğuna göre, nasıl hissediyorsun? Bütün bunların hayatına gelmekte olması karşısında nasıl hissediyorsun?"

Birdenbire, danışan çok gergin görünmeye başlar.

Danışan: "Bütün bunlara sahip olma Hissini sevmiyorum."

Vianna: "Bütün bunlara sahip olma Hissini neden sevmiyorsun?"

Danışan: "Çünkü herkes bana kızacak."

Vianna: "Herkes sana neden kızacak?"

Danışan: "Çünkü hayatımda olan herkesten çok daha fazlasına sahip olacağım."

Vianna: "Bundan dolayı hangi Hislere sahipsin? Sana neler olacak?"

Danışan: "Bu kocaman evlerde yalnız olacağım ve beni seven kimse olmayacak."

Vianna: "Orada seninle birinin olmasının nasıl hissedildiğini bilmek ister misin?"

Danışan: "Bu imkânsız. Ben sevilecek biri değilim. Kimse bunu benimle paylaşmak istemiyor."

Kişiyi hedeflerine ulaşmaktan alıkoyan ana sorunlar bunlar. Bunun üzerine, danışanın izniyle, ona "Ben sevilebilir biriyim." ve "Başka biriyle bir hayali paylaşmak mümkün." Programlarını ve Hislerini Yükledim.

Şimdi danışan daha önce olduğundan da gergin.

Vianna: "Sorun nedir?"

Danışan: "Eğer biriyle beraber olursam, gerçekten kim olduğumu görecekler! Eğer kim olduğumu görürlerse benimle beraber olmak istemeyecekler!"

Vianna: "Tamam, *gerçekte* kimsin sen?"

Danışan: "Bilmiyorum. Ama eğer gerçekte nasıl biri olduğumu görürlerse beni sevmeyecekler."

Vianna: "Bunu sana kim söyledi? Bunu ilk olarak nerede duydun?"

Danışan: "Emin değilim ama galiba annemdi. Bana hiç kimsenin beni sevmeyeceğini ve hiçbir değerim olmadığını söyledi."

Bu son ifadeler Kök İnançtır. Bunlar çekilecek, iptal edilecek, çözümlenecek, Her Şeyin Yaratıcısı'na gönderilecek ve doğru olanlarla değiştirilecek Programlardır.

Danışana aynı zamanda "Sevilebilir biriyim", "Saygı görebilirim" ve "Dışarıda benim için biri var" Yüklemelerini de isteyip istemediğini de soracağım. Eğer bu yüklemeleri almazsa, onun inanılmaz derecede parlak zekâlı beyni (gerçekten istediği hayatı yaratan odur) bilinçaltı seviyede değişmeyecektir.Eğer bilinçaltı seviye değişirse, danışan istediği hayatı yaratabilir.

Zihin inanılmazdır. Biz aslında bilinçaltının gerçek olduğuna inandığı şeyleri yaratırız. Eğer *hiç paramız olmadığını* ve *zar zor geçindiğimizi* söylersek, bilinçaltı bunu emir ya da talep olarak kabul edecek ve istediğimiz şey olarak düşündüklerini yaratacaktır. Bunlar kök inancı bulmak için Kazma yaparken inanç çalışması seansında bakacağımız ilk şeylerdendir.

Danışanın, sevilebilir biri ya da sağlıklı olabileceğinin mümkün olduğunu bilmesinin yanı sıra bunların ulaşılabilir olduğunu da bilmesi önemlidir. Bazı Yüklemeler danışanın *hedefleriyle* ilgili şeyleri kabul etmesi içindir. "Hedeflerime ulaşabilirim", "Bir hedefi nasıl belirleyeceğimi biliyorum" ve "Nasıl plan yapılır biliyorum." Bu Yüklemelerin bir kişinin hayatında çok büyük etkileri bulanabilir.

Kazma Çalışması Seansı Örnek 5 - Mısır Tanrıçası

Yellowstone Montana'da yaptığım eğitmenlik sertifikası eğitimlerimden birinde Yaratıcı bana özellikle bir kişiyi sınıfa örnek olması için seçmemi söyledi.Bu güzel, uzun boylu, Afrikalı-Amerikalı, beyaz elbiseli bir kadınıdı ve bir Mısır Tanrıçası olabilecek gibi hareket ediyordu. Kendime sessizce "Yaratıcı, hata yaptın. Bu kadın kusursuz. Açıkçası gibi senin bana üzerinde çalışmam için sorunları olan birini vermen gerekiyor." Ama Yaratıcı kadını örnek olarak sınıfın ortasına getirmem konusunda ısrar etti.

Vianna: "Neyin üzerinde çalışmak istersin?"

Kadın: "Bir şifacı olmaktan korkuyorum. Galiba bu geçmiş bir yaşamdan geliyor."

Bu tarz bir ifadenin cinsel tacizden ya da herhangi bir tacizden kaynaklandığını bilmelisiniz. Geçmiş yaşamdan geliyormuş gibi davranacaklar çünkü bu hayatta bununla uğraşmak istemezler. Geçmiş yaşamdan gelmesi de mümkündür ancak böyle bir ifade kullandıkları zaman bu büyük olasılıkla bu hayattan olduğunu gösterir.

Vianna: "Neden bir şifacı olmaktan korkuyorsun?"

Kadın: "Çünkü ölebilirim."

Bu sırada Yaratıcı bana ona "Çocukken neden saklanmak zorunda olduğunu" sormamı söyledi.

Vianna: "Çocukken neden saklanmak zorunda kaldın?"

Danışan: "Kardeşlerime gizlice yiyecek götürmek için saklanmak zorundaydım."

Bu ifadenin ardından, hikâye ağzından dökülmeye başladı. Annesi onu ve biri iki yaşında bir bebek olan üç çocuğunu geride bırakarak ölmüştü. Baba çocuklarını onları gerektiği gibi beslemeyen hala ve eniştenin yanına bırakmıştı. Bunun sonunda çocuklar, özellikle de bebek eksik beslenmişti. Baba tekrar evlenince gelip çocukları aldı ancak aynı şey bu defa da üvey anne ile yaşandı. Üvey anne çocukları, özellikle de bebeği düzgün beslemedi. Bebeğin önünde yemek yenirdi ve bebek kıpırdaman oturmak zorunda bırakılırdı ve ağlardı. Kadın diğerlerini beslemek için dolaptan yemek kaçırırken yakalandığını ve ciddi biçimde dövüldüğünü söyledi. O andan itibaren kendini hep saklanmak zorunda hissetti.

Bir gün, küçük bebek açlıktan öldüğü için uyanmadı. Küçük kız kalkmayınca üvey anne onu uyandırmak için tekmeleyerek odanın öbür ucuna attı. Ölü küçük bebeği danışanımın kollarına koyup hastaneye gittiler. Hastaneye vardıklarında, çalışanlar bebeğin açlıktan öldüğünü ve diğer çocukların da kötü ve yetersiz beslenmeye maruz kaldıklarını hemen anladılar. Çocuklar aileden alındılar ve koruyucu ailelerin yanına yerleştirildiler.

Bana, kadına söylemem için, bebeğin hayatını o ve diğer iki küçük çocuk yaşasın diye verdiği söylendi. Ona geçmişten gelen acıyı temizleyeceğimizi söyledim.

Karşıma ilk oturduğunda bu şekilde suistimal edilmiş olabileceği hiç aklıma gelmedi; bunu düşünmedim çünkü kendinden çok emin görünüyordu. İnsanlar hakkında yargılarda bulunmadan önce en ağır tacizlere maruz kalmış olanların, en kendilerine hâkim ve aklı başında görünenler olabileceğini bilmelisiniz. Tacize uğramış kişiler en iyi rol yapanlardır ve genellikle acılarını saklamakta çok iyidirler. Onlar sürekli gülümseyen ve kahkaha atanlardır. Ama bu gülüşler sahtedir. Burada görünürler, ama aslında başka yerdedirler. Bunu gözlerinde ve bakışlarının gerisinde görürsünüz. Hatta kendilerinden emin şekilde gülümserler çünkü içerden yaralı olduklarını bilmenizi istemezler. Bu kişiler genelde bağırsak sorunları geliştirirler.

Tacizle ilgili konularda, kararlı olmalı ve sevildiklerini bildiklerinden emin olmalısınız. Ona güvende olmanın nasıl hissedildiğini öğretmek, şifacı olamakla ilgili sorunlarını temizledi ancak daha fazla İnanç Çalışması yapılmasına ihtiyaç vardı.

Kazma Çalışması Seansı Örnek 6 - Baba Sorunları

Vianna: "Bu seansın sonunda ortaya çıkmasını istediğin sonuç ne? Hayatında yapmak istediğin şey nedir? Eğer bir şeyi değiştirmek isteseydin bu ne olurdu?"

Genç Kadın: "Hiçbir zaman yeterli olmadığım hissinin üstünden gelmek isterdim."

Vianna: "Bu Hissi sana kim öğretti?"

Genç Kadın: "Babam. Bana sadece yedi olduğumda bunu öğrettiği için babama kırgınım."

Vianna: "Bu ne anlama geliyor?"

Genç Kadın: "Bu şu demek oluyor, birden ona kadar ölçecek olsak ben ortalamanın biraz üstündeyim ama hiçbir zaman yeteri kadar iyi olmayacağım. Ben sadece yediyim ve hiçbir zaman on olmayacağım."

Vianna: Sana bunu söylediğinde ona inandın mı?"

Genç Kadın: "Evet inandım. Ona neden inandığımı bilmiyorum. Ona çok derinden kırgınım."

Vianna: "Ona neden kırgınsın?"

Genç Kadın: "Çünkü beni kendim hakkımda berbat hissettirdi."

Vianna: "Bunu nasıl yaptı?"

Genç Kadın: "Böyle şeyler söylerdi."

Vianna: "*Bu sana hayatında nasıl yardım etti?* Bu sana nasıl hizmet etti?"

Genç Kadın: "Hiçbir zaman yeterince almayacağıma, yeterli şekilde yapamayacağıma ya da yeterli olamayacağıma göre daha azıyla yetinsem iyi olacak."

Vianna: "Hayatın boyunca hep azıyla mı yetindin?"

Genç Kadın: "Evet, bütün hayatım boyunca hep daha azıyla yetindim."

Vianna: "Bu kulağa sanki hayatın sana sunduğu en iyi şeyleri elde etmeye uğraşmamak için bir bahane gibi geliyor."

Genç Kadın: "Galiba öyle. Sanırım bunun için babama teşekkür etmeliyim. Yapabileceğimi düşünmediğim müddetçe denemek zorunda kalmayacağım."

Vianna: "Eğer deneseydin ne olurdu?"

Genç Kadın: "Başarısız olabilirdim."

Vianna: "Eğer başarısız olsaydın ne olurdu?"

Genç Kadın: "Daha azıyla yetinmek zorunda kalırdım."

Vianna: "Eğer başarılı olsaydın ne olurdu?"

Genç Kadın: "Eğer başarsaydım ne olur bilmiyorum. Hiçbir fikrim yok. Sanırım sonucun ne olacağını bilerek başarısız olmak ortaya nasıl bir sonuç çıkacağını bilmeden başarılı olmaktan daha iyi."

Vianna: "Yani aslında başarılı olmaktan korkuyorsun."

Genç Kadın: "Galiba öyle. Hiç bu şekilde düşünmemiştim. Sanırım babama kırgın olduğum müddetçe başarılı olmam gerekmeyecek."

Vianna: "Yani aslında babana kırgın olmak bilinmeyeni keşfetmekten daha kolay."

Genç Kadın: "Galiba öyle."

Vianna: "Bilinmeyene korku duymadan yaşamanın nasıl hissedildiğini bilmek ister misin? Bir sonraki adımı atmanın nasıl hissedildiğini ve bunun mümkün olduğunu bilmek ister misin?"

Genç Kadın: "Evet! Evet bunu isterim!"

Bu his yüklemelerinin yapılmasıyla "Ben sadece bir yediyim" programı temizlendi. Şimdi Kas testini kullanıyoruz. Da-

nışan parmaklarını sıkıca tutarken ona "Ben sadece bir yediyim" dedirtiyorum. Beklenildiği gibi bu inanç temizlenmiş.

Daha sonra "Babama kırgınım" Programı için Kas Testi yapıyorum. O da temizlenmiş. Babasına kırgın kalmasının başarı olmasından daha güvenli olduğunu fark etmesi "bilgisayar zihnine" ilerlemesi için izin verdi. His yüklemeleri ona yumuşak bir geçiş yapıp, ilerlemesi için yardımcı oldu.

Bu Kazma çalışmasının en iyi halidir. Kazma Çalışması ile sadece en acı veren ve en negatif inancı değil aynı zamanda bunun kişiye nasıl hizmet ettiğini de bulacaksınız.

Eğer Kök İnanca kadar takip etmezseniz sorunlar kısmen temizlenecektir. Eminim inanç çalışması seansından sorunları sadece kısmen temizlenmiş olarak ayrılmış olan pek çok insan vardır. Yine de, bu hiç temizlenmemesinden daha iyidir. Bu kişiler belli bir düzeyde ilerlemişlerdir ama hiçbir şey zihne kök inancı bulmanın verdiği huzuru vermez.

Kazma Çalışması Seansı Örnek 7- Şifacılık

Vianna: "Bu seanstan elde etmek istediğim sonuç nedir?"

Hiro Myiazaki: "Harika bir Şifa tekniği yaratmak istiyorum, bana gelen insanların hep iyileşmesini, çok fazla paraya sahip olmayı, çok fazla zamana ve mutlu bir aileye sahip olmayı istiyorum."

Vianna: "Tamam, ama bütün bunlara zaten sahip olduğunu hayal etmeni istiyorum. İlk önce insanların her yerden iyileşmek için sana geldiklerini hayal etmeni istiyorum. Bu sana kendini nasıl hissettiriyor?"

Hiro: "Güzel. Bu kendimi iyi hissettiriyor."

Vianna: "İyileşmek için sana gelen yüzlerce insanla başa çıkabilir misin?"

Hiro: "Tabii ki. Sınırlarımı nasıl koyacağımı biliyorum."

Vianna: "Bu durumu yaşadığını hayal etmeni istiyorum. Bu nasıl hissediliyor?"

Hiro: "Pekala... er geç başarısız olacakmışım ve biriyle çalışırken her şeyi mahvedecek gibi hissediyorum."

Bu, kişiyi başarılı bir şifacı olmaktan alıkoyabilecek kök bir İnancın varlığına dair erken bir işarettir.

Vianna: "Eğer mahvedersen ne olur?"

Hiro: "Hmm.. beni dışlarlar. Beni bir deliğe sokarlar."

Vianna: "Bir delik mi?"

Hiro: "Evet, bir kara deliğe koyarlar ve beni unuturlar."

Vianna: "Bu delikte sana ne olur?"

Hiro: "Hiçbir şey olmaz. Beni unuttular."

Vianna: "Seni ne kadar süre unuturlar?"

Hiro: "Bilmiyorum. Belki sonsuza dek çünkü mahvettim her şeyi. Birine zarar verdim ve benim şifam yüzünden hastalandılar. Bunun yüzünden bir kenara atıldım."

Vianna: "Hiçbir zaman affedilmeyecek misin?"

Hiro: "Hayır, hiçbir zaman affedilmeyeceğim."

Vianna: "Sonra ne olur?"

Hiro: "Yalnızlığa dayanamam. Keskin uçlu bir obje bulurum ve ölürüm. İntihar ederim."

Vianna: "Bu deneyimden kurtuldun mu? Işığa mı gidiyorsun? Sana ne oluyor?"

Hiro: "Karanlıktayım ve ortaya çıkmaya korkuyorum. Tekrar başarısız olmaktan korkuyorum."

Vianna: "Ne kadar süre bu karanlıkta kalıyorsun?"

Hiro: "Emin değilim. Aklıma 5000 yıl geliyor."

Vianna: "Sonra ne oluyor sana?"

Hiro: "*Işığa* gidiyorum. Bana başka bir şans daha veriliyor."

Vianna: "Yani gerçekte Şifa çalışması yapmakla alakalı en büyük korkun nedir?"

Hiro: "Başarısız olacağımdır. Bu benim suçum olacak ve bir yana atılacağım. Yalnız kalacağım, dışlanacağım ve unutulacağım."

Vianna'dan Sınıfa: Bunlar Kök İnançlardır. Hiro'nun gerçek hayat amacının farkına varamamasının sebebi onu elde etmekten korkmasıdır. Bu nedenle "Yalnız kalacağımdan korkuyorum" ve "Unutulacağım" Programları çekilip, serbest bırakılmalı ve *onların yerine* "Hatırlanmanın nasıl hissedildiğini biliyorum", "Nasıl yaşayacağımı ve yanımda biri olmasının nasıl olduğunu biliyorum." "Kendimi nasıl affedeceğimi biliyorum", "Şifacının Yaratıcı olduğunu biliyorum" ve "Şifacı olmak güvenli" *programları yerleştirilmelidir.*

Vianna: "Bu Programları bırakma ve onları tavsiye ettiğim şekilde değiştirme iznim var mı?"

Hiro: "Evet, çok teşekkür ederim!"

Hiro İnanç Çalışması seansından ışık ve neşe dolu bir şekilde ayrılır.

Kazma Çalışması Seansı Örnek 8 - Sezgi ve Psişik Yetenekler

Vianna: "Alanına girmem için izin veriyor musun?"

Kadın Danışan: "Evet."

Vianna: "Kaç yaşındasın?"

Kadın Danışan: "Elli üç yaşındayım."

Vianna: "Sormak istediğin bir şey var mı?"

Kadın Danışan: "Nasıl daha açık ve sezgisel olabileceğimi bilmek istiyorum."

Vianna'dan Sınıfa: Tamam, işte başlayacağımız yer burası. Danışanın isteği ile başlayacağız. *Sizin* ihtiyaç duyduklarını düşündüğünüz şeyle başlamayın. *Onların* ihtiyaç duyduklarına inandıkları şeyle başlayın. Danışanın ne istediği en önemlisidir.

Vianna: "Benden sonra tekrar et; nasıl açılacağımı ve daha sezgisel olacağımı biliyorum."

Kadın Danışan: "Nasıl açılacağımı ve daha sezgisel olacağımı biliyorum. Sezgisel olduğumu biliyorum. Sezgilerimi kontrol edebilceğimi biliyorum."

Vianna'dan Sınıfa: "Tamam, bu Programlar için Kas Testine negatif yanıt verdi. Açılmak istiyor ama bunu kontrol edebileceğine inanmıyor."

Vianna'dan Danışana: "Neden sezgisel olarak açılamıyorsun?"

Kadın Danışan: "Çünkü korkuyorum."

Vianna: "Neden korkuyorsun?"

Kadın Danışan: "Bana neler olacağından korkuyorum. Kim olduğumu bile bilmeyecek kadar çok değişmekten korkuyorum. Bunun zamanla yavaş yavaş olacağından ve neler olduğunun farkına bile varmayacağımdan korkuyorum."

Vianna: "Eğer kim olduğunu bile bilmeyecek kadar değişirsen sonra ne olacak?"

Kadın Danışan: "Kendimi kaybedeceğim."

Vianna: "Bu senin için *ne* anlama geliyor? Benden sonra tekrar et; kendimi kaybetmekten korkuyorum."

Kadın Danışan: "Kendimi kaybedeceğimden korkuyorum." (Kas Testine pozitif yanıt verir.)

Vianna: "Neden kayıpsın?"

Kadın Danışan: "Kendimi bulmaktan korkuyorum."

Vianna: "Kendini bulursan ne olur?"

Kadın Danışan: "Eğer kendimi bulursam hayat misyonumu bulacağımdan korkuyorum ve bu misyonda başarısız olacağımdan korkuyorum. Ya o bana istemediğim bir şeyi yaptırırsa?"

Vianna: "Benden sonra tekrar et; hayat misyonumdan korkuyorum."

Kadın Danışan: "Hayat misyonumdan korkuyorum." (Kas Testine pozitif yanıt verir.)

Vianna: "Eğer hayatının işine başlarsan olabilecek en kötü şey nedir?"

Kadın Danışan: "İtibarımı lekeleyeceğinden korkuyorum. Başarısız olmaktan korkuyorum."

Vianna'dan Sınıfa: "Şimdi, o sözleri ben mi ağzına koydum? Hayır, yukarı çıktım ve Tanrı'ya sordum. Yaratıcı bana onun başarısız olacağından korktuğunu söyledi. Bu büyük ihtimalle Kök Sorun. Eğer bütün bu diğer İnançları çekmeye başlarsam seans çok fazla zaman alacak ve Kök Soruna ulaşmayacak. Onunla çalışırken eline dokunduğumu göreceksiniz. Bu onu rahat ettirmek ve alanını onun için tutmak içindir."

Vianna'dan Danışana: "Eğer her gün bir korkun olsaydı, bu ne olurdu?"

Kadın Danışan: "Üzerinde çalıştığım ve iyileştirmeyi denediğim insanlardan korkuyorum."

Vianna: "Başarısızlığa uğramaktan mı korkuyorsun?"

Kadın Danışan: "Üzerinde çalıştığım insanları başarısızlığa uğratmaktan korkuyorum. Tanrı'yı başarısızlığa uğratmaktan korkuyorum. Kendimi başarısızlığa uğratacağımdan korkuyorum."

Vianna'dan Sınıfa: Eğer üzerinde çalıştığı inanları başarısızlığa uğratmaya Kas Testine *evet* yanıtını verip, Tanrı'yı başarısızlığa uğratmaya *hayır* diyorsa bu ne anlama geliyor? Bu üzerinde çalıştığı insanları başarısızlığa uğratmaktan korktuğu anlamına geliyor. Eğer bahsini açarsak Tanrı ile de bazı meseleler ortaya çıkabilir ama aslında insanları incitmekten korkuyor."

Kadın Danışan: "Onları öldüreceğimden korkuyorum. Onları inciteceğimden korkuyorum. Onları başarısızlığa uğratacağımdan korkuyorum."

Vianna'dan Sınıfa: "Onlar için gerçekten endişeleniyor."

Vianna'dan Danışana: "Eğer onları başarısızlığa uğratırsan olabilecek en kötü şey nedir?"

Kadın Danışan: "Yıkıcı bir etkisi olur."

Vianna: "Neden?"

Kadın Danışan: "Onları hayal kırıklığına uğratmış olurum."

Vianna: "Eğer onları hayal kırıklığına uğratırsan ne olur?"

Kadın Danışan: "Bilmiyorum. Öldürülebilirim."

Vianna'dan Sınıfa: "Tamam, o zaman ölüm korkusu mu var? En büyük korkusu nedir? Başkalarını incitmek. Bu kadar basit olabilir mi?"

Vianna'dan Danışana: "Peki şimdi sana başkalarını incitmeden Şifa vermenin ve ne yaptığını bilmenin nasıl hissedildiğini öğretelim mi?

Bize sana ne yaptığını bilmeyi ve insanlara nasıl yardım edebileceğini öğretme izni ver.

Tanrı ile nasıl bağlantı kurabileceğini ve Şifa sırasında ne yapman gerektiğini.

İnsanları incitme korkusu olmadan nasıl yaşayacağını ve bunun mümkün olduğunu. Beraber çalıştığın herkesin Şifa almasının nasıl hissedildiğini nasıl bileceğini.

Vianna'dan Danışana: "Bu enerjileri kabul ediyor musun?"

Kadın Danışan: "Evet!"

Vianna: "Şifayı Tanrı gerçekleştirdiğine göre o insanları Tanrı mı hayal kırıklığına uğratıyor? 'Tanrı'nın o insanları hayal kırıklığına uğratmasından korkuyorum,' de."

Kadın Danışan: "Tanrı'nın beni hayal kırıklığına uğratacağından korkuyorum." (Kas Testine pozitif yanıt verir)

Vianna: "Neden?"

Kadın Danışan: "Bunu hak etmiyorum."

Vianna: "Tanrı'dan bunları istemeyi hak etmediğini söylüyorsun. Ne kendini böyle hissetmene yol açıyor? Peki ya Tanrı seni bir gün dinlemezse?"

Kadın Danışan: "O zaman hiçbir şey olmaz."

Vianna: "Bu insanların Şifası için Tanrı'ya güvenmek senin için büyük bir adım olur. O adımı nasıl atacağını bilmek ister misin?

Şu Yüklemeleri kabul eder misin?

"Birisi hastalanınca ne yapacağımı biliyorum."

"İnsanlara nasıl yardım edeceğimi biliyorum."

"Nasıl bir şifacı olunur biliyorum."

"Tanrı beni hayal kırıklığına uğratacak", "Ben bu insanları hayal kırıklığına uğratacağım." Korkuları olmadan nasıl yaşanacağını bilmek ister misin? Bu enerjileri kabul ediyor musun?"

Kadın Danışan: "Evet!"

Vianna: "Güzel, şimdi nasıl hissediyorsun?"

Kadın Danışan: "Çok daha iyi!"

Vianna'dan Sınıfa: "Gördüğünüz gibi, Bir sonraki adımı nasıl atacağını bilmiyordu veya bir başkasına nasıl şifa yapacağını. Yaratıcı'ya tamamen nasıl güveneceğini bilmiyordu.

Vianna'dan Kadına: Bir sonraki adımın nasıl atacağını bilmek ister misin? Sana bu bilgiyi ve ayrıca bunun mümkün olduğunu, bunu hak ettiğini ve buna değer olduğunu yüklemek için iznim var mı? Bu enerjileri kabul eder misin?

Kadın: "Evet."

Vianna: "Şimdi nasıl hissediyorsun?

Kadın: "Hafif bir değişim hissediyorum."

Vianna: "Büyük bir değişim ister misin? Performans kaygısı hissetmeden biri üzerinde nasıl çalışacağını bilmek ister misin? Kendine nasıl sabırlı olacağını bilmek istermisin? Zihnine, bedenine ve ruhuna çabasızca öğrenmek için izin vermeyi? Hadi sana kendi üzerinde çalışmanın ne zaman tamamlanacağını ve bedenin ne zaman yorulduğunu bilmeyi öğretelim. ne zaman dinleneceğini ve bedeninin söylediklerini ne zaman onurlandıracağını ve burada yapmak için bulunduğun şeyi ne zaman onurlandıracağını, öğretelim. Bu enerjileri ister misin?"

Kadın: "Evet."

Vianna'dan Sınıfa: "Peki, bitirdi ve Kök Konusu onun hakikaten diğerlerini incitmekten korkuyor olması. Ondan daha derine gidemedik. Başkaları için doğal bir endişe duyuyor. Şimdi kendinden daha emin biri olacak."

Son olarak Vianna'dan Danışana: "Sana yüreğini ve Yaratıcı'yı nasıl dinleyeceğini öğretme iznim var mı? Ne zaman ve nasıl karar vereceğini bilmeyi? Onları incitmeden danışanlarına ne demen gerektiğini?"

Kadın: "Evet."

Dinlemek inanç çalışmasındaki en önemli şeylerden biridir. Sıklıkla, uygulayıcı danışana İnançları olduğuna *inandığı* şeyleri söyleme teşebbüsünde bulunacaktır. *Danışanı ve Yaratıcı'yı dinlemek bir sanattır; pratik ve öğrenme isteyen bir sanat.* Bunun sebebi Yaratıcı'dan gelen bütün mesajların zihniniz tarafından yorumlanması gerektiğindedir. Yaratıcı'dan aldığınız mesajlarla kişiye söylediğiniz şeylerin bire bir aynı olması gerekir.

Kazma Çalışması Seansı Örnek 9 - Daha Zayıf Kişilerin Çıkar Sağlaması

Vianna'dan Sınıfa: Okuma yapmaya başlamadan önce kişiye sorduğum ilk sorulardan biri kullandıkları ilaçlar ve bitkilerle ilgilidir. Bu soruyu sormamın nedenlerinden biri okuma için alanlarına girdiğimde bileşenlerin özelliklerinin kafamı karıştırmaması içindir. Her ilaç ve bitki kişinin titreşimini değiştirir ve bedenle etkileşimi kişinin bozukluğunu ya da hastalığını saklayabilir. Bu ilaçların ve bitkilerin bedende nasıl hissedildiğini bir kez deneyimlediğinizde, okuma yaparken onların ne olduğunu anlamanız kolay olacaktır. Değerli olan zamanı harcamamak adına ben bedene gitmeden önce kişiye neler kullandığını sorarım.

Vianna'dan Danışana: "Herhangi bir ilaç ya da bitki kullanıyor musun? Bu sabah magnezyum ya da başka bir vitamin aldın mı?"

Danışan: "Hayır."

Vianna: "Bundan sonra yaptığım şey bedene gitmek ve Yaratıcı'ya "Yaratıcı bana göster!" demektir. Yaratıcı beni kişinin bedenine götürür. Parazitler yüzünden dişlerini gıcırdattığını görüyorum. Bağırsağında parazitler var. Âşık olduğunu görüyorum. *Eğer kişinin kalbinin enerjisinin içinden geçerseniz, âşık olup olmadığını görebilirsiniz.* Omurgasının hizadan çıktığını görüyorum. Yaratıcının sırtını düzeltmesini ister misin?"

Danışan: "Evet, lütfen!"

Vianna: Hayatında büyük zorluklardan geçtiğini ve artık neşe için hazır olduğunu görebiliyorum. Dizlerin zayıf, hayatında ilerlemeye korkuyorsun ve bilmesin ki her şey iyi olacak. Geçmişte ağır metallerden etkilenmişsin ancak kullandığın magnezyum yavaş yavaş onları sisteminden atıyor. Kulaklarından biri diğerinden daha iyi duyuyor. Hep mi böyleydi?"

Danışan: "Hafif bir duyma kaybına sebep olan bir kazadan dolayı."

Vianna: "Parazit kelimesini duyunca aklına ne geliyor?"

Danışan: "Babam."

Vianna: "Annen hayatta mı?"

Danışan: "Hayır, değil. Ben evlat edinildim."

Vianna: "Bana seni evlat edinen babandan bahset."

Danışan: "Beni evlat edinen annem ve babam parazitler."

Vianna: "Neden bu şekilde davranmalarına izin verdin?"

Danışan: "Nasıl değişiklik yapılır bilmiyorum."

Vianna: "Bana sana hayatta nasıl *Hayır* diyeceğini ve onlara nasıl *Hayır* diyeceğini öğretmeme izin verir misin?"

Danışan: "Evet, bu yüklemeleri kabul ediyorum."

Vianna: "Şimdi onlara *Hayır* diyebileceğine göre, sana ne olacak? Aklına gelen ilk şey nedir?"

Danışan: "Onların zayıf olduklarını düşünüyorum."

Vianna: "Biliyorum. Senden zayıf oldukları için kendini onlara yardım etmek zorunda gibi hissediyor musun? Zayıf insanların benden faydalanmalarına izin vermeliyim de."

Danışan: "Zayıf insanların benden faydalanmalarına izin vermeliyim." (Kas Testine "Evet" yanıtını verdi.)

Vianna: "Benden daha güçlü insanların benden faydalanmasına izin vermeliyim, de"

Danışan: "Benden daha güçlü insanların benden faydalanmalarına izin vermeliyim." (Kas Testine "Hayır" yanıtını verdi.)

Vianna: "Senden sadece zayıf insanlar çıkar sağlıyor, neden?"

Danışan: "Onlara yardım etmek zorundayım."

Vianna: "Senden zayıf olan bu insanlara sana bir şekilde zarar verseler bile yardım etmek zorunda mısın? Senden zayıf oldukları için hayır diyemiyorsun. Onlara nasıl daha güçlü olabileceklerini öğretmeden senden faydalanmalarına izin verdin. Eğer onlara yardım etmezsen başına gelebilecek en kötü şey nedir? Suçlu hisseder miydin?"

Danışan: "Kötü hissederdim ve kendime olan güvenimi kaybederdim."

Vianna: "Benden sonra tekrar et: Kendime güveniyorum." (Kas Testine "Evet" yanıtını verdi.)

Vianna: "Kendini neden hafife alıyorsun?"

Danışan: "Bu hayatı hak ettiğime inanmıyorum. Var olmayı hak etmiyorum."

Vianna: "Benden sonra tekrar et: Ben varım." (Kas Testine "Hayır" yanıtını verdi.)

Vianna: "Yaratıcının var olma tanımına sahip olmak ister misin?"

Danışan: "Evet."

Vianna: "Var olma hislerini seni evlat edinen anne ve baban mı yok etti? Kim böyle hissetmene sebep oldu? Evlat edinen ailen mi?"

Danışan: "Bilmiyorum."

Vianna:" Dünyada bir yerin ve değerin olduğunu, ışıldayabileceğini bilmek ister misin? Kendini tükenmiş hissetmeden aileni nasıl seveceğini ve nasıl sevgi alıp vereceğini sana öğretmemem için izin verir misin?"

Danışan: "Evet."

Vianna: "Şimdi evlat edinmiş ailen tarafından tüketilmeden aileni sevebilirsin. Nasıl hissediyorsun? Daha iyi mi? Vücudunun herhangi bir yeri acıyor mu?"

Danışan: "Karnım ağrıyor."

Vianna: "Başka nasıl bir ağrı hissediyorsun?

Danışan: "Solar Pleksus -mide çakramda- hafif bir ağrı."

Vianna: "Kendini yalnız da hissediyor musun?"

Danışan: "Evet, hissediyorum."

Vianna: "Karındaki rahatsızlıklar utanç, üzüntü ve suçlu hissetmekle alakalıdır. Hayatında kendinden emin olmaya ihtiyaç duyduğunda *Hayır* diyebilmeyi ve suistimal edilmeden yaşamayı ister misin?"

Danışan: "Evet."

Vianna: "Şimdi nasıl hissediyorsun?"

Danışan: "Ağrı karnımdan gitti ama başka bir yere yerleşti."

Vianna: "Ağrı şimdi nerede?"

Danışan: "Bacaklarımda ve kollarımda..."

Vianna'dan Sınıfa: Problemlerin farkına varıp onları giderdikçe, vücudun başka bir yerine hareket edebilirler. Bir şeyleri serbest bıraktıkça vücutlarının başka bir yerinin ağrıyıp ağrımadığını sormalısınız. Ağrının nerede olduğunu Yaratıcıya sorabilirsiniz ama aynı zamanda üzerinde çalışmakta olduğunuz kişiye de sorabilirsiniz."

Danışan: "Şimdi kemiklerim ağrıyor."

Vianna: "Bu çok önemli. Vücudun farklı yerlerinin ağrıması, o bölgeyle alakalı duyguların uyarıldığı anlamına gelir.

Belki kendini ihlal edilmiş hissediyorsun ve neden kimsenin seni korumadığını merak ediyorsun. Hiç birisi tarafından korunduğunu hissettin mi?"

Danışan: "Benden başka kimse beni korumadı."

Vianna: "Korunmanın nasıl hissedildiğini, kendini nasıl koruyacağını ve bir başkasına seni koruması için nasıl izin vereceğini öğretmem için bana izin verir misin?"

Danışan: "Evet."

Vianna'dan sınıfa: "Bunlar bırakıp, değiştirdiğim Programlar değil, bu ona Her Şeyin Yaratıcısı'ndan hisleri ve bilmeyi öğretme hakkında. Şimdi nasıl hissediyorsun? Acı hâlâ orada mı?"

Danışan: "Evet."

Vianna: "Neden hâlâ acıyor?"

Danışan: "Beni inciten diğer insanlardan."

Vianna: "Benden sonra tekrar et: 'Zayıf insanlara beni incitmeleri için izin verdim.' (Kas Testinde "Evet" yanıtını verdi.) Sana zayıf insanların seni incitmelerine izin vermek zorunda olmadığını ve bu durumlarla başa çıkmanın doğru yolunu öğretebilir miyim?"

Danışan: "Evet. Acı şimdi kötüleşiyor."

Vianna: "Sen gençken Tanrı hayatının neresindeydi?"

Danışan: "Tanrı bana ihanet etti."

Vianna: "Benden sonra tekrar et: 'Tanrı bana ihanet etti.' (Kas Testine "Evet" yanıtını verdi.) Kazmaya devam edebilirim ama sorunun kemiklerde olduğunu biliyorum. Tanrının sana ihanet ettiğine ikna oldun ve böylece Tanrı yoktu. Vücudunda tezatlar var. Sana Tanrı'ya karşı nasıl beklentiler içinde olabileceğini ve insanların seni anlayacaklarını öğretmem için iznim var mı?"

Danışan: "Evet."

Vianna: "Sende 'Beni seven insanlara beni incitme izni veririm' Programı var. Bunu bırakabilir miyim? Sana acı olmadan da sevgi olduğunu, sevebileceğini ve Tanrı'nın ne olduğunun doğru tanımına sahip olduğunu öğretebilmek için izinli miyim?"

Danışan: "Evet. Şimdi de sağ kalçam ağrıyor."

Vianna'dan Sınıfa: "Biraz önce ağrı sol taraftaydı. Bu gençken tacize uğradığı ya da birinin ona çirkin, kötü ya da başka bir şey olduğunu söylediği anlamına gelebilir. Sağ kalçana dokun, nasıl hissediyorsun?"

Danışan: "Midem bulanıyormuş gibi hissediyorum."

Vianna: "Şimdi kusma. Neredeyse bitti. Güvende olduğunu bilmek ister misin?"

Danışan: "Evet."

Vianna: "Karnına dokun, ne hissediyorsun?"

Danışan: "Yok olmak istiyorum."

Vianna: "Sana her gününü terk edilmiş hissetmeden nasıl yaşayacağını, burada olmanın güvenli olduğunu ve yok olmayı istemeden nasıl yaşayacağını öğretmem için iznim var mı? Annenin karnında bir fetüs olduğun zaman için de çalışmam için iznim var mı?"

Danışan: "Evet, yapabilirsin."

Vianna: "Şimdi nasıl hissediyorsun?"

Danışan: "Sırtım ağrıyor."

Vianna: "Gerçek ailen hakkında ne biliyorsun?"

Danışan: "Hiçbir şey."

Vianna: "Annenin karnındayken anne ve baban tarafından sevilme hissinin nasıl hissedildiğini sana vermem için iznim var mı?"

Danışan: "Evet."

Vianna: "Şimdi nasıl hissediyorsun?"

Danışan: "Sırtım hâlâ ağrıyor. Daha sakin hissediyorum ama hâlâ bacaklarımda ve dizlerimde doğru olmayan bir şeyler var."

Vianna'dan Sınıfa: Duygusal seviyede o sakin ama vücudu ağrımaya devam ediyor: Buna ayrılma denir. Duyguları ona çok fazla gelmeye başlayınca onları kapamayı öğrendi. Şifacılar çoğu zaman ayırmayı uygulayabilirler.

Vianna'dan kadına: Duyguları hissetmenin güvenli olduğunu sana öğretmem için iznim var mı?

Danışan: "Evet."

Vianna: "Şimdi ne hissediyorsun?"

Danışan: "Bacaklarım acıyor."

Vianna: "Enerji vücudun destekleri olan bacaklara ilerledi. Eğer sadece olduğun gibi sevilirsen başına gelebilecek en kötü şey nedir?"

Danışan: "Bilmiyorum. Daha önce hiç denemediğim bir şey bu."

Vianna: "Benden sonra tekrar et: Olduğum gibi sevilmenin ne anlama geldiğini biliyorum." (Kas Testine "Hayır" yanıtını verir.)

Vianna'dan Sınıfa: Ona ailesinden sevgiyi nasıl kabul edeceğini öğrettim, ancak vücudu bu hisleri birleştirmedi. Onun için acıyı kabul etmek sevgiye açık olmaktan daha kolay, çünkü acı çekmenin ne demek olduğunu daha iyi anlıyor. Magnezyum ve kalsiyuma ihtiyacı var. Eğer sevgiyi kabul edemiyorsanız, magnezyum ve kalsiyumu da kabul edemezsiniz. Sadece olduğun kişi olduğun için sevilmenin nasıl hissedildiğini sana öğretmem için iznim var mı?"

Danışan:" Evet."

Vianna: "Ağrı şimdi ne durumda?"

Danışan:" Kalçamla kalça kemiği arasındaki birleşme yerinde güçlü."

Vianna: "Benden sonra tekrar et: 'Acı olmadan nasıl yaşanacağını biliyorum.' (Kas Testine "Hayır" yanıtı verir.) Sana bu Hissi öğretmem için iznim var mı?"

Danışan: "Evet."

Vianna: "Acı şimdi ne durumda?"

Danışan: "Kaybolmaya başladı. Şimdi gitti ve artık acı hissetmiyorum."

Vianna: Vücudu tazelenmiş görünüyor ve danışan hafiflemiş görünüyor.

Kazma Çalışması Seansı Örnek 10 - Bolluk

Vianna: "Neyin üzerinde çalışmak istersin?"

Danışan: "Bolluk üzerinde. ThetaHealing bana sonu boşanmayla biten zorlu bir sürecin üstesinden gelmemde yardımcı oldu. O olaydan sonra finansal sorunlar yaşamaya başladım."

Vianna: "Bolluğa pek çok yoldan erişilebilir."

Danışan: "Evet, ama bana yardım edilmedi. Kimse bana bir şey vermedi."

Vianna: "Tamam, ama benim bolluk hakkında kendi fikirlerim var. Bolluk senin için ne anlama geliyor?"

Danışan: "Diğer insanlardan özgür ve bağımsız olmak istiyorum."

Vianna: "Ve ya peki Tanrı aynı zamanda bir partnerin olmasının da doğru olduğunu düşünüyorsa?"

Danışan: "Olabilir, ama maddi olarak bağımsız olmak istiyorum."

Vianna: "Birinden yardım almak bağımlı olduğun anlamına gelmez. Bence sende Tanrı ve para ile ilgili Programlar var. Eğer çok fazla paran olsaydı başına gelebilecek en kötü şey ne olurdu?"

Danışan: "Nasıl başa çıkacağımı bilemeyebilirdim."

Vianna: "Hadi sana çok fazla parayla nasıl başa çıkılacağını öğretelim. Tamam, şimdi zengin olduğunu hayal et. Neler yapıyorsun?"

Danışan: "İstediğim her şeyi yapabilirim... Kitaplar, kültürel faaliyetler, seminerler, seyahatler, artık sorun yok."

Vianna: "Ve sorunlar olmadan ne yaparsın?"

Danışan: "Eğlenirim. Hayatın tadını çıkarırım."

Vianna: "Ve sonra?"

Danışan: "Diğer insanlara yardım edebilirim."

Vianna: "Kimlere?"

Danışan: "Yardıma ihtiyacı olanlara... Aileme, akrabalarıma..."

Vianna: "Tamam, peki sonra ne olur?"

Danışan: "Bilmiyorum."

Vianna: "Peki eğer ne olacağını bilseydin?"

Danışan: "Faturalarımı nasıl ödeyeceğim konusunda endişelenmezdim."

Vianna: "Eğer daha önce bahsettiğin sorunlar ortadan kalksaydı nasıl sorunların olurdu?"

Danışan: "Hiç olmazdı! Çocuklarımla ilgili olanlar hariç."

Vianna: Eğer çocuklarına çok fazla yardım edersen ne olur?"

Danışan: "Beni kullanırlardı. Herkes beni seviyormuş gibi yapardı."

Vianna: "Kimin seni gerçekten sevdiğini nasıl bilirdin?"

Danışan: "Belki kimse beni gerçekten sevmiyordur."

Vianna: "Yani herkesle ilgilenen hep sen mi oldun?"

Danışan: "Ben hep çok şey verdim ve karşılığında çok az şey aldım. Eğer hayatımda bolluk olursa, hayatımdaki insanlar daha fazla isteyecek. Hayatımı mahvedecekler."

Vianna: "O zaman bolluğun hayatını bir şekilde mahvedeceğini söyleyebilirsin, değil mi?"

Danışan: "Hayatımda hiç bolluğa sahip oldum mu bilmiyorum."

Vianna: "Benden sonra tekrar et: Eğer hayatımda çok fazla para ve bolluk olursa insanlar beni çıkarları için kullanacaklar ve onlara bir şeyler verebildiğim için beni sevecekler." (Kas Testine "Evet" yanıtı verir.)

Vianna: "Yani zengin olmak istiyor musun?"

Danışan: "Evet ama zengin olmaktan korkuyorum."

Vianna: "Tamam, sana çok fazla paraya sahip olma korkusu olmadan ve diğer insanlara, özellikle de sevdiğin insanlara senden faydalanma izni vermeden nasıl yaşanacağını öğretme iznim var mı? Özgürlüğünü kaybetmeden sevilmenin nasıl hissedeceğini ve yardım alabileceğini öğrenmek ister misin?"

Danışan: "Evet."

Vianna: "Çok fazla paraya sahip olmanın en kötü yanı nedir?"

Danışan: "Hiçbir şey."

Vianna: "Seminerlerde öğretmeyi seviyor musun?"

Danışan: "Evet ama hiçbir seminer yönetmedim. Tetayı sadece seminerlerde değil zihnimin yeteneklerini güçlendirmek ve kendime ve başkalarına yardım etmek gibi konularda da kullanmak isterim."

Vianna: "Bolluğun sana sağlayacağı avantajları istiyor musun?"

Danışan: "Evet, bolluk istiyorum."

Vianna: "Benden sonra tekrar et: 'Şifacıların fakir olması gerekir.' (Kas Testine "Evet" yanıtını verdi.) Neden şifacıların fakir olması gerektiğini düşünüyorsun?"

Danışan: "Bilmiyorum. Belki de, eğer fakirseniz, ıstırap çekmenin ne demek olduğunu biliyorsunuz diyedir."

Vianna: "Sen, şifacı olmak için ıstırap içinde olman gerektiğine ikna olmuşsun değil mi? (Kas Testine "Evet" yanıtını verir.) Yeterince ıstırap çektiğini ve fakir olmadan yaşayabileceğini bilmek ister misin? Bolluğu deneyimleme hakkını kazandığını düşünüyor musun? (Kas Testine "Hayır" yanıtını verir.) Bolluğa sahip olmak için ne yapmak zorundasın?"

Danışan: "Borçlarımı ve hatalarımı temizlediğimi düşünüyorum. Bence bolluk içinde olma hakkına sahibim."

Vianna: "Hadi bolluk hakkını bu cumaya kadar tekrar kazanıp kazanamayacağına bakalım."

Danışan: "Harika! Şimdi loto oynamak zorundayım!"

Vianna: "Ya Cuma günü haklarını tam ve kalıcı olarak kazanırsan? Şimdi bolluğa sahip olduğuna göre neler olacak?"

Danışan: "Bilmiyorum."

Vianna: "Hadi sana her durum için bir çözüm olduğunu ve bunu nasıl tanıyacağını öğretelim."

"Çözümü gördüğümde onu tanıyacağım."

"Tanrı'nın bana bakacağına inanıyorum."

"Etrafımdaki insanları beni hayal kırklığına uğratmaları gerektiği Programından serbest bırakıyorum."

"Tanrının bana bakacağı fikrine güvenebilirim."

"Hayatımı geliştirmek için çözümler veriliyor."

"Sana bu Yüklemeleri vermek için iznim var mı?"

Danışan: "Evet."

Vianna'dan Sınıfa: "Onu gözlemliyorum; şimdi çok sessiz. Onu gerginleştiren tek şey Tanrıya güvenme fikriydi. Bu Kök Programı bulmak için Kazma Çalışmamızın başlangıç noktası. Bu Tanrı hakkında değil de erkekler hakkında olabilir... Seni kim hayal kırıklığına uğrattı?"

Danışan: "Herkes."

Vianna: "Neden?"

Danışan: "Çünkü benden faydalandılar; cömert biri olduğum için benden her şeyi aldılar. Ben hep veriyorum ama karşılığında hiçbir şey almıyorum."

Vianna: "Tepkilerinden doğru yönde olduğumuzu anlıyorum. Kalbin çok üzgün. İnsanlar bu şekilde davranınca ne yapıyorsun?"

Danışan: "Öfkeleniyorum. Ama eğer benden çıkar sağlamaya çalışanlar çocuklarımsa onlara hayır demeyi beceremiyorum."

Vianna: "Sevdiğin insanlara hayır diyebiliyor musun?"

Danışan: "Galiba hayır."

Vianna: "Çocukların sevgiyi nasıl alacağını biliyor musun?"

Danışan: "Şüphe duymaya başlıyorum."

Vianna: "Çocukların sana ne veriyor?"

Danışan: "Beni seviyorlar ama bencil olduklarının da farkındayım. Her neyse, sadece çocuklarım değil, herkes beni hayal kırıklığına uğrattı."

Vianna: "Anne ve baban seni seviyor mu?"

Danışan: "Onlar tarafından sevildiğimi hiç hissetmedim ve şimdi babam hayatta değil."

Vianna: "Neden baban tarafından sevildiğini hissetmedin?"

Danışan: "Çünkü onunlayken hiç mutlu olduğumu hatırlamıyorum."

Vianna: "Bana bundan biraz daha bahset."

Danışan: "Annem hep erkek kardeşimi bana tercih etti. Hiçbir zaman yeterli hissetmedim."

Vianna: "Benden sonra tekrar et: 'Ben asla yeterli değilim. Asla yeterli değil.' (Kas Testine "Evet" yanıtı verir.) Her gününü yeterli olduğunu hissederek nasıl yaşayacağını ve yeterli olduğunu bilerek sevilmenin nasıl hissedildiğini bilmek ister misin?"

Danışan: "Evet."

Vianna'dan Sınıfa: "Yaratıcı'ya çıktım ve ne eklemem gerektiğini sordum. Onun için çocuklarının onu hayal kırıklığına uğratmasına izin vermenin sevgi almaktan daha kolay olduğunu biliyorum. Yeterli olmanın nasıl hissedildiğini ona öğrettim. Çocukları onu son derece derin bir şekilde seviyor. Yalnız hissetmeden bolluğa sahip olabilir. Ayrıca Yaratıcı'nın yeni bir tanımını ve bir kişinin hem sevilip hem de özgür olabileceği kavramını da verdim."

Vianna: "Şimdi nasıl hissediyorsun?"

Danışan: "İyi."

Vianna: "Ama..."

Danışan: "Sanki bir şey kaybetmiş gibi hissediyorum."

Vianna: "Ne kaybetmiş gibi hissediyorsun?"

Danışan: "Bilmiyorum. Belki de geçmiş hayatlarımda yaptığım kötü şeylerin bedelini daha ödemediğim fikrini. Hâlâ geçmiş hayatlarımdan kalmış borçlarım ve hatalarım olduğunu ve yakında karşıma çıkacaklarını hissediyorum."

Vianna: "Borçlu olmadan yaşamanın nasıl hissedildiğini bilmek ister misin?"

Danışan: "Evet. Kendimi çok karmaşık hissediyorum."

Vianna: "Ne hakkında?"

Danışan: "Yani olduğum halimle."

Vianna: "Ama kadınlar karmaşıktır. Bu bizi kadın yapan ve erkeklerin kafasını karıştıran özelliktir."

Danışan: "Kalbimde bir hiddet var."

Vianna: "Neden? Kim ya da ne sana kendini böyle hissettiriyor?"

Danışan: "Bilmiyorum. Belirli bir şey değil. Sadece, çok çalışıyorum, belli bir noktaya erişiyorum ve sonra başka bir şey ortaya çıkıyor ve her şeyi mahvediyor."

Vianna: "Sana kolayca ve başarılı bir şekilde gerçekleşebilecek bir plana sahip olmanın hislerini ve iyi bir planın ne olduğunu ve işe yarayıp yaramayacağını anlama sezgisini ve hareket etmeyi ve sonuca ulaşmayı öğretmem için iznim var mı?"

Danışan: "Evet."

Vianna: "Benden sonra tekrar et: 'Annemi mutlu etmek için başarısız olmak zorundayım. Başarılı olmaktan korkuyorum.' (Her ikisi için de Kas Testinde "Evet" yanıtını verdi.) Sana başarılı olmaktan korkmadan nasıl yaşanacağı, her günü başarılı olma korkusu olmadan nasıl yaşayacağını öğretmem için iznim var mı? Hadi sana hak ettiğin başarıyı nasıl kabul edeceğini ve bunu nasıl tanıyacağını öğretelim."

Danışan: "Evet."

Vianna: "Neredeyse bitti ama bir şeylere daha ihtiyacı var...

Belki de şu Programlara ihtiyacı vardır;

"Kendimi kabul ederim."

"Kendim için yeterliyim."

"Hayatım için minnet doluyum."

"Hayat için heyecanlı hissediyorum."

"Hayat bir macera ve içinde romantizm var."

"Kalbimi yaşamanın zevkine nasıl açacağımı biliyorum."

Vianna: Paranın hayatına gelmesine nasıl izin vereceğini öğretme iznim var mı? Sevmenin zevkine sahip olmaya ve etrafındaki insanlar tarafından sevilmeye? Düşmesinler diye koyduğun bariyerleri bırakmaya? Duygusal olma özgürlüğüne sahip olmayı ve ruh eşine hayatına gelmesi için izin vermeye?

Danışan: "Evet."

Vianna'dan Sınıfa: "Artık bolluğa sahip olmaya hazır mı? Hayatının o yönde ilerleyebileceğini kabul etti, şimdi bekleyip göreceğiz. Bolluğun geleceği bilgisine sahip olup olmadığına ve bolluktan çok kolay korkup korkmadığına baktım. Neden ona bolluğa sahip olmanın çok kolay olduğu bilgisini verdik? Çünkü hepimiz her şeyin bir amacı olduğuna ve onlara layık olduğumuza inanıyoruz. Eğer bir şeyin çok kolay olduğunu hissedersek ona layık olmadığımızı hissedebiliriz. Şimdi bolluk ona kolayca gelince kendini garip hissetmeyecek."

"Bu seansı bitiriyoruz ve danışanın iyi olduğunu görebiliyorum, ama biraz gergin... Hayatınızın radikal olarak değişeceğini bilmek daima yeni duygular doğurur."

"İnanç Çalışması seanslarında Yaratıcı'nın size ne dediği konusunda dikkatli olmalısınız. Sadece danışanınızın size dediklerini dinleyemezsiniz. Aynı zamanda yukarıya, Yaratıcı'ya çıkıp, kişinin neye ihtiyacı olduğunu sormalısınız."

Kazma Çalışması Seansı Örnek 11 - Diyabet

Bu seans Sezgisel Anatomi sınıfında bir kadınla yapıldı.

Vianna: "Neyin üzerinde çalışmak istersin?"

Danışan: "Diyabetim. Diyabetim babam ölünce ortaya çıktı. Çok üzgün ve kızgındım çünkü onu senelerdir görmemiştim. Onunla geçmişteki meseleleri kapatmak için iki ay geçirmek üzere Brezilya'ya gittim. Bazı şeyleri; bana ve kardeşlerime neden o şekilde davrandığı gibi, açıklama konusunda korktuğunu biliyordum. Bana neler söyleyeceğini merak ediyordum ve onunla konuşma fırsatına sahip olamadan öldü. Öldüğünde 72 yaşındaydı ve hiçbir sağlık sorunu yoktu. Bütün bunlar hakkında çok kötü hissettim. Birden bir kalp krizi geçirdi ve öldüğünde konuşma şansı bulamamıştım. Bu durumda kendimi çok kötü hissettim. Sonra doktorlar bana diyabetim olduğunu söylediler. Sinir hasarı yüzünden bacaklarımda hissizlik var. Ayaklarımı hissedemiyorum ve denge sorunları yaşıyorum. İnsülin kullanmak zorundayım ve durmadan kilo alıyorum. Günde dört kez insülin kullanıyorum; yemeklerden önce ve uyumadan önce."

Vianna: "Kendini baban tarafından yenilgiye uğratılmış gibi hissediyor musun? Seninle konuşmaktan kaçınmayı başardığı için onun kazandığını düşünüyor musun?"

Benden sonra tekrar et:

"Bezmiş hissediyorum." (Kas Testine "Evet")

"Diyabetin tedavisi yoktur." (Kas Testi "Evet")

"Ben bir savaşçıyım." (Kas Testi "Evet")

"Diyabet beni güçsüzleştiriyor." (Kas Testi "Evet")

"Diyabet beni yenilgiye uğratıyor." (Kas Testi "Evet")

Vianna: Bunları söylediğin zaman nasıl hissediyorsun?"

Danışan: "Bilmiyorum. Bazıları beynimden düşünceymiş gibi geçmiyor ama bazılarını hissedebiliyorum."

Vianna: "Babanla aranda hâlâ çözülmesi gereken bir şeyler var mı?"

Danışan: "Ona söylemek istediğim her şeyi bilmiyor."

Vianna: "Bu konu hakkında nasıl hissediyorsun?"

Danışan: "Hayal kırıklığı içindeyim. Nasıl hissettiğimi ona söylemek benim için çok önemliydi."

Vianna: "Eğer yapabilseydin ona ne söylerdin?"

Danışan: "İyi bir baba olmadığını ve genel olarak insanları sevmediğini. Bencildi ve hep kendini düşünürdü. Beni ve erkek kardeşlerimi incittiği için ona kızgındım."

Vianna: "Babana olan öfken üzerinde çalışacağız. Öfken karaciğerinde olduğu için oradan çalışacağız. Babana olan öfkeni eriteceğiz. Bu öfke kendini ondan koruman için yaratılmıştı. Hastalık tarafından yenilgiye uğratılmış hissediyorsun, o kadar ki yaşamaktan vazgeçmek istiyorsun. Sana yenilmediğini ve diyabeti yenebileceğini öğretmem için iznim var mı? Çünkü baban öldüğü sırada yapmak üzere olduğun şey buydu: gücünü geri almak. Bütün bunları yapmak için iznim var mı?"

Danışan: "Evet."

Vianna: "Babanı affetmek istiyor musun? Benden sonra tekrar et: Babamı affedebilirim." (Kas Testine "Hayır" yanıtını verir.)

Vianna: "Ona duyduğun bu öfke sana ne verdi?"

Danışan: "Bana ondan farklı olmam için güç verdi. O hayatını zengin olmak için harcadı, ben enerjimi insanlara yardım etmek için harcıyorum."

Vianna: "Yani bu öfke sana onun tam tersi biri olma konusunda yardım etti. Sen bunu diğer insanları sevmek için kullandın. Yoluna bu kadar kızgın olmadan devam etmek ister misin? Bu duygunun gitmesi için hazır mısın? Hadi onu, senin ona öfkeli olma zorunluğunu yerine getirme görevinden serbest bırakalım. "Babama karşı öfke dolu olmadan yaşamanın nasıl hissedildiğini biliyorum" Hissini ister misin? Buna iznim var mı?"

Danışan: "Evet."

Vianna: "Eğer o bu zorunluluktan kurtulursa, sen de kurtulursun. Bazen hayatımızda negatif bir rol oynadığını düşündüğümüz insanların aslında pozitif bir role sahip olduklarını görürüz. Ben sana babanı affetme Programı ya da başka yeni bir program vermedim. Sadece seni bu anlaşmazlığı sürdürme zorunluluğundan kurtardım. Benden sonra tekrar et: Babamı affedebilirim."

Danışan: "Babamı affedebilirim." (Kas Testine "Evet" yanıtını verdi.)

Vianna: "Gördüğüm gibi hissin eklenmesiyle Program kendini değiştirdi. Bilsen de bilmesen de, babana olan öfken seni bugün olduğun güzel insan yaptı. Pankreasına ve karaciğerine baktığımda, onların şimdi daha farklı çalıştıklarını görüyorum. Baban tarafından kötü muameleye maruz kaldığın için, sen herkese saygıyla davrandığından emin oldun. Şimdi belki bedenine iyileşme izni verebilirsin. Benden sonra tekrar et: "Babama öfkeliyim." (Kas Testine "Hayır" yanıtını verdi.) "Babamdan nefret ediyorum." (Kas Testine "Hayır" yanıtını verdi.) "Babamı sevebilirim." (Kas Testine "Evet" yanıtını verdi.) "Bedenine yediği gıdalardan besini nasıl alacağını öğretme iznim var mı?"

Danışan: "Evet."

Vianna: "Şimdi özgürsün ve ondan nefret etmek yerine, babanı ne kadar çok özlediğini hissedebilirsin. Bu onu, senin gözlerinde daha iyi biri yapmıyor ama şimdi güzellikler içinde yaşayabilir ve diğer insanların yardımlarını kabul edebilirsin. Daha üzerinde çalışacak başka şeyler de var ama şeker seviyen düştü ve şimdi hipoglisemiye girmemek için dikkatli olmalısın. Önümüzdeki günlerde şeker seviyelerini yakından gözlemlemelisin.

Vianna'dan Sınıfa: "Bir danışana insülin kullanmayı bırakmasını asla söylemeyin. Şekerinin dengelendiğini görünce doktoru bunu zaten yapacaktır."

Kazma Çalışması Seansı Örnek 12 -Böbrekler

Vianna: "Bana kendinden bahset."

Danışan: "Ben bir müzisyenim. Hep seyahat ettim ve yaptığım işte en iyilerden biriydim. 2000 yılında Brüksel'deydim ve bir gece hasta hissettim. Daha yeni sahneden inmiştim ve doğruca hastaneye gittim çünkü idrarımı yapamıyordum. Bana iltihap olduğu söylendi, bir çeşit nefrit.

"Doktorlar bana 'Böbreklerin iki sert taş gibi,' dediler ve bana iyileşmem için antibiyotik ve homeopatik bir şeyler verdiler. Bunun ardından kendimi gayet iyi hissettim ve seyahat etmeye devam ettim. Geçen sene, turnelerimden birinden dönüyordum ve eve dönerken uçakta bir başka böbrek yetmezliği daha yaşadım. Diyalize girmek zorunda kaldım. Semptomlar basitti: Sık sık tuvalete gitmek zorunda hissediyordum ama çok az idrar yapabiliyordum. Hâlâ diyalize devam ediyorum."

Vianna: "Tamam, hadi bir organlarına bakalım. Sebep bakteriyel mi virütik mi bilmiyorum ama tonuna bakılırsa bir virüs. Bu sorun evde eşinle daha fazla kalmana sebep oldu mu?"

Danışan: "Evet."

Vianna: "Hâlâ çok seyahat ediyor musun?"

Danışan: "Evet. Artık daha zor ama hâlâ ediyorum. Haziranda hastalandım. Temmuzda İtalya'daydım ve ağustosta Küba'da. "Vianna: "Seyahat etmeyi bırakmak istediğini hissediyorum. Bu doğru mu?"

Danışan: "Evet, bu uzun süredir istediğim bir şey çünkü bütün dünyayı dolaştım. Hep hareket halinde olmaktan yoruldum."

Vianna: "Bu beni Şifalanma için hazır olup olmadığın konusunda meraklandırıyor. Âşık olduğunu hissediyorum ve eşinle kalıp dinlenmek için seyahat etmeyi bırakmak istiyorsun. Onunla beraber olmayınca kendini sudan çıkmış balık gibi hissediyorsun değil mi?"

Danışan: "Hastalığım nedeniyle kendimi evde, seyahatteyken olduğumdan daha güvenli hissediyorum."

Vianna: "Eğer iyileşecek olursan başına gelecek en kötü şey nedir?"

Danışan: "En kötü şeyin ne olacağını hayal edemiyorum."

Vianna: "Eğer müziğine ve işine dönecek olsan nasıl hissederdin?"

Danışan: "Müzik benim tutkum ve hayatım ama kendi çalışma takvimimi oluşturma konusunda özgür olmak istiyorum."

Vianna: "Belli bir takvime göre çalışmak zorunda mısın?"

Danışan: "İş anlaşmalarımdan dolayı uzun yıllar boyunca seyahat etmek zorundaydım."

Vianna: "Sana hem başarılı olup hem de eşinle istediğin kadar vakit geçirebileceğini öğretebilir miyim?"

Danışan: "Evet."

Vianna: "Neden hastasın?"

Danışan: "Hep sahneye çıktım. Ne kadar yorgun olduğumun hiç önemi yoktu, hep seyahat ediyordum. Sonra farklı ülkelere gitmek için olmak zorunda olduğum aşılar vardı... Sanırım çok sayıda sebep var."

Vianna: "Bu hastalık daha fazla rahatlaman gerektiğini anlamanda yardımcı oldu. Eğer iyileşirsen bu rahatlama hissini devam ettirebilir misin?"

Danışan: "Evet bunu isterim ama yapabilir miyim emin değilim."

Vianna'dan Sınıfa: "Zıtlığı görüyor musunuz?"

Vianna'dan Danışana: "Hastalanmadan nasıl rahatlayacağını ve hem rahatlayıp hem de tutkunu yaşayabileceğini öğretme iznim var mı? Stres olmadan nasıl yaşanır öğrenmek ister misin? Tutkunu, eşini ve kendini, stres altında hissetmeden sevebileceğini bilmek ister misin?"

Danışan: "Evet."

Vianna: "Benden sonra tekrar et: "Bu hastalığın gitmesine izin vermeye hazırım. (Kas Testine "Evet" yanıtını verir.) "Bu hastalığın bana öğreteceği her şeyi öğrendim." (Kas Testine "Evet" yanıtını verir.)

Vianna'dan Sınıfa: "Bu İnanç Çalışması seansı ona pek çok yoldan yardımcı oldu ancak daha fazla seansa ihtiyacı var."

Vianna'dan Danışana: "Şimdi Şifa kabul etmeye hazırsın."

Kazma Çalışması Seansı Örnek 13 – Taciz

Vianna: "Neyin üzerinde çalışmak istersin?"

Danışan: "Babam dört yaşımdan beri beni taciz etti. Beni hep korkuttu ve ondan nefret ettim. O herkesi korkuttu, annemi, kız kardeşimi, erkek kardeşimi ve beni. Beni hep incitti ve ona durmasını söylediğim her defa öfkelenip beni odama kilitledi. Beni sözleriyle taciz etti ve annemle beni dövdü."

Vianna: "Tamam... Şimdi ona karşı nasıl hissediyorsun?"

Danışan: "Artık ondan nefret etmiyorum ama bunun için çok çalışmam gerekti."

Vianna: "Annene karşı nasıl hissediyorsun?"

Danışan: "Beni korumaya çalıştı ama bu gerçek bir koruma değildi çünkü kendi de incinmek istemiyordu. Annemi hep ağlarken izledim ve Tanrı'ya ona yardım etmesi için dua ettim, çünkü annemi seviyordum ve babamın onu öldürmesini istemiyordum."

Vianna: "Yani Tanrı'ya kızgın mısın?"

Danışan: "Öyle hissetmiyorum."

Vianna: "Beyninin nasıl düzelttiğini görüyor musunuz? Babasına karşı hisleri konusunda gerçekten çalışmış ama annesine yardım edemediğini hissediyor."

Danışan: "Tanrı'dan anneme yardım etmesini istedim ama hiçbir şey olmadı. Babamdan nefret etmedim, sadece çok kızgın hissettim."

Vianna: "Boynunda kırmızı noktalar görünüyor."

Danışan: "Bugün bile hâlâ babam annemi taciz ediyor. Siz nasıl *hissederdiniz?*"

Vianna: "Babanı durduramaz mısın? Durum hakkında güçsüz hissetmeye devam ediyorsun."

Danışan: "Beni gerçekten üzen şey erkek kardeşimin de kendi oğluna aynı şekilde davrandığını görmek oldu."

Vianna: "Benden sonra tekrar et:

"Anneme yardım edemem."

"Anneme hiç kimse yardım edemez."

"Tanrı bile anneme yardım edemez."

(Bütün bunlara Kas Testinde "Evet" yanıtını verdi.)

"Neden annene karşı bu şekilde hissediyorsun?"

Danışan: "Çünkü babamın onu suistimal etmeye devam etmesine izin veriyor."

Vianna: Bu davranışı kabul ediyor musun?"

Danışan: "Hayır."

Vianna: "Annen onunla bu konu hakkında konuşunca sana ne diyor?"

Danışan: "Günde iki ya da üç kere beni arayıp babamın ne kadar deli olduğunu söylüyor. Örneğin, eğer yemek zamanında hazır değilse ya da patatesler olması gerektiği şekilde hazırlanmamışsa çıldırıyor."

Vianna: "Hayatın sen dört yaşından beri bu şekilde olduğunu söyledin. Hatırladığın ilk şey nedir?"

Danışan: "Babam işten eve gelmişti ve çok kızgındı. Korkmuştum, bu yüzden dolaba saklandım. Hatırladığım tek şey annemin çığlıkları ve babamın bağırışları."

Vianna: "İlk defa bu kadar korkmuştun değil mi?"

Danışan: "Evet."

Vianna: "Şu anda başka neler hissediyorsun, annene yardım edemeyecek kadar güçsüz olmak dışında?"

Danışan: "Kapana kısılmış hissediyorum. Her şey kötüye gidiyor. Eve gelince babamın ruh hali değişiyor ve başka insanların etrafında çok iyi davranıyor ve onu seviyorlar. Yaptıklarından ve yapmaya devam ettiklerinden dolayı ona çok kızgınım."

Vianna: "Ama sana bu şekilde davranmasına izin vermiyorsun, değil mi?"

Danışan: "Hayır. Şimdi Noel zamanı eve annemi görmeye gittiğimde babama sarılmayı başarabiliyorum."

Vianna: "Kırmızı noktalar annen hakkında konuştuğun zaman beliriyor."

Danışan: "Onun için üzülüyorum, babamı terk edemiyor."

Vianna: "Bana şu anki hayatlarından bahset."

Danışan: "O her zaman sinirli ve ben anneme yardım edemiyorum."

Vianna: "Durum hakkında sanki gerçekten öyle hissetmiyor gibi konuşuyorsun. Annen babanın sana zarar vermesine izin verdi mi?"

Danışan: "Annem ondan korkuyor. O sadece hayatta kalmak istediğini söylüyor ve o ortamdan çıkmayacak."

Vianna: "Bu durumun annenin yetiştirilme tarzıyla alakası var mı?"

Danışan: "Bilmiyorum. Onun yeterince güçlü olduğuna inanmıyorum."

Vianna: "Benden sonra tekrar et:

"Kendim ve annem için güçlü olmak zorundayım."

"Babama beni incitmesi için izin vermeliyim, böylece anneme zarar vermeyecek."

"Ben annemin annesiyim." (Hepsi için Kas Testine "Evet" yanıtını verdi.)"

Vianna: "Birinin çocuğu olmanın ne anlama geldiğini biliyor musun?"

Danışan: "Hayır, bilmiyorum."

Vianna: "Hiç küçük bir çocuk oldun mu?"

Danışan: "Hayır, olmadım."

Vianna : Benden sonra tekrar et: Herkesten ve herşeyden saklanmak zorundayım. (Kas testine "evet" der.) Hiç güvende hissettin mi?

Danışan: Şimdi güvende hissediyorum.

Vianna: Evde güvende olmanın ne demek olduğunu biliyor musun?

Danışan: "Hayır bilmiyorum."

Vianna: "Ben bir anneyim ve eline dokunduğum zaman asla bir kız evlat olarak sevildiğini hissetmediğini fark ettim, hiç gerçek bir yuvanın sıcaklığını hissetmediğini ve hayatın boyunca anneni koruduğunu." Sana bir çocuk olmanın nasıl hissedildiğini ve sıcak bir yuvada yaşamanın ve güven dolu hissetmenin nasıl hissedildiğini öğretme iznim var mı? Bu annen üzerinde de aynı etkiye sahip olabilir."

Danışan: "Evet."

Vianna: "Benden sonra tekrar et:

"Annemi kurtarabilirim." (Kas Testine "Evet" yanıtını verir.)

"Annemi kurtarmak zorundayım." (Kas Testine "Hayır" yanıtını verir.)

Vianna: "Annene o durumdan kurtulması gerektiğini söylemezsin çünkü o bunu istemiyor ama sen kendini bu durumun dışında sayabilirsin. Sence bir erkeğin normal bir ilişkide bir kadına nasıl davranması gerektiğini biliyor mu?"

Danışan: "Hayır, bilmiyor."

Vianna: "Neden ona söylemiyorsun?"

Danışan: "Şimdiye kadar çoktan bilmesi gerekirdi."

Vianna: "Anne ve baban için hiç umut var mı?"

Danışan: "Hayır, yok."

Vianna: "Annen için umutlarını kaybettin."

Danışan: "Kaybetmek zorundaydım."

Vianna: "Neden?"

Danışan: "Çünkü ona yardım etmeye çalıştığımda beni dinlemedi."

Vianna: "Seni hiç dinledi mi?"

Danışan: "Hayır."

Vianna: "Neden?"

Danışan: "Çünkü dinlemek istemiyor."

Vianna: "Hiç dinlediği biri var mı?"

Danışan: "Hayır, yok."

Vianna: "Biri seni dinlemek istemediği zaman sinirleniyor musun?"

Danışan: "Evet."

Vianna: "Annen zeki bir kadın mı?"

Danışan: "Hayır, değil."

Vianna: "Benden sonra tekrar et: 'Babamdan nefret ediyorum.' (Kas Testine "Evet" yanıtını verir.) Bu inanç neden hâlâ burada? Bunu bıraktığını sanıyordum. Benden sonra tekrar et: 'Babamın anneme yaptığı şeyden nefret ediyorum. Annemden nefret ediyorum çünkü anlamıyor. Aptal insanlardan nefret ediyorum.' (Bütün bunlar için Kas Testinde "Evet" yanıtını verir.)

Vianna: "Babandan ne öğrendin?"

Danışan: "Babam bana bu tarz davranışlara tahammül etmek zorunda olmadığımı öğretti. Ben güçlüyüm."

Vianna: "Baban sana bu tarz davranışlara tahammül etmek zorunda olmadığını öğretti. Annen bu mesajı anlamadı ve ona bu yüzden kızgınsın. Annen babanla ilgili soruyu onun ruhsal sorunları olduğu şeklinde çözdü, ama sen hala daha annenin tepkisine kızgınsın. Eğer seni duyabilseydi annene ne derdin?"

Danışan: "Ona babamı terk etmesini söylerdim, çünkü babam ona saygı duymuyor. O şekilde davranılmak hoşuna mı gidiyor?"

Vianna: "O bir kurban mı? Annene sırf durumunu kabul ettiği için mi kızgınsın?"

Danışan: "Ona babamı terk etmesini söyledim, ama bana kalmak zorunda olduğunu söyledi. O bir kurban. Babam kurbanlardan nefret eder ve ben de nefret ederim."

Vianna: "Benden sonra tekrar et:

"Annem zayıf biri."

"Kurbanlardan nefret ederim."

"Güçsüz insanlardan nefret ederim."

"Bence onlar gülünçler."

"Ben asla zayıf olmayacağım."

"Zayıf insanların benden faydalanmasına izin vermeliyim."

"Annem zayıf biri."

"Annem bir kurban."

"Babam insanları suistimal eden biri." (Hepsi için Kas Testine "Evet" yanıtını verdi.)

Vianna: "Sana zayıf insanların senden faydalanamayacağını ve onları affedebileceğini öğretmek için iznim var mı?"

Danışan: "Evet."

Vianna: "Benden sonra tekrar et:

"Annemi kurtarmak zorundayım."

"Annemle konuşabilirim." (Her ikisi için de Kas Testine "Evet" yanıtını verir.)

Tacize göz yummadan ve özgürce nasıl yaşayacağını sana öğretme iznim var mı? Genetik Seviyede bu annene de yardımcı olacak."

Danışan: "Evet."

Vianna: "Baban yüzünden sen güçlü bir kadınsın. Benden sonra tekrar et: Ben bir kurbanım. (Kas Testine "Hayır" yanıtını verir.) Annenden nefret etmiyorsun ama ona, kurbanlara ve kendine kızgınsın. Bu Yüklemeler sayesinde bütün bu Programlar eridi."

Danışan: "Dört yaşındayken babamın önünde kapıyı çarptım. Çok korkmuştum."

Vianna: "Hâlâ o korkuyu hissediyor musun?"

Danışan: "Evet."

Vianna: "Eğer baban seni dolapta yakalarsa başına gelecek en kötü şey nedir?"

Danışan: "Beni dövebilir ve bağırabilir."

Vianna: "Ya daha kötüsü?"

Danışan: "Ondan nefret etmek zorunda kalırım."

Vianna: "Ve eğer ondan nefret edersen ne olur?"

Danışan: "Çocukken onun öldüğünü görmek istedim."

Vianna: "Daha sonra ne olurdu, baban öldükten sonra?"

Danışan: "Huzurun ne olduğunu bilirdik."

Vianna: "Benden sonra tekrar et: 'Babam hayattayken huzur içinde yaşamanın nasıl hissedildiğini biliyorum.' (Kas Testine "Hayır" yanıtını verir.) 'Huzurun ne demek olduğunu babam ölünce bileceğim.' (Kas Testine "Evet" yanıtını verir.)

Vianna: "Bu Programları değiştirme ve huzur Hissini Yükleme iznim var mı?"

Danışan: "Evet."

Vianna: "Dört yaşındayken baban suratına kapı çarptığın için sana kızdı. Şimdi bunun hakkında nasıl hissediyorsun?"

Danışan: "Korku gitti. Huzurlu hissediyorum."

Vianna'dan Sınıfa: "O şimdi hafif ve mutlu."

Kazma Çalışması Seansı Örnek- 14 Bir Sözü Tutma

Vianna "Neyin üzerinde çalışmak istersiniz?"

Adam: "Doğduğum yerden alındığım için hayatımın önemli bir kısmı silindi ve o zamana dair hiçbir şey hatırlamıyorum. Sanki köklerim kesilmiş gibi. Avustralya'da doğdum ve son zamanlarda oraya geri dönmek için güçlü bir istek hissediyorum ama sebebi ne bilmiyorum."

Vianna: "Peki neyi özlüyorsun?"

Adam: "Orada yaşayan bir arkadaşımı."

Vianna: "Adı ne?"

Adam: "Bilmiyorum, hatırlamıyorum."

Vianna: "Görünüşü nasıldı?"

Adam: "Küçük bir çocuktu, beraber büyüdüğüm bir Aborjindi."

Vianna: "Ailesi kimdi?"

Adam: "İki kız kardeşi olduğunu hatırlıyorum."

Vianna: "Pekâlâ, hiç bir şey hatırlamadığını söyledin ama çok şey hatırlıyorsun! Ona geri döneceğine söz verdin mi?"

Adam: "Evet, ayrılmadan önce."

Vianna: "Ve kalbin hâlâ o çocukla iletişim içinde mi?"

Adam: "Evet, bağlantımızı koparmadık."

Vianna: "Bu senin için ne anlama geliyor?"

Adam: "Bilmiyorum, galiba beni bekliyorlar."

Vianna: "O şimdi kaç yaşında?"

Danışan: "Kırk beş yaşında olmalı."

Vianna: "Senin ne zaman geri dönmeni bekliyor?"

Danışan: "Ona ne kadar zaman alacağını söylemedim."

Vianna: "Ama eğer geri gidip bakabilseydin, aranızda kararlaştırdığınız yaş kaç olurdu?"

Adam: "Elli yaşına girdiğimizde. Aklıma gelen ilk sayı bu."

Vianna: "Benden sonra tekrar et: 'İkimiz de elli yaşına girince dönmek üzere anlaştık.' (Kas Testine "Evet" yanıtını verdi.) O zamana ait bir ruh parçası senin ruhuna takılmış. Bunu o zamana geri verelim mi? Bir ruh parçası istemediğin müddetçe seni verdiğin sözü tutmaya mecbur edemez. Geri dönmek istiyor musun? Bu parçayı tutmak istiyor musun?"

Danışan: "Evet."

Vianna: "Benden sonra tekrar et:

"Sözümü yerine getirmeye mecbur bırakılıyorum."

"Onu yerine getirmek istiyorum."

"Doğum haklarımı geri kazanmak için o ülkeye geri dönmek zorundayım." (Bütün bunlar için Kas Testine "Evet" yanıtını verdi.) "*Avustralya'ya geri dönmeden ruh parçalarımı geri istiyorum.*" (Kas Testine "Hayır" yanıtını verdi.)

Vianna: "Bu anıdan huzur hissediyor musun?"

Adam: "Bir hafiflik hissediyorum."

Vianna: "O zamanı düşünmek kendini iyi hissettiriyor mu?"

Adam: "Evet."

Vianna: "Anılarını hatırlamana yardım etmesi için Yaratıcıdan yardım isteyebilir miyim?"

Adam: "Evet, isteyebilirsin."

Vianna: "Arkadaşının adı ne?"

Adam: "Ryan sanırım, ama emin değilim."

Vianna: "Ve soyadı?"

Adam: "Bramma gibi bir şey."

Vianna: "Eğer geri dönersen arkadaşını bulabileceğini düşünüyor musun?"

Adam: "Evet, öyle zannediyorum."

Vianna: "Avustralya'ya dönünce ne olacak? Sen mi arkadaşını bulacaksın yoksa o mu seni bulacak?"

Adam: "Sanırım birbirimizi bulacağız."

Vianna: "Bence siz zaten nerede ve ne zaman buluşacağınızı kararlaştırdınız. Kalbin şimdi daha hafif mi?"

Adam: "Evet öyle ama ağrı şimdi daha yukarıda hissediliyor."

Vianna: "Orada ne hissediyorsun? Nasıl bir ağrı bu?"

Adam: "Hafif bir ağrı, bence bu geri dönmek için verdiğim söz."

Vianna: "Avustralya'dan ayrılman için seni baban mı zorladı?"

Adam: "Evet. Kız kardeşim ve ben kalmak için elimizde gelen her şeyi yaptık ama en sonunda babamın ölmek üzere olan dedemi görmesi için ayrılmak zorunda kaldık. Sonra İtalya'da kaldık. Neden geri dönmediğimizi bilmiyorum."

Vianna: "Benden sonra tekrar et: 'Beni buraya getirdiği için babamdan nefret ediyorum.' (Kas Testine "Evet" yanıtını verir.) Bu hissi bırakmak istiyor musun?"

Adam: "Evet."

Vianna: "Benden sonra tekrar et: 'Babamdan beni Avustralya'dan ayrılmak zorunda bıraktığı için nefret ediyorum.' (Kas Testine "Hayır" yanıtını verir.)

Adam: "Arkadaşıma verdiğim sözü tutabilirim." (Kas Testine "Evet" yanıtını verir.)

Vianna: "Dünyanın her yerinde çalışmaya ve pek çok ülkede pek çok eve sahip olmaya hazır mısın?"

Adam: "Evet, hazırım."

Vianna: "Bence sen çok seyahat edeceksin. Evli misin?"

Adam: "Daha önce evliydim."

Vianna: "Göğsünün üst kısmındaki ağrı yok oldu mu?"

Adam: "Sol tarafta daha hafif ama sağ taraftaki devam ediyor."

Vianna: "Bu babandan geliyor. Benden sonra tekrar et: 'Babama beni incitmesi için izin vermek zorundayım.' (Kas Testine "Hayır" yanıtını verir.) 'Babam beni hayatta geride tutuyor.' (Kas Testine "Evet" yanıtını verir.)

Vianna: "Bu senin için ne anlama geliyor?"

Adam: "Kendimi korumanın bir yolu."

Vianna: "Avustralya'ya gitmeni baban mı engelliyor?"

Adam: "Geri dönüp baktığımda onunla benim Avustralya'ya geri taşınmam arasında bazı bağlantılar görebiliyorum."

Vianna: "Benden sonra tekrar et: 'Avustralya'ya geri gitmekten korkuyorum.' (Kas Testine "Evet" yanıtını verir.)"

Vianna: "Neden korkuyorsun?"

Adam: "Belki de oraya takılı kalmaktan korkuyorum."

Vianna: "Yani eğer bir kez gidersen orada kalmak zorunda olacağını düşünüyorsun. Orada bulacağın şeyden hayal kırıklığına uğramaktan mı korkuyorsun? Bunun için Yaratıcıyı mı suçluyorsun?"

Adam: "Çoğu zaman terk edilmiş gibi hissederim ve başıma gelen şeyler için Yaratıcı'yı suçlarım."

Vianna: "Sana şu Programları verme iznim var mı?

"Tanrıya nasıl güveneceğimi biliyorum."

"Babama nasıl güveneceğimi biliyorum."

"Eve güvenle varacağın kavramına?"

Adam: "Evet."

Vianna: "Ağrı şimdi nerede?"

Adam: "Gitti."

Kazma Çalışması Seansı Örnek 15 – Aşk

Vianna: "Birisine âşık mısın?"

Genç Kadın: "Evet, âşığım."

Vianna: "Bu senin için bir ilk mi?"

Genç Kadın: "Evet, ilk defa bu şekilde âşık oluyorum."

Vianna: "Bugüne kadar kaç kez âşık oldun?"

Genç Kadın: "Üç kez."

Vianna: "Bu defa farklı olan nedir?"

Genç Kadın: "Ben farklıyım."

Vianna: "Bana hissettiğin bu aşktan bahset."

Genç Kadın: "Bence o bugüne kadar hayal ettiğim erkek."

Vianna: "Peki öyleyse sorun nedir?"

Genç Kadın: "Bana beni sevdiğini söyledi ama korkuyorum. Belki ilişki yürütmeyi bilmiyorum. Korkunç bir şey olacağından korkuyorum."

Vianna: "Nasıl korkunç bir şey olabilir?"

Genç Kadın: "Beni terk edebilir."

Vianna: "Daha sonra ne olur?"

Genç Kadın: "Öfkeli ve harap hissederim."

Vianna: "Peki sonra?"

Genç Kadın: "Ondan geri dönmesini isterim."

Vianna: "Ve sonra?"

Genç Kadın: "Bir şey öğrendiğimi düşünüyorsunuz?"

Vianna: "Peki korktuğun şey nedir?"

Genç Kadın: "Kendimi tamamen bırakacağımdan korkuyorum."

Vianna: "Benden sonra tekrar et:

"Kendimi bırakmaktan korkuyorum."

"Sevmekten korkuyorum."

"Eğer çok seversem insanlar beni terk eder." (Kas Testine "Evet" yanıtını verir.) Hep böyle miydi?"

Genç Kadın: "Evet."

Vianna: "Her gününü hiçbir şeyden korkmadan yaşamak ister misin?"

Genç Kadın: "Evet, isterim."

Vianna: "Benden sonra tekrar et: 'Eğer beni çok severlerse onları terk ederim.' (Kas Testine "Evet" yanıtını verir.) Hadi bu Programı da değiştirelim. İznim var mı?"

Genç Kadın: "Evet."

Vianna: "Sen sevgiden ve Yaratıcı'nın sevgi tanımından korkuyorsun. Eğer onunla kalırsan ve gelecek otuz yılı beraber geçirirsen ne olur?"

Genç Kadın: "Mutlu olurdum."

Vianna: "Bu mutluluktaki sorun nedir?"

Genç Kadın: "Terk edilmekten korkardım. Belki onu tatmin edemezdim."

Vianna: "Neden?"

Genç Kadın: "Onun için yeterince iyi değilim."

Vianna: "Ne demek istiyorsun? Daha önce hiçbir erkekle uzun süreli ilişkin oldu mu?"

Genç Kadın: "Evet, oldu."

Vianna: "Peki ne oldu?"

Genç Kadın: "Artık birbirimizi sevmediğimiz için bitti."

Vianna: "Şimdi uzun bir aşk hikâyesini sürdürmeyi biliyor musun?"

Genç Kadın: "Evet, sanırım biliyorum."

Vianna: "Terk ettiğin adamdan nefret ediyor musun?"

Genç Kadın: "Ondan nefret etmiyordum ama onunla tekrar karşılaşınca rahatsız oldum. Şimdi iyiyim."

Vianna: "Şimdi sevdiğin adamı diyelim ki on yıl sonra terk etmekten korkuyor musun?"

Danışan: "On yıl sonra değil bir hafta sonra bile terk etmekten korkuyorum."

Vianna: "Neden?"

Genç Kadın: "Yeterince iyi olmadığımdan ve onu tatmin edemeyeceğimden korkuyorum."

Vianna: "Yeterli olduğun hissiyle nasıl yaşayacağını öğrenmek ister misin? Kendini hiç yeterli hissettin mi?"

Genç Kadın: "Hayır. Bütün hayatım boyunca böyleydi."

Vianna: "Yeterli olduğunu hissederek nasıl yaşayacağını, özgürce, kendini ifade ederek nasıl davranabileceğini bilmek ister misin? Hadi sana uyumlu olduğunuzu ve birbirinizi sevebileceğinizi öğretelim."

Genç Kadın: "Evet!"

Vianna: "Şimdi nasıl hissediyorsun?"

Genç Kadın: "Gayet iyi"

Vianna: "Benden sonra tekrar et: 'Bu ilişki benim büyümeme katkıda bulunabilir.' (Kas Testine "Evet" yanıtını verir.) 'Bu adamı özgürce sevebilirim. Onun sevgisini özgürce kabul edebilirim.' (Her ikisi için de Kas Testine "Evet" yanıtını verir.)

Vianna: "Bazen korkularımız sevgiyi bizden uzak tutar. Şimdi nasıl hissediyorsun?"

Genç Kadın: "Hafif hissediyorum."

Vianna'dan Sınıfa: "Bütün bu yeni duygulardan hâlâ biraz korkuyor ama zamanla onlara alışacak."

Vianna: "Vücudun hakkında ne düşünüyorsun?"

Genç Kadın: "Görünüşüme bakmakta zorlanıyorum. Şişmanım ve varisli damarlarım var, bu yüzden bacaklarıma bakmamaya çalışırım. Yüzmeyi ve deniz kıyısını çok severim ama bedenimin mayo içindeki görünümüne dayanamıyorum. Sevgilim çirkin olmamı umursamıyor ama ben umursuyorum."

Vianna: "Eğer kendini bir bütün olarak kabul edersen ne olur?"

Genç Kadın: "Bu çok fazla olur."

Vianna: "Kimin için?"

Genç Kadın: "Ailem için. Ben babam için bir tehlikeydim."

Vianna: "Bu senin için ne anlama geliyor?"

Genç Kadın: "Bana karşı sertti ve birden çok kez ondan kaçtım. Eğer çok güzel olursam annem beni kıskanır. Eğer çok kadınsı olursam bu doğru olmaz."

Vianna: "Benden sonra tekrar et:

"Çok kadınsı olmaktan korkuyorum."

"Çok kadınsı olmak yanlış." (Kas Testine "Evet" yanıtını verir.)

"Gerçek bir kadın olursam güvendeyim."(Kas Testine "Hayır" yanıtını verir.)

Vianna: "Bir kadın olarak yaşamak ve güvende olmak ister misin? Hem güzel olup hem de babandan güvende olmayı?"

Genç Kadın: "Evet."

Vianna: "Ondan kaçtın... Bu ne anlama geliyor?"

Genç Kadın: "Hiçbir şey. Onu sevdim ve yaptığım şeyden dolayı suçlu hissettim."

Vianna: "Ne yaptın?"

Genç Kadın: "Hiçbir şey."

Vianna: "Suçlu hissetmeden yaşamak ister misin? Kocanı bir baba olarak seviyor musun?"

Genç Kadın: "Evet."

Vianna: "Benden sonra tekrar et: 'Ben güzelim. Eğer güzel olursam kocamı terk ederim.' (Kas Testine "Evet" yanıtını verir.) "Seçim şansına sahip olmak ister misin? Hem güzel olup hem de birbirinizin ruhlarını sevdiğiniz için kocanla kalabileceğini sana öğretebilir miyim?"

Genç Kadın: "Evet."

Vianna: "Benden sonra tekrar et: 'Kocamla kalmak için şimdi olduğum gibiyim. Kocam eğer çok güzel olursam onu terk edeceğimden korkuyor.' (Her ikisi için de Kas Testine "Evet" yanıtını verir.)

Vianna: "Sana "Bacaklarım güzel" ve "Vücudum güzel" Hislerini Yüklemek için iznim var mı?"

Genç Kadın: "Evet."

Vianna: "Şimdi nasıl hissediyorsun?"

Genç Kadın: "Daha iyi. Ama tam anlamıyla iyi değilim."

Vianna: "Güzel hissetmeyi seviyor musun? Sana yeni Hisler öğrettiğim için kalbin korktu."

Genç Kadın: "Güzel olma hakkına layık olup olmadığımı bilmiyorum. Güzel insanları hep yargıladım."

Vianna: "Güzel insanların aptal olduklarını düşünüyor musun?"

Genç Kadın: "Şey, hayır, ya da belki evet, öyleler! Belki aptal değiller ama insanlar onların dış görünüşlerinden etkilenirler, kimse zekâlarını umursamaz. Biri hem güzel hem de iyi bir şifacı olamaz."

Vianna: "Güzellik seni korkutuyor mu? Kadınlar diğer güzel kadınlardan korkar mı?"

Genç Kadın: "Hayatım boyunca diğer kadınlarla rekabet içindeydim. Eğer zekâmı olduğu gibi ortaya koyarsam kazanamamaktan korkuyorum."

Vianna: "Benden sonra tekrar et: "Eğer güzel olursam insanlar beni ciddiye alırlar. (Kas Testine "Hayır" yanıtını verir.) "Eğer güzel olursam erkekler bana şifalanmak için değil başka sebepler için gelirler." (Kas Testine "Evet" yanıtını verir.) Sana "Hem erkek danışanlarım tarafından saygı görebilir hem de güzel olabilirim" ve "Saklanmadan nasıl yaşanacağını biliyorum" Hislerini ve Programlarını vermem için iznim var mı?"

Genç Kadın: "Evet."

Vianna: "Şu anda gerilmiş olduğunu görüyorum, neden?"

Genç Kadın: "Belki seks nedeniyledir. Annem bir rahibe olmamı istemişti."

Vianna: "Tamam, bir bakalım... Benden sonra tekrar et: 'Ben bir rahibeyim.' (Kas Testine "Evet" yanıtını verir.) 'Eğer güzelsem seks yapmak yanlıştır.' (Kas Testine "Evet" yanıtını verir.)

Genç Kadın: "Seks beni huzursuz, rahatsız, garip hissettiriyor."

Vianna: "Seks neden seni bu şekilde rahatsız ediyor?"

Genç Kadın: "Reddedilmekten ya da aptal yerine konmaktan korkuyorum. Seks yapmak için karşımdaki insana tam anlamıyla güvenmeliyim."

Vianna: "Seks hakkında nasıl iyi hissedeceğini sana öğretebilir miyim?"

Genç Kadın: "Evet."

Vianna'dan Sınıfa: "Bir eş ya da şifacı olmak arasında seçim yapmak zorundaymış gibi hissediyor."

Vianna'dan Danışana: "Hem bir eş hem de bir şifacı olarak güzel olma hissinin sana verme iznim var mı?"

Genç Kadın: "Evet."

Vianna: "Şimdi nasıl hissediyorsun?"

Genç Kadın: "Harika hissediyorum. Hafiflemiş! Teşekkür ederim."

Okuyucuya not: Bu seans bir sınıfta olduğu için bazı konular bu seansta konuşulmadı. Hangileri olduğunu anlıyor musunuz?

8
Yedi Varoluş Seviyesi

Varoluş Seviyeleri evrenin görünen ve görünmeyen güçleridir. Bunlar sadece fiziksel ve "bilinen" evrenden ibaret değillerdir, aynı zamanda bilimsel açıklamalara meydan okuyan gözle görülmeyen güçlerden de oluşurlar. Bunlar o kadar muazzamdır ki insan zihninin onları anlaması için, zihnin soyut durumda olması gerekir. Zihnin Teta-hali, Her Şeyin Yaratıcısı aracılığıyla bu açıklanamaz güçleri, oldukları görkemli halleriyle algılayabilmemizi sağlar. Aynı zamanda Varoluş Seviyelerini algılamak Her Şeyin Yaratıcısı'nın ihtişamını anlamamızı sağlar.

ThetaHealing tekniği ile ilgili olarak, Yedi Varoluş Seviyesi kavramı bana Gerçek Yasası tarafından gösterildi. Yedi Varoluş Seviyesi bize dünyanın fiziksel ve spiritüel seviyelerde nasıl ve neden çalıştığını anlamamız için ve bunun bizimle nasıl alakalı olduğu konusunda kavramsal bir araç sunar. Seviyeler, insanlığın gelişimi için bir araya gelmiştir ve inanç sistemlerimizin engellerine rağmen kozmik bir düzende beraberce ahenk içinde doğal olarak çalışırlar. Bazı durumlarda, varoluş seviyelerinin enginliği zihnimizi beyin şekerine uğratarak baştan çıkarılabilir.

Her varoluş seviyesinin, en iyi şekilde titreşim olarak tanımlanabilecek, kendine has bir enerjisi vardır ve kendine has durumları, kuralları, yasaları ve yükümlülükleri vardır. Burada, her seviyenin özelliklerinin kısa bir özeti vardır. Önümüzdeki bölümlerde onları daha derinden inceleyeceğiz.

Birinci Seviye

Birinci Varoluş Seviyesi Dünyadaki bütün organik olmayan materyalleri kapsar, bu gezegeni meydana getiren bütün elementlerin en ham hallerini ve Periyodik Tabloda bulunan bütün atomların karbon bazlı olanlara bağlanmazdan önceki hallerini içerir. Bunlar mineraller, kristaller, toprak ve taşlardır. Toprağın her bir parçasını kapsar, inorganik durumda, en küçük kristalden en büyük dağa kadar.

İkinci Seviye

İkinci Varoluş Seviyesi organik maddeleri, vitaminleri, bitkileri, ağaçları, perileri ve elemantelleri kapsar. Bu seviyenin moleküler yapısı, karbon molekülünün ilk yapılarını kapsar, bu yüzden organik maddedir. Mineraller organik değildir ve vitaminler organiktir; hepsi de yaşamın oluşması için gereklidir.

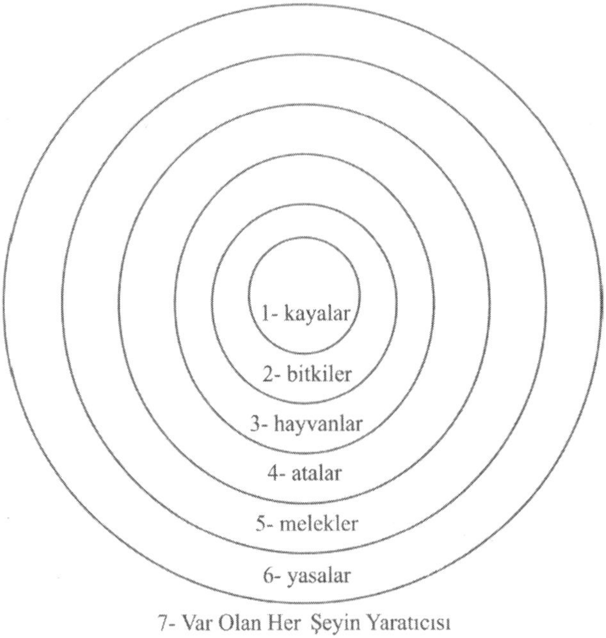

Üçüncü Seviye

Bu seviye, hayvanların ve insanların olduğu yerdir. Bir dereceye kadar bu gerçekliği kendi kullanımımız için biz yarattık. Bu Seviyede duygular, içgüdüsel istekler, tutkular tarafından yönetilmek ve fiziksel dünyada insan bedeninde olma gerçekliği gibi zorluklara sahibiz. Bu protein bazlı yaşam formlarının seviyesidir.

Dördüncü Seviye

Dördüncü Varoluş Seviyesi ruhların âlemidir, insanların öldükten sonra yaşadıkları ve atalarımızın beklemek için gittikleri yerdir. Bu sebeple bazılarının "ruh dünyası" dediği yerdir.

Beşinci Seviye

Bu en yüksek dualitenin olduğu seviyedir. Yüzlerce dereceye ayrılmıştır. Düşük derecelerinde negatif varlıklar bulunur ve yüksek derecelerinde ise melekler âlemi, ruh ailelerine danışmanlık yapan on ikiler meclisi, ruh ailelerinin kendileri, üstadlar ve kutsal ruhlar bulunur.

Altıncı Seviye

Zaman Yasası, Çekim Yasası, Yerçekimi Yasası, Işık Yasası gibi ve Evrenin dokusunu oluşturan daha pek çok Yasanın bulunduğu seviyedir.

Yedinci Seviye

Bu, Var Olan Her Şeyin Yaratıcısı'nın Seviyesidir. En yüksek tezahürler, anında şifalar ve okumalar için ve en yüksek yaratımlar için kullandığımız seviye budur. Burası güvenlik ve sevgi dolu yerdir ve "bu sadece böyledir".

SEVİYELERE BAĞLANMAK

Sezgisel olan kişilerin, yeteneklerini geliştirdikçe, varoluş seviyelerinin enerjilerine bağlanmaya başladıklarına inanıyorum. DNA aktivasyonunun faydalarından biri kişiye Varoluş Seviyelerine bağlanma ve içinde hareket etme yeteneği vermesidir. Vücudumuzdaki her bir DNA zinciri 100.000'den fazla farklı fonksiyonu kontrol eder. Bu yüzden DNA aktivasyonu ile uyanmış yeni DNA zincirinin neşe, sevgi ve diğer duygular gibi sadece belirli şeylerle ilgili olacağını varsaymak saçma olacaktır. Her yeni çift kromozom Varoluş Seviyesine yeni bir anlayış, yeni bir alan ekler; Her Şey Olan ile "bağlantılı olmak" tabirine yeni bir anlam yükler.

Her bir Varoluş Seviyesi, araştıranlara, kendi içinden filtrelenmiş ilahi bir vizyon verir. Dinlerin bu şekilde ortaya çıktığına inanıyorum. Varoluş seviyesiyle bağlantı, araştırmacıya seviyenin bilincini ve inanç sistemini yansıtır, bu da daha sonra yazılı metin haline dönüşür. Her seviyenin güzelliğine ve görkemine, inanç sistemine, güçlerine ve şifa yeteneklerine hayran oluruz.

Bütün varoluş seviyelerinden etkileniriz. Biz biraz mineral ve biraz bitki krallığıyız çünkü onları tüketiyoruz; hayvan krallığının bir parçasıyız çünkü bedenimiz var, ruhlar aleminin bir parçasıyız çünkü ruhumuz var. Ve evrensel yasalara göre yaşadığımızdan, Altıncı Varoluş Seviyesine bağlıyız.

Öyleyse, mineral eksikliği dolayısıyla hasta olmuş olabilirmisiniz? Evet. Ama, mineral eksikliğinizin sebebi, onu absorbe etmenize engel olan bir duygusal program olabilir. Eksikliği olan minerali almaya devam ederken, duygusal programın üzerinde çalışacak mısınız? Sonuç olarak, evet. Ama çok fazla şeye bağlıyız, hatta atalarımıza, onlar bizim DNA geçmişimizle bağlantımızdır, bu sebeple, hep beraber olduğunuzu düşündüğünüzde, genetik olarak aktarılan programları da temizliyor olabilirsiniz.

TANRI KAVRAMI

Pek çoğumuzun Tanrıya inanmak için genetik yatkınlık taşıdığı öne sürüldü, bir nevi "Tanrı Geni". Söz konusu yatkınlığın, hayatta kalma faydasının olabileceği göz önünde bulundurulunca, bu hiç de şaşırtıcı değil. Bu faydalar büyük ihtimalle göze çarpmaz ama zor zamanlarda Yaratıcı'ya inanç duymaktan ve onunla iletişim kurmaktan daha fazla ne işe yarar? Bu iletişimde hepimizin içinde olan ilahi öze bağlanırız ve onu fiziksel dünyaya getirerek hayatlarımızı zenginleştiririz.

Tarih boyunca insanlık, Tanrı arayışı içinde olmuştur. Tanrı'yı algılayışımız yaşadığımız evden, toplumdan, dinden ve yakın zamandan beri de modern bilimden gelen etkilere dayanarak ve sürekli olarak değişmektedir. Bilim kavramı ille de Tanrı'ya *karşı* değildir ve bu şekilde tasarlanmamıştır. Onlar Tanrıya ya da dine karşı "isyanda" değildir. Bilim basittir: açıklanabilir gerçek aracılığıyla evrenimizin gözlemlenmesidir. Tanrı kavramı kendi içinde bir bilim olarak algılanabilir; spiritüel olan evrenin gözlemlenmesi ve her zaman fiziksel nedenselliğe bağlı olmaktan ziyade düşünce ve inancın görünmeyen özüne bağlı olan bir bilim.

Bazıları Tanrı'ya inancın, ölümü açıklama girişimi ve ahiret için umut olduğunu söylerler. Öldüğümüz zaman bir hiç haline geleceğimize dair olan yaygın bir endişe var gibi görünür. İnsanlarda gördüğüm en yaygın spiritüel korku "Hiçbir şey korkusudur." Bu inancın, yüzeysel ve maddesel dünya görüşünden kaynaklandığına inanıyorum. Bence bu hayalgücü ya da kendini sevme yoksunluğudur. Benim görüşüme göre "Hiçbir şey" haline gelmeyiz. O zaman siz "Peki öyleyse ölünce nereye gidiyoruz?" diye sorabilirsiniz. Ben, bir kez fiziksel dünyadan ayrılınca pek çoğumuzun evrimin bir üst seviyesine aktarıldığımıza inanırım. Bu yüksek seviyede yeteneklerimiz, hâlâ Üçüncü Seviyede bulunanlar için bir şeklide tanrısal olarak algılanabilirler.

Öğrencileri Yedinci Seviyeye çıkardığımız zaman onları kendi içlerine, mesaj taşıyan nöronlara götürdüğümüze inanırım. Her bir atomun içinde bulunan atomik enerjiye giderler. Bunu yaparak öğrencinin zihni bir farkındalık ile uyarılır... her bir molekül, her bir atom ve atom altı parçacıkla bağlantılı enerji ile kendilerinin de bağlantılı oldukları farkındalığına. Yükselmenin ilk adımı budur.

Bu içsel farkındalık sayesinde aramızda süregelen büyük mücadeleye artık ihtiyaç duymadığımızı fark edeceğiz ve dualite savaşı sona erecek. Evrenin devasa gücü içimizde, odaklanmış düşünce yoluyla onu bulmamızı bekliyor. Bu gücü bir kez tanıdığımız zaman, günlük yaşamımızın küçük evrenine akacak ve Varoluş Seviyeleri aracılığıyla Yedinci Seviyenin uçsuz bucaksız evrenine doğru genişleyip, birlikte yaratım haline gelmek için Her Şeyin Yaratıcısı'na ulaşacaktır.

Geçmişte, her seferinde bir Varoluş Seviyesini deneyimleyerek ve onun mesajını anlayarak öğrendiğimize inanıyorum. Beşinci Varoluş seviyesinin mesajının koşulsuz sevgi olduğuna inanıyorum. Altıncı varoluş seviyesinin mesajının saf gerçek ve belki de şefkat olduğuna inanıyorum. *İnanıyorum ki, şimdi kendi hayatlarımızın beraber yaratanı olma zamanımızdır, bilinçle, uyanık ve farkında olarak.*

SEVİYELERİN ALGILANMASI

Bizim varoluş seviyelerini algılamamız spiritüel gelişimimize yada titreşim seviyemize bağlıdır. Yani, ilk altı varoluş seviyesinin enerjisinin algısı kişiden kişiye değişecektir. Örneğin, iki farklı kişi Beşinci Varoluş Seviyesindeki belli bir meleğe bağlanırsa, bu iki kişi kendi zihinlerinin gözüyle meleği farklı algılayabilir. Bu farkın sebebi aynı meleğin özünün farklı kişilerce farklı algılanmasıdır çünkü hepimizin farklı bir titreşimi vardır. Meleğin özü aynıdır, ama bizler farklıyızdır. Yani, iki farklı insanın algısında doğru ya da yanlış yoktur, sadece farklı titreşimler vardır.

Tüm varoluş seviyelerinin kendine özgü belli frekansları ve şifa enerjileri olduğunu anlayın. Püf noktası, her birinden aktarılan güçleri, onlar tarafından tüketilmeden nasıl kullanacağını bilmektir. Varoluş Seviyelerinde ustalaşmak için, kundalinimizin yavaşca uyandırılması gerekir, herşeye rağmen yine de uyanmışsa bile.

Tam kontrollü Theta beyin dalgasında daha derinleştikçe, bizim için Yedinci Seviyedeki Var Olan Her Şeyin Yaratıcısı aracılığıyla seviyelere erişmek doğal hale gelecektir.

9
Yedinci Seviye

Yedinci Seviye yaratımın saf enerjisidir; her şeyi kapsar. Burası saf bilgeliğin yeridir; yaratıcı enerjinin, saf sevginin, anda şifaların, tezahürlerin ve en yüce gerçeğin yeridir. Diğer varoluş seviyelerini oluşturan odur; Var Olan Her Şeyin atom altı kaynağıdır. Yaratımın atomunun çekirdeğidir. Yaşamı yaratan elektronları, protonları ve nötronları bulundurur. Bu parçalar tüm yaşamın kaynağıdır.

Yedinci seviyedeki Varolan Her Şeyin Yaratıcısı aracılığıyla, anda şifalar anda doğruluk ve anda sonuçlar yaratılır. Şifalar Yedinci Seviyeden yapıldığında ilk altı varoluş seviyesini kontrol eden sözleşmeler ve durumlara uyma zorunluluğumuz olmaz.

Her Seviye, bu gezegendeki her erkeğin, kadının ve çocuğun bilinçsiz zihninde var olan bir program olarak bulunan ince bir perdeyle ayrılmıştır. Yedinci Seviyeye çıktığımızda, bu perdeyi nasıl indireceğimizi öğrenerek *ayrı* olmadığımızı hatta tüm seviyelerle bağlı olduğumuzun farkına varırız. Zihin (bilinçaltı seviyede) bu sıçramayı yaptığında (sadece konuşarak değil ama bunu bizzat yaşayarak), seviyeler tezahürler yaratmak ve fiziksel bedeni iyileştirmek için kullanılabilir. Bu insanlık tarihinde ilk kez varoluş seviyelerinin hepsinin aynı anda açılışıdır.

YEDİNCİ SEVİYEYİ ANLAMAK

Yedinci Seviyeyi anlamaya ulaşmak için öncelikle ilk altı varoluş seviyesinin, sadece oranın sakinleri tarafından yaratılmış ilüzyonlar olduğunu fark etmelisiniz. Saf gerçek Yedinci Seviye ve varolan her şeyi hareket ettiren, iç içe geçiren ve birleştiren Var Olan Her Şeyin Yaratıcısı'dır. Bazı öğrencilerim bu enerjiye 'Kutsal Ruh' der ve bazılarıda 'Kaynak' diye hitap eder. Ben ona 'Var Olan Her Şey' diyorum, atomun kendisinin saf enerjisi protonun parçaları. Ona ne dediğinizden bağımsız olarak, saf niyetiniz, Theta dalgası ile kullanıldığında saf sevginin enerjisine ulaşmada kesinleştirici faktördür.

Yedinci Seviye enerjisi ile birlikte, her seçimin bilinçli olarak farkındasınızdır. Drama, kaos ve kargaşa gibi lüzumsuz küçük şeylerle vakit kaybetmezsiniz. Sorunlar özeleştiri olmadan değiştirilir. İnançlar anında değiştirilebilir. Bu seviyenin anlayışına bir kere ulaştığınızda, yaratılışın bilgisine erişirsiniz.

Yedinci seviyeyi kullanırken, bunun sizin yaratım yeteneğinizi hemen arttıracağını anlamak zorundasınız. Bu sebeple negatif düşüncelerden vazgeçmek önemlidir, böylece onları yaratmazsınız.

Yeminler, zorunluluklar ve programların tümü bizim Yedinci Seviyeye ulaşmamızı ve bu sebeple Varoluş seviyelerinde ustalaşmamızı engelleyebilir.

YEDİNCİ SEVİYEYİ KULLANMAK İÇİN TEMİZLENMESİ GEREKEN SÖZLER VE ZORUNLULUKLAR

Bunlar pek çoğumuzun sahip olduğumuzdan bile haberi olmayan sözlerdir.

"Tanrı ile bağlantı kurabilmem için ölmek zorundayım."

"Tanrı ile bağlantı kurabilmem için acı çekmek zorundayım."

"Tanrı'ya sevgimi kanıtlamam veya Tanrı'yı memnun etmek için ölmek zorundayım."

"Spiritüel olarak gelişmek için acı çekmek zorundayım."

"Spiritüel olarak gelişmek için ölüp geri dönmek zorundayım."

SİZİ YEDİNCİ SEVİYEYE ULAŞMAKTAN ALIKOYAN PROGRAMLAR:

"Gücüme sahip olmaktan korkuyorum."

Şununla Değiştirin: "Kendi gücümün olmasının nasıl hissedildiğini anlıyorum" ya da "Kendi gücümle güvende hissediyorum."

"Tanrı'ya yakın olmak için yalnız olmalıyım."

Şununla Değiştirin: "Birini sevebilirim ve aynı zamanda şifacı olabilirim" ya da "Tanrı'ya sadık olabilirim ve aynı zamanda bir eşim olabilir."

"Tanrı'ya yakınlaşmak için duyularımdan birini kurban etmek zorundayım (görme ya da duyma gibi)."

Şununla Değiştirin: "Bedenim, zihnim ve ruhumla ahenk içindeyim ve bütün duyularıma sahibim."

YEDİNCİ SEVİYEDEN ŞİFA

Şifacılar Yedinci Seviyeye bağlandıklarında ve Yaratıcı'nın enerjisinin şifasına tanıklık ettiklerinde, şifa yapılmış olur. Bu kadar basittir.

Bu seviyede çalışan şifacılar, danışanın özgür iradesine saygılı olmaları gerekliliğine ve kendi inançlarının şifayı engelleme ihtimaline rağmen, anda şifalar gerçekleştirebilirler. Yine de, bu seviyede hastalık basitçe mükemmel sağlığa dönüştürülebilir. Diğer seviyelerin aksine, şifacı seviyenin titreşiminden yorulmaz, bu seviye insan titreşimini mükemmel hale getirirken, şifacıyı sevgiyle sarar.

Bu enerjiyi kullanan şifacılar kendilerini mükemmel sağlığa yükseltirler. Diğer bütün Seviyeleri, onların sözlerine ve bağlılıklarına tabii olmadan kullanabilirler. Düşüncelerini nasıl kontrol edeceklerini öğrendiklerinde onları korkuya bağlı tutan sınırlayıcı inançlarını temizleyen anında tezahürlere sahip olurlar.

Bazı Şifacılar Tanrı'nın Tanrı'sına gidecekleri düşüncesiyle bu Seviyeyi kullanmaktan korkarlar ama Yaratıcı sizin sadece Her Şey Olanın bir parçası olarak, ayrılık olmadan, doğuştan gelen hakkınıza adım attığınızı söyler.

10
Altıncı Seviye

Altıncı Seviye'ye büyük boşluk denir. Bu Seviye Yasalardır. Evrenimizi, galaksimizi, güneş sistemimizi, dünyamızı ve hatta bizi yöneten Yasalar vardır. Tüm diğer seviyeleri yöneten Yasalar vardır. Aslında hepsinin beraber var olmasına rağmen, farklı Varoluş Seviyeleri arasındaki hayalî ayrımın sebebi bu Yasalardır.

Yasaların ruha benzer, yaşayan, hareket eden bir özü, bilinci vardır. İnsanlığın titreşimini yükseğe taşımak için, tarih boyunca Yasalara kanallık yapmış insanlar oldu. Plato, Aristoteles, Leonardo Da Vinci, Newton, Galileo, Tesla ve Einstein gibi isimlerin hepsi bu yetenekle doğmuştur. Örneğin Tesla Manyetizma Yasasına ve Elektrik Yasasına kanal olmuştur.

YASALARI DAVET ETMEK

Yasalarla ilk deneyimimi, oturma odamda dev yüzler formunda yaşadıktan birkaç gün sonra, merakım arttı ve onlarla deney yapmaya karar verdim. İlk kez bir Yasa ile konuştuğumda onun ne olduğunu bilmediğim için çok korkmuştum. "Aklımı kaybettim!" diye düşünmüştüm. Böylece yaşadığım şeyin gerçek olduğunu kendime kanıtlamak için ona geri gelmesini söylemeye karar verdim, bu sayede onu arkadaşlarımla tanıştırabilecektim. Benim ve iki arkadaşımın gözü önünde ortaya çıkınca arkadaşlarımdan bir bayıldı, diğeri ise odanın içinde hareket eden parlak ışık küreleri gördü.

Merakım iyice arttı. Ofisime ekstra oda yapmak için gönüllü olmuş, on yedi kişi ile bir deney yapmaya karar verdim. Psişik fenomenler hakkında konuşmaya başladık ve konu Yasalara geldi. Böylece pek çoğu, bu tip bir deneyim için o kadar da açık fikirli *olmayan bu kişilerin* deneyimlemesi için, Yasaları oraya çağırmaya karar verdim.

Bunu yaptığım zaman Yasalar kendilerini odanın etrafında süzülen ışık topları olarak gösterdi. Bu olduğu zaman odadaki insanların çoğu uykuya daldı. Hâlâ uyanık olanlar ışıkları gördüler ve içlerinden biri Yasalarla konuşmak istedi. Odada zıplayıp duran ışık kürelerinden memnun değildi ama sebep Sonuç hayranı olduğu için, Sebep-Sonuç Yasasının bu Seviyeye gelmesini istedi.

Bu Yasa çok büyük bir kuvvetle benim bedenime geldi. Üzerimde kendimi sanki yavaş yavaş eziliyormuşum gibi hissettiren inanılmaz bir ağırlık hissettim. Yasa, grupta hâlâ uyanık olanlarla konuşmak için bedenimi kullanmaya başladı. Kendimi işlemden ayrı hissettim, olanları dışarıdan izliyordum.

Yasayı test etmek için gruptakilerden biri ona, "Duygu nedir?" diye sordu. Yasa onlara duygunun ne olduğunu bildiğini göstermek için beni boğmaya başladı. Maviye dönmeye başladığımda yakın arkadaşlarımdan olan Mark beni kurtarmaya geldi. Mark Yasaya vücudumu terk etmesini emretti. Yasa beni bıraktı ve tekrar derin derin nefes almaya başladım.

Yasayı alanıma almak beni neredeyse öldürüyordu. Bu sayede, bilinci Altıncı Seviyeye göndermenin ve yasalarla konuşarak bilgi almanın kabul edilebilir olduğunu anladım. Yasaları, bir ya da daha fazlasını, bu seviyeye davet etmenin hiç de iyi bir fikir olmadığını anladım. Bu enerjiler bütün evreni hareket ettiren şeydir. O kadar inanılmaz güçleri vardır ki, insan bedeninin bir Yasanın içindeki tüm güçten faydalanması zordur. Kısacası, bu enerjilerin alanınıza girmesine izin vermeyin. Bu varlıklarla her zaman Yedinci Varoluş Seviyesi aracılığıyla konuşmalısınız.

ALTINCI SEVİYEDEN YAPILAN ŞİFALAR

Şifalarda tonlar, renkler, rakamlar, manyetizma, kutsal geometri, Dünya'nın manyetik ızgarası, astroloji ve numeroloji kullanıldığı her defa, şifacı Altıncı Varoluş Seviyesinin Yasalarına bağlanır. Burada bedeni mükemmel bir şekilde dengeleyen tonların bilgisi vardır; herhangi bir virüsün titreşimini değiştirebilecek olan tonun bilgisi. Altıncı Seviyenin felsefesi "Bozulmuşsa Tamir Et"tir.

Varoluşun Altıncı Seviyesini kullanan şifacılar bir illüzyonda yaşadıklarını ve illüzyonlarını yönettiklerini bilirler. Büyümek ve gelişmek için artık kendilerine ceza vermeye ihtiyaçları olmadığını bilirler. İyi ve kötü arasındaki savaş bu Seviyede bertaraf edilmiştir ve yerine saf gerçek koyulmuştur.

Theta çalışması yaparken dokunacağınız Yasalar'dan biri, hayatınız boyunca size yardım edecek olan, Gerçek Yasasıdır.

Bir Yasayı aktif hale getirmek için ilk önce Yedinci Seviyeye gitmelisiniz. Eğer bir Yasanın enerjisine onu kullanmak ve uygulamak için çapa atmak istiyorsanız ilk önce Yasanın adını sormalısınız. Yasanın adı, o Yasayı aktive edecek ton ya da titreşimdir. Ardından enerjinin, titreşimin ve bilginin size gelmesini beklersiniz.

İnsanlığın yaşam deneyimlerinin bilgisinin tutulduğu, Kayıtlar Salonuna ulaşmayı öğrendiğimiz yer de Altıncı Seviyededir. Salona giriş yaptığımızın vizyonunu düzgün bir Teta-Delta durumunda yaratırız.

ALTINCI SEVİYENİN VORTEKSLERİ

Yıllar önce Guy ile çıkmaya başladığımız ilk zamanlarda onu görmek için Roberts, Idoha'ya giderdim. Roberts bölgesinin özellikle kışın kendine has, garip bir havası vardır. O bölgede bulunan Snake Nehri sis oluşumuna yol açar ve sis bazen öylesine yoğun olur ki araba kullanmak zorlaşır. Bunun sebebi güneşin havayı ısıtması ve nemin Snake Nehri üstünden yükselmesidir. Sıcaklık birden düşünce göle yakın bölgelerde sis oluşur. Bir medyum için sis, pek çok psişik fenomeni görmeyi kolaylaştıran bir portal görevi görür.

Roberts bölgesi, özellikle de o zamanlar Guy'ın yaşadığı yer ürkütücü bir yerdi. Evine giden yol büyük büyükbabası oraya yerleştikten sonra Stibal Patikası adını almıştı. Efsaneye göre Basset'ten Stibal Patikasına giden daha geniş yolda bir Kızılderili mezarlığı vardı. O bölgedeki insanlar Stibal Patikası boyunca eski Kızılderili kıyafetleri giyen hayaletler görmüşlerdi. Özellikle de Snake Gölü nedeniyle sis oluşunca başka acayip, tuhaf şeyler de görülmüştü. Bir akşam Guy ve ben tuhaf bir manzarayı kendimiz gördük

Aşağıdaki hikâye eşim Guy Stibal tarafından anlatılmaktadır.

1997'nin kışında Vianna ile yeni tanışmıştık ve görüşmeye başlamıştık. Ayrı evlerde yaşıyorduk ve fırsat buldukça bir-

birimizi ziyaret ediyorduk. Ben bir çiftlikte çalışıyordum ve Vianna da okumalar yapıyordu; bu yüzden ikimiz de çok meşguldük. Sırayla birbirimizi ziyaret ediyorduk ve Roberts bölgesine özgü o sisli akşamlardan birinde, ziyaret sırası Vianna'daydı.

Gecenin geç vaktinde Vianna'nın o zamanlar hamile olan kızı Bobbie'nin yanına gitmek için evden ayrılması gerekti. Yeni bir aşkın ilk zamanlarını yaşıyorduk ve onunla biraz daha fazla vakit geçirmek için Vianna ile arabasına kadar yürüdüm. Gece, onu örten yoğun sis ile tam anlamıyla çökmüştü. Arabaya doğru yürürken merak uyandıran, zayıf, parlak, dönen iki ışık sütunu gördük. Bunlar yaklaşık 15 metre yüksekliğinde iki tane yavaşça dönen enerji sütunları gibiydi ve inci beyazı, yavaş hareket eden incimsi tozdan devler gibi görünüyorlardı. Bir tanesi arabaya yakındı ve Vianna gülerek içine doğru yürüdü ve kollarını açarak onun yavaş dönüşünü taklit etti. İçinden çıkınca bana bunların, boyutlar arasında kapılar açan, vorteks - portallar olduklarını söyledi. Meraklanmıştım ama Vianna'nın bana bunları açıklayacak vakti yoktu. Arabasına bindi ve İdoha Falls'a doğru sisin içinde yol almaya başladı. Eve gidince beni aradı ve vorteksler hakkında bildiklerini bana anlatmaya başladı.

Bir vorteks boyutla, yer ve zaman arasında açılma yaratan iyonize olmuş pozitif ve negatif enerji alanıdır. Pek çok farklı vorteks vardır. Bazıları doğaldır ve diğerleri de düşünce formları tarafından veya bir ritüel sonucu yaratılmıştır.

Bir Vorteks, eğer sadece iyi bir yerdeyseniz enerjisinden faydalanarak, size büyük değişiklikler yaratma imkânı verir. Bir vorteksi deneyimlemeden önce kendi merkezinizde olduğunuzdan emin olun. Çünkü eğer değilseniz, vorteks enerjinizi farklı yönlere çekebilir. Çakra dengeleyici ya da koruyucu olarak Charoite ya da Labradorite gibi tılsımlar kullanarak kendinizi, hayatınızın planı ve misyonu içinde merkezlemeye yardımcı olabilirsiniz.

Etrafımızda farkına vardığımızdan daha fazla vorteks vardır ve hepimiz daha büyük ya da daha küçük boyutta vorteksleri içimizde ve kendimizde bulundururuz.

Vücudun sinir sistemi vorteks enerjisini hissedebilir ve hatta onu yaratabilir. Bu diğerlerinin içindeki iyiliği veya kötülüğü ortaya çıkarabilir. Şifacı, kişide temizlemesi gereken her neyse onu ortaya çıkaracak kontrollü bir vorteks olmalıdır. Ancak bu şifacı için zorlayıcı bir durum olabilir, özellikle de eğer kendi varlıkları kişide bazı sorunların ortaya çıkmasını tetikliyorsa. Eğer kişide çok fazla negatif İnanç Sistemi varsa, alanına Her Şeyin Yaratıcısı Varoluşun Yedinci Seviyesi aracılığıyla girmek önemlidir. Eğer sezgisel olan, kişinin alanına üçüncü gözünü kullanarak girerse bireysel Programları tetikler. Sezgisel, danışanın ve uygulayıcının ortaklaşa bu Programlara sahip olduklarını varsayıp, bu Programlara tepki vermeye başlayacaktır. Sezgisel bu Programları, tıpkı onların kişiye davrandığı şekilde canlandırmaya başlayabilir. Örneğin, danışanda kimsenin onu umursamadığı ve önemli biri olmadığına dair bir Program olabilir. Uygulayıcı süreçle uyum içinde olmazsa meşgul hale gelebilir ve danışan kendini ihmal edilmiş hisseder. Kişinin negatif Programdan yarattığı bu vorteks enerjisine tepki vermemek önemlidir.

Programlar tarafından yaratılmış vorteks enerjisini görmek için, kişinin alanını doğrudan üçüncü gözünüzle "görmek" için emir verin ve enerjinin kişinin etrafında dönmesini ve titreşmesini izleyin. Bu, birinin aurasını görme çalışmasına benzer biçimde yapılır.

Kontrol edilmeyen vorteks enerjisi hem kişinin hem de onun etrafındaki insanların davranışlarını etkileyebilir. Sez-

gisel kişide vücudun elektriksel nabzı ki bu bir vorteks enerjisidir, yanardöner, ultraviyole ışığın vücudun sinir sisteminden bırakılmasına sebep olabilir ve zihin-beden-ruh dengesini değişik biçimlerde etkileyebilir. Bu farklı yollarda kendini tezahür eder. Arılar size çekilir, elektrikle çalışan aletler etkilenir ve ruhlar size kendilerini gösterebilir. Bunun gibi zorluklarla başa çıkmak için enerjinizin dengeli olması emrini verin ve etrafınıza gelen arada kalan, tutarsız enerjilerin Tanrı'nın ışığına gönderilmesini emredin.

11
Beşinci Seviye

1998 yılında işlerim artmaya başladığında ofise kapanıp uzun saatler boyunca çalışıyordum. Okuma yapmak için bütün gün ofisimde kapalı kalmak beni biraz melankolik bir hale sokuyordu. Ender olarak verdiğim aralardan birinde özlem içinde pencereden dışarı bakıp yapmak istediğim şeyleri ve gitmek istediğim yerleri düşündüm. Bir saatlik yemek aram vardı, böylece o yerlere başka bir şekilde gitmeye karar verdim; kısa süreliğine de olsa meditasyon yaparak.

Arkadaşım Chrissie'den benim için kristal dizimi yapmasını istedim. Kristal dizimi, kişinin zihin gözü yoluyla başka yere ve zamana gittiğini hayal etmesine yardım etmek için tasarlanmış yönlendirmeli imgeleme tekniğidir. Çalışmalar için kullandığım masaj masasına uzandım ve Chrissie kristalleri vücudumun etrafına dizdi. Ellerini başıma koydu ve onun sakin, ritmik sesi beni uzayın ve zamanın ötesine götürdü.

Birdenbire kendimi son derece gerçekçi bir vizyonun ortasında buldum. Sanki bedenen gerçekten ordaymışım gibi kendimi koyu renk ahşap mobilya ile döşenmiş, mahkeme salonuna benzer bir yerde buldum. Bu mahkeme salonunun etrafında ışıktan oluşmuş gibi görünen ihtişamlı kadınlar ve erkekler dizilmişti. İçlerinden biri öne çıktı ve bana "Geç kaldın. Gel ve ön tarafta yerini al," dedi.

"Ah!" dedim, "Özür dilerim. Bedenimin içinde dünyadaydım. Mahkeme zamanının geldiğinden haberim yoktu."

Bunu söyleyerek kendimi şaşırtmıştım ama her şey anlaşılmaz ve esrarengiz bir biçimde tanıdık gelmeye başlamıştı. Daha önce orada bulunduğumu biliyordum ve bu varlıkların hepsini başka bir zamanda görmüştüm. Daha da garip olan, bir anda neden orada olduğumu anlamamdı. Varlıklardan biri beni mahkemede savunma avukatına ait olan yere götürdü. Sağ tarafımda gri pelerin giymiş uzun, beyaz saçları olan bir adam dikiliyordu. Bakışları benimle buluşunca gözleri neşeyle parıldadı. Onun eski rakibim Tanrı Odin olduğunu biliyordum. Gülümsedi ve duymanın çok güzel olduğu sesiyle benimle konuştu. Sesi, tıpkı insanın yürekten etkilendiği bir şarkıyı ilk kez duymasında olduğu gibi, içime işledi.

"Bakıyorum da bir kez daha seni insanlığın avukatı olarak görüyorum! Kısa bir anlığa da olsa gelmeyeceğini düşünmüştüm. Hep onları kurtarmaya mı çalışacaksın?"

Sesindeki sihirin tuzağına düşmedim ve bana gönderdiği hareketli tonları görmezden geldim.

"Sihir numaraların bende sökmez Odin. Her zaman olduğu gibi hep onlar için mücadele edeceğimi biliyorsun."

Aramızdaki diyalog iyiydi çünkü Odin ve ben düşman değildik... hiç olmazsa genel anlamda. İnsanlık hakkında farklı görüşlerimiz vardı diyelim... çok eskilerden beri süregelen. Gördüğünüz gibi bu varlıklar insan ırkının bakıcılarıydı. Bu yer ve zamanda insan ırkına devam etme izni verme ya da insan uygarlığını yok edip ruhlarını başka yere gönderme kararı onlara aitti. Mahkeme salonunda bulunanlardan bazıları yok etme ve yeniden başlama yanlısıydı, benim gibi diğerleri ise insanların devam etmesi taraftarıydı.

Hakim tokmağını vurdu ve "Dava başlamıştır! Saygın Tanrı Odin'in *(Odin bu övgü karşısında başını hafifçe eğdi)* görüşlerini dinleyeceğiz. O, insan ırkının şimdiki haliyle yıkılması ve en baştan tekrar kurulması ve kalan insanlık tohumlarının kötülükten, ahlaksızlıktan ve beladan temizlenip yenilenmesi için yıldızlara saçılması taraftarı.

İnsanlığın avukatı ise her zamanki gibi, insanlığın yıkılmasına karşı çıkan Tanrıçanın saygın temsilcisi." Başımı eğdim ve "Her zaman olduğu gibi bu bir zevk sayın hâkim," dedim.

"İlk önce Tanrı Odin'in insanlığın yıkımını savunana düşüncelerini dinleyeceğiz. Başlayın."

Odin gülümsedi ve konuşmaya başladı. Sesinin sihiri çekiciydi ve ikna edici bir güçle doluydu. Dinleyicilere işaret ederek ellerini açtı.

"Sayın hâkim, saygın yükselmiş Üstatlar ve en yüce Melekler! Bir kez insan ırkının esaslarını yargılamak için toplandık. Bütün insanlığın yok edilmesini, izlenecek tek yol olarak görüyorum. Dikkatinizi sadece geçmişten şu anda bulunduğumuz yere çekmek yetecek."

Mahkeme salonunun ortasında bir vorteks açıldı ve insanlığın tarihi üç boyutlu bir hologram olarak oynamaya başladı.

"Şunlara bakın! Tarımın başladığı zamandan beri savaşlar olduğunu görüyoruz. Servet, güç ve kaynak arzuları doymak bilmez bir düzeyde. 10.000 yıllık kısa bir sürede onları beslemek için elinden geleni yapan toprağı son damlasına kadar nasıl sömürdüklerini gördük. Hırsları ve kendi kazançları uğruna savaş kavramını nasıl yarattıklarına bakın. Düşüncesizce koca bir ekosistemi binlerce türle beraber yok ettiler! Başka türleri yiyecek ve yük hayvanı olarak esir ettiler. Neden yapmasınlar ki, birbirlerini bile esir ettiler! Bakın Göksel yoldaşlarım sırf kendilerini yönetmek için çok tembel olduklarından nasıl da içlerinden bazılarına kral ve kraliçe olma izni verdiklerini görün. Bu eski insanların bir zamanlar olan masumiyetten nasıl düştüklerine ve ateşin efendilerine metal çağını nasıl yarattıklarına bakın. Her şeyin ayarı işte o zaman kaçtı. Güçleri arttıkça ve teknolojileri ilerledikçe onun pençeli eli, kadınların ve erkeklerin zihinlerini, etrafındaki ve yeryüzündeki her şeye sahip olma ve hükmetme arzusu ile zehirledi.

Kulak verin! Bunlar yaptıkları en kötü şeyler değil, göze çarpmayan daha pek çok günahları var. Hepiniz biliyorsunuz ki Göksel varlıklar olarak misyonlarımız arasında bilgileri zaman zaman insanlığa götürmek de var... kadınlara ve erkeklere zenginleştirilmiş ritüeller ve semboller ile felsefe ve din olarak kutsal ilhamlar verdik; bu acınacak haldeki varlıkların kalplerini uyandırmak için. Hepiniz zahmetlerinize karşılık nasıl ödüllendirildiğinizi biliyorsunuz. Bana, onlara verdiğimiz saf haliyle bırakılan tek bir felsefenin, dinin, sihirli geleneğin adını verin! Sadece bir tane!"

Odin'in delici bakışları ve büyülü ses tonu dinleyicilere dev bir şok dalgası gibi çarptı.

"Bu mahkemede görevli olduğum bütün zaman boyunca tek bir kez bile insanlık tarihinin bir yerinde kutsal bilginin çarpıtılmadığı, ona bir şeyler eklenmediği, değiştirilmediği, bozulmadığı ve orijinal kutsal haline bağlı kalınarak kullanıldığı bir örneğe denk gelmedim. Her birinize bana saflığın ve masumiyetin yok edilmediği tek bir örnek göstermeniz için meydan okuyorum! Ah, evet tabii son 4.000 yıldır süre gelen ve iki taraftan da masum insanların katledildiği savaşları unutmayalım. Kabul etmeliyim ki savaş benim için bir zamanlar bir amaç taşıyordu... tehlikeli ve saldırgan türlerin sayısının azalması gibi. Ama şimdi görebiliyoruz ki savaşlar bile gezegendeki milyarlar ile mücadele edemiyor. Cinayet, ensest, tecavüz, çocuk tacizi, madde kullanımı ve yolsuzluktan bahsetmeme gerek var mı? Açlık çeken insanlardan ve soykırımdan söz etmeme gerek var mı? Mahkeme gerçekten devam etmemi istiyor mu? Ben insanlığın yok edilip tekrar başlatılması konusunda her şeyi gayet açık bir şekilde ortaya koyduğuma inanıyorum."

Bunun ardından Odin bana dönüp sıcak bir gülümseme ile "Senin sıran," dedi ve hologram gözden kayboldu.

Hâkim "Şimdi de ana Tanrıçanın temsilcisinin anlatacaklarını dinleyeceğiz," dedi.

İçimde gücün toparlanmakta olduğunu hissediyordum. Sanki bir şeyi tutuyormuşum gibi ellerimi başımın üstünde kaldırdım. Nabız gibi atan bir ışık ellerimde parıldamaya başladı. Ellerimde tuttuğum şeyin parlaklığından orada bulunan herkesin gözleri kararana kadar ışık büyümeye devam etti. Bir anda ellerimde güzel, küçük bir bebek tutuyordum. Bebekten incimsi bir ışıltı geliyordu ve mahkeme salonu boyunca yankılanan güçlü bir sesle konuşurken kendimi duyabiliyordum. "Peki ya *buna* ne demeli?" dedim parıldamakta olan bebeği kastederek ve herkesle göz göze gelerek salonda yürüdüm. "Ellerimde masumiyetin özünü tutuyorum!" Küçük bebek minik, gümüş topların çınlamasına benzeyen bir sesle kahkaha atmaya başladı. Bebeğin kahkahası saflığın özüyle orada bulunan herkesin kalbine dokunarak bütün salona yayıldı.

"Bakın!" dedim kurula; "Öylesine saf ve kusursuz ki! Hepimizin insanlığı savunması gerektiğine inanıyorum."

Uzunca bir süre mahkeme salonuna sessizlik egemen oldu, ta ki hâkim tokmağını vurup "Dava düşmüştür!" diyene kadar. "İnsanlık eskisi gibi varlığını sürdürecek. Zaman çizelgenize hâlâ sahipsiniz. Planlandığı gibi devam edin."

O an, kısa bir süreliğine de olsa insanlığı savunan pek çok avukattan biri olduğumun farkına vardım ve dünyayı kurtarmak için var olan milyonlarca pozitif dileğin temsilcisiydim. Bunun, bu sorumluluğu üstlenen bütün şifacıların içsel dileği olduğuna inanıyorum.

Ardından mahkeme salonundan alınıp geçmişe götürüldüm... her şeyin başladığı zamanın bilgisine. Beşinci Varoluş Seviyesindeki bizlerin, çocuklarımızı; insan ırkını, gözlemleme sorumluluğunu kabul ettiğimiz zamana.

Üstatların Çocukları

Kim olduğumuzu, neden bu gezegende olduğumuzu ve Varoluş Seviyeleriyle nasıl bağlantılı olduğumuzu anlatmak için bu basit açıklama ile başlayacağız.

Ruhlarımız, Üstatların çocukları olarak Beşinci Seviyede enerjinin özü olarak başladılar. Bir Beşinci Seviyenin üstadı, zamanı, maddeyi, atomaltı parçaları manipüle etmeyi öğrenmiş aydınlık bir varlıktır. Beşinci Seviyede çocuk olarak doğduğumuz zaman harikulade yaratıcı yeteneklerimiz vardır. Ama bu yeteneklerin kullanımı için, bütün çocuklar gibi, uygun muhakeme yetenekleri geliştirmeliyiz. Saf enerjinin çocukları olarak Beşinci Seviyeden Dördüncü Varoluş Seviyesine; ruh dünyasına, zamanın ve mekânın ötesine muazzam bir yolculuğa gönderildik. Bu yerde öğrendik, beslendik ve sevildik, ve bize yeteneklerimize göre farklı görevler verildi.

İlk önce onu tam anlamıyla anlamak için Birinci Seviyeye gönderildik; mineral krallığının moleküler yapısını öğrenmek ve organik olmayan madde ile bloklar inşa etmek için. Bu bilgi bir kez sindirildiği zaman, biz rapor vermek için Dördüncü Seviyeye geri döndük. Öğrendiğimiz her şey kayıt altına alındı. Ardından İkinci Seviyeye, üzerlerinde çalışmak için bitkiler âlemine gönderildik. Daha sonra bu deneyimleri sunmak için Dördüncü Seviyeye döndük. Aslında bazılarının peri olarak algıladığı varlıklar bu genç ruhlar olabilir.

Bu iki Seviyede ustalaştıktan sonra fiziksel bedeni öğrenmek için Üçüncü Seviyeye gönderildik. Ölümlü vücutta, karar vermeyi ve fiziksel olanın zorluklarıyla yaratmayı öğreniriz.

Fiziksel seviyeden, fiziksel bedenin üstesinden gelmeyi, zihinsel düşünceleri kontrol etmeyi öğrenir ve bize hepimizin Her Şey Olan'dan meydana geldiğimiz gerçeğini kavrama fırsatına sahip olma izni verilir.

Zihnimizin fiziksel olandan düşünceleri yansıtması yoluyla Her Şey Olan ile yaratmayı öğreniriz ve eş-yaratıcılar olarak statümüzü geri alırız. Eski bir söz şöyle der: "Düşünüyorum, öyleyse varım." Bense şöyle diyorum: "Düşünüyorum, öyleyse Her Şey Olan'ın bir parçasıyım, ya da varım, öyleyse düşünüyorum."

Varoluşun Üçüncü Seviyesi fonksiyonsuz Programların üstesinden gelme yeridir. Bu buraya gelme sebeplerinden biridir.

Bu Programların bırakmak için en iyi sebeplerden biri, onların gerçekliği tezahür ettirebilmesidir. Örneğin, bir şeye gerçekten inanırsam, onu kendime çekerim; çünkü bilinçaltı içindeki düşüncelere göre işler. Düşüncenin sinyali dışarı yansıtılır ve tüm dünya bize ona göre davranır. Örneğin, kişi bu enkarnasyonuna "Ben güçlüyüm. Cezalarla başa çıkabilirim." İnancını getirmiş olabilir ve sonra hayatı boyunca başkaları için cezalandırılır.

Üzücü olan şu ki, bu İnançla o kadar rahat olabiliriz ki buna sahip olduğumuzun ya da onun fonksiyonsuz olduğunun farkına bile varmayabiliriz. Kendi kendini yok etmeye dair bazı inançlar, kuzu kılığına girmiş kurt misali bizimle beraber olabilir; tam gözümüzün önünde saklanırlar.

Bu öğrenme döngüsü Üçüncü Seviyede ustalaşana kadar ve Beşinci Seviyeye dönme şansı verilene kadar devam eder. beşinci seviyeye yükselen herkes harikulade şeyler yapabilir çünkü olan ruhsal özlerinin Yaratıcı'dan ayrı olmadığını öğrenmişlerdir. Onlar fiziksel, zihinsel, duygusal ya da ruhsal bedenlerini nasıl canlandırabileceklerini öğrenmişlerdir.

Bu eğitim tamamlayınca, Beşinci Seviyede kontrolle ve uygun muhakeme yeteneğiyle yaratmak için spiritüel ebeveynlerimizlin yanında yerimizi alırız. Ebeveynler kendilerini hâlâ evrimleştiriyordur, gelişimin en yüksek seviyesine erişip Altıncı Seviyenin parçası olana kadar, Yedinci Seviyeyi kullanmayı öğreniyor ve ustalaşmaya çalışıyordur.

Üçüncü Varoluş Seviyesi Üstatlar çocuklarının gelişimlerini izleyebilsinler diye yaratıldı. Yakın bir zaman öncesine kadar Üstatların izlemekten başka bir şey yapmasına izin verilmezdi. Şu anda olan ise, yükselmiş üstadların, insanlığın kurtulması için çocuklarına yardım etme misyonuyla Üçüncü Seviyeye geliyor olmalarıdır.

Bu durumda, yükselmiş üstat dünyaya gelir ve bir çocuk olarak doğar. Anne karnındaki bir bebek doğal olarak ölçülemez boyutta masumiyete ve saflığa sahiptir, çünkü Yaratıcı'ya ve Her Şey Olan'a çok yakındır. Sadece bu masumiyetin saflığı aracılığıyla bir Üstadın uzun süre bir bedende bulunması mümkün olur. Bir kendini feda etme şekliyle, Üstat muazzam enerjisini yoğunlaştırıp, titreşimini düşürerek embriyonun içine yerleşir. Çocuk bir yetişkin haline gelirken, üstat yavaşça kendi doğal halinin yüksek frekansına yükselir. Bu Üçüncü ve Beşinci Seviyeler arasında yapılan evlilik biçimlerinden biridir.

Bazı Beşinci-Seviye varlıklarının o kadar muazzam bir enerjisi vardır ki, enerjilerini kapsayacak birden fazla insan bedenine ihtiyaç duyarlar ve aynı anda birden fazla insanda yaşarlar.

Bir insan bedeninde yaşamanın bazı zorlukları olabilir; bir zamanlar Üstat olan varlık yeni doğmuş bir bebek haline gelir ve bazen önceki enkarnasyonlarında kim olduklarına dair anılar baskılanır. Bu gezegene bir misyonla gelen üstadların çoğu, kim olduklarını hemen hatırlamazlar. Büyüdükçe, içinde çok daha fazlası olduğunu hisseder ama kim olduğunu hatırlamakta zorlanır. Zamanla kim ve ne olduklarını hatırlarlar. Ben onlara Gökkuşağı Çocukları diyorum.

Ama zamanın bir noktasında, misyonlarını hatırlarlar:

1. Yedinci Seviyeyi nasıl kullanacaklarını tekrar öğrenmeli ve sınırlamalarını temizlemeliler ve sonra bu işlemi öğrenmelilerdir.
2. Öğrencilerine, düşüncelerini nasıl disipline edeceklerini ve Var Olan Her Şey'e nasıl bağlanacaklarını öğretmelidirler.

Bir kez Üstadın hafızası geri gelmeye başladığında, farkına vardıkları ilk şey buraya ait olmadıklarıdır. "Yanlış ailedeyim ve bir gün doğru aile beni bulacak," ya da "Yanlış gezegendeyim," gibi garip hisleri vardır. Üstadın özlem duyduğu Ruh Ailesidir ve Üstat bu ruhsal varlıkların insan formlarını tanıştığı kişilerde arar. Pek çok kez bir insanla karşılaşırlar ve onun da burada görevde olan bir Ruh Ailesi üyesi olduğunu anlarlar. Ruh Ailesi üyelerini tanımak kuvvetli bir etki yapacaktır ve kişiye bir zamanlar yüksek frekanslı bir Ruh Ailesinde olduğunu hatırlatacak anılar geri gelecektir.

Bazı durumlarda da bu hisler ve hatıralar aynı Ruh Ailesine ait olan iki kişiyi evlilik bağı altında bir araya getirecektir. Ancak bu kişiler bilmeden birbiriyle evlenmiş kardeşler gibi olurlar. Ruh Ailesi ile Ruh Eşi arasında fark vardır. Ruh aileleri Yaratıcı'nın işini yapmak üzere bir araya toplanırlar. Fiziksel ailelerde yaşamak için bu Varoluş Seviyesine inerler. Ruh Eşleri, diğer taraftan, zamanlar ve Var Oluş Seviyeleri boyunca birbirlerine tutkuyla aşık olan kişilerdir.

ThetaHealing Ruh Ailelerini Yaratıcının işini beraber yapmaları için toplar. Onları bir araya getirmek için tasarlanmıştır.

Bu gezegende sahnelenmekte olan Varoluş Seviyeleri senaryosu diğer galaksilerdeki uygarlıklarda, oradaki Ruh Ailelerimizin dallarına da aynı şeyleri öğretmek için sahnelenmektedir.

Üçüncü Seviyedeki bizler, etrafımızdakilerin ve kendimizin daha fazla farkında olmaya başladıkça Üçüncü Seviyenin illüzyonu yok olmaya başlar. Bu, dünyanın sadece bizim oynamamız için bir hologram olarak yaratılmış olması, hologramdakilerin sadece biz olduğumuz anlamına gelmez. Ruhsal bir seviyede, hepimiz bu illüzyonun ve onun içinde beraber yaşadığımızın farkındayız, ama yine de İnanç Sistemlerimizle birbirimizden ayrılıyoruz. Burada öğrenmek için bulunduğumuz en önemli derslerden biri; kendimize ve birbirimize saygı duymaktır.

BEŞİNCİ SEVİYEDEN ŞİFA

Meleklere, Peygamberlere kanal olan ve Psişik Ameliyat yapmaları için ruhları getiren insanlar bu Seviyeye bağlanır. Bu enerjiyi kullanan şifacılar Beşinci Seviyeye ait "kurallar" tarafından kısıtlanmıştır ve çoğu zaman bir enerjiyi feda ederek şifa verirler.

Bu Seviyenin alt katmanlarında hâlâ *ego* vardır.Beşinci Seviye ile ilgili negatif Programlar, örneğin; "Cezalandırılmalıyım", "Kendimi iyileştirmek bencilliktir" ve "Her zaman kötülükle savaşmalıyım", bu Seviyeyi kullanabilmek için temizlenmelidir. (Daha fazla program ThetaHealing - Sıradışı bir enerji yaklaşımına giriş kitabında verilmiştir) Örneğin, eğer sizde, "Kötülükle savaşmalıyım" programı varsa, savaşmak üzere kötü enerjileri kendinize çekmeniz mümkündür. Bu program "Ben kötülüğe geçirmezim" ile değiştirilmelidir. Bu, dünyada hiç kötülük yok anlamına gelmez, sadece bu program onların size çekilmesini engeller. Yüklenecek diğer programlar şöyledir:

"Her zaman güvendeyim."

"Güvende olmanın nasıl hissedildiğini biliyorum."

"Öfke olmadan nasıl yaşanır biliyorum."

"İnançla yaşamayı biliyorum."

"Yaratıcının tanımından inancın nasıl hissedildiğini biliyorum."

"Korku olmadan nasıl yaşanır biliyorum."

Şifacı olmak için yalnız olmanızı gerektiren bir taahhüdünüz olmadığına emin olun; ya da güç almak için duyularınızdan birini vermek üzere veya bir başka zaman ya da yerden herhangi bir yemin ya da taahhüdünüz olmadığına (Daha fazla program *Thetahealing - Sıradışı Bir Enerji Yaklaşımına Giriş* kitabında verilmiştir). Bazı insanlar kendilerini korumalarına ya da savunmalarına izin verilmediği ile ilgili ya da insanların sizi kontrol etmelerine izin vermeniz gerektiği ile ilgili inançlara sahip olabilirler. Bu programlar çekilmeli ve değiştirilmelidir.

ThetaHealing - Sıra dışı bir enerji yaklaşımına giriş kitabında da belirtildiği üzere; şifacı Beşinci Seviyeye ilk bağlandığında, örneğin "Ben ölümlüyüm" veya "Benim sınırlarım var" programları ile Üçüncü Seviyenin sınırlarına takılırlar. Bu sınırların, bunları aşarak Beşinci Seviyeye yükselmek amacıyla oraya konduğunu hatırlamak önemlidir.

Eğer Beşinci Seviye bilinci ile çalışıyorsanız egonuz kararlarınızı etkileyebilir. Haklı olmama ihtimaline bakmayı ya da kendi üzerinizde çalışmayı reddedersiniz. Bu konuda dikkatli olun.

Beşinci Seviyenin ruhları, insanlar ve Her Şeyin Yaratıcısı arasında ara bulucu gibi görev yapar, ancak aynı zamanda dikkatli olunması gereken bir gerçek de, bu varlıkların kendi görüşlerini, kişi farkına varmadan bilgilerin arasına sokabilecekleridir ve bu da mesajları alan kişi için kafa karıştırıcı olabilir. Kişi bu Seviyeden öğrenmelidir ancak iyi ile kötü arasındaki mücadelenin ya da nihai ikiliğin dramına sürüklenmemelidir veya bu Seviyedeki varlıkların fikirlerine saplanmamalıdır.

Her Seviyenin kendine ait Gerçek versiyonu vardır, ancak en yüce gerçek Yedinci seviyedir.

Herhangi bir Beşinci Seviye ruhundan bilgi aldığınızda, yukarı çıkıp onu Her Şeyi Yaratan'a onaylatın. Yedinci Seviye bilgi almak isteyen herkese açıktır. Yaratıcı her zaman size yardımcı olacaktır.

Psişik Saldırı, Olumsuz Etkiler

Hiç psişik saldırıya uğradığınızı hissettiniz mi? Peki ya bu tarz etkilere karşı geçirmez olsaydınız? Ruhlar, negatif düşünce formları, kötü enerji, ya bütün bunlar hayatınızdan çıkıp gitseydi?

Fazla sayıda şifa ve psişik çalışma yapan insanlar bunlardan kolayca etkilenebilir. Şifacı ve danışan belli bir Varoluş Seviyesi ile meşgul olurlar ve şifada sadece o Seviyenin enerjisini kullanırlar. Şifacıların en çok kullandıkları Seviyelerden biri Beşinci Seviyedir. Bu seviye mücadele Seviyesidir; iyilik ile kötülük arasında sürekli devam eden mücadelenin yeridir. Bu mücadele Üçüncü Seviye ile, bizim Seviyemizle bağlantılıdır ve sürekli olarak sahnelenir. Peki ya bu mücadeleye ihtiyaç olmasaydı ve siz sadece "Olan" Seviyeye bağlanabilseydiniz? Ya tamamıyla koşulsuz sevgiye bağlanabilseydiniz? Her şeyin merkezinde olup, korunan ve güçlü biri olsaydınız? Ya başka birinin öfkesi siz sezgisel olarak onun nereden geldiğini görebildiğiniz için sizi etkilemeseydi ve bu anlayışla o öfkeyi dağıtabilseydiniz? Olmak istediğiniz yer burası mı? Bu enerjiler Varoluşun Yedinci Seviyesine aittir.

Meleklerden Koruma Ve Rehberlik

Varoluşun Beşinci Seviyesi enerjisini nasıl kullanılacağını öğrenmek için egzersiz olarak başka birine koruma ve rehberlik amaçlı melek gönderebilirsiniz. Eğer birinin korumaya ve rehberliğe ihtiyacı olduğunu hissediyorsanız ona bilgelik ve yardım için bir melek yönlendirmek mümkündür. Eğer Yedinci Seviyeden yönlendirilirse, Melekler kişiyi sadece koruyacaktır ve iyi ile kötünün dramına karışmayacaklardır.

Koruyucu Meleğin Yönlendirilmesi İşlemi

1. Kendinizi kalbinizde merkezleyin ve kendinizi, Her Şey Olan'ın bir parçası olan Dünya Ananın merkezine, giderken imgeleyin.
2. Enerjinin ayaklarınızdan geçip yukarı çıkarken bütün çakralarınızı açtığını imgeleyin. Taç çakranıza kadar devam edin, güzel bir ışık topunda, Evrene doğru gittiğini.
3. Evrenin ötesine gidin, karanlık ışıkları geçin, beyaz ışıkları geçin. Yasalar olan jöle gibi maddeyi geçin, incimsi, yanardöner beyaz ışığa, Varoluşun Yedinci Seviyesine gelin.
4. Koşulsuz Sevgiyi toplayın, Var Olan Her Şeyin Yaratıcısı'na emir verin: "*Yaratıcı, bu kişinin korunması için bir melek gönderilmesi emredilir. Teşekkür ederim. Oldu. Oldu. Oldu.*"

5. Koruyucu Meleğin kişinin alanına onu korumak için gittiğine tanık olun.
6. Durulandığınızı hayal edin. Enerjinizin alanınıza geri geldiğini, Dünyanın içine gittiğini hayal edin. Dünyanın enerjisini bütün çakralarınızdan geçerek taç çakranıza getirin.
7. Enerji kesmesi yapın.

12
Dördüncü Seviye

Profesyonel olarak Okumalar yapmaya başladıktan sonra artan yoğunlukta öncü rüyalar (hem uyanıkken, hem de uyurken) görmeye başladım. Şimdi geriye dönüp bakınca bunların Varoluş Seviyelerine inisiye olma rüyaları olduklarına inanıyorum. Her bir vizyon beni Seviyeleri keşfetmeye götürüyordu, her vizyon Seviyelerle ilgili ayrıntıları anlamam için yeni bir rehberdi. Bu vizyonlar hem uyanıkken hem de uyurken rüyalar yoluyla gelirdi. Bazıları bir su kaynağına yakınken gerçekleşirdi. Bunun sebebini suyun elektriksel enerji için iyi bir iletken olmasına bağlıyorum. Okumalarla geçen uzun bir günün ardından küvette ılık suyun içinde rahatlarken sanki hayalî bir portal açılmıştı.

Bu vizyonlardan en yoğun ve rahatsız edici olanı bana en önemli derslerden birini öğretmiş olandır. Aşağıda anlatacağım vizyonun ilk kısmı bana uyuduğum sırada rüya yoluyla geldi.

Kendimi Arizona'daki Desert Dağlarına benzeyen bir yerde buldum. Gece vaktiydi ve karanlıkta alevler saçarak yanan bir kamp ateşinin yanında oturuyordum. Vizyon öylesine gerçekti ki yanan ateşin sıcaklığını ve esen rüzgârı hissedebiliyordum.

Karşımda Kızılderili bir adam oturuyordu. Ondan yayılan güç sinirlerimi bozmuştu, adam çok garip görünüyordu. Bir çeşit yarım topuz olan saçları kıvrılmıştı ve her yerinden fırlayan tüylerle sarılmıştı. Yüzünün bir tarafı beyaza diğer tarafı siyaha boyanmıştı. Bir süre hiç hareket etmeden karşımda oturup bana baktı ve birden kalkıp ateşin etrafında dans edip, şarkı söylemeye başladı. Dans ederken bir hayvana benzeyen garip sesler çıkarmaya başladı. Oturduğum yerde sabitlenmiş olarak donakalmış bir biçimde onun ilkel dansını izledim.

Ardından benimle eski Kızılderili dillerinden biriyle konuşmaya başladı. Nasıl olduğunu bilmiyorum ama onu anlıyordum.

Bana "Eğer şekil değiştirme gücünü istiyorsan, bugün bunu sana verebilirim ama uyman gereken bazı kurallar var," dedi. Yanıtımı beklemeden yanında duran acayip görünümlü cam kayadan baltayı aldı ve yanıma geldi. İnanılmaz bir hızla baltayı başının üzerinde göz alıcı bir biçimde çevirdi. Onun şimşek çakmasına benzeyen hareketlerinden kaçacak kadar hızlı değildim ve ayağa kalkmaya çalışırken balta bana çarptı. Göğsümü yukarıdan aşağıya boylu boyunca yardı. O kadar hızlı oldu ki tepki vermeye fırsatım bile olmadı. Balta sanki gerçekmiş gibi hissettim. O açık yaranın içinden bedenim çok güzel bir altın kartala dönüşerek çıktı. Sanki yumurtadan çıkıyormuşum gibi.

Şimdi bir kartal formunda kaçmak için kanatlarımı açtım. Ama daha havaya bile yükselmeden şekil değiştiren kızılderili adam bana yine bağırdı ve "Bak!" dedi. Baltayla bu defa kartalın göğsüne vurdu ve beni tekrar yardı. Bu açık yaradan bu defa bir dağ aslanı çıktı. Dağ aslanı formunda pençelerimle kendimi yaraladım ve adama hırladım.

Kızılderili adam bana yine bağırdı "Bak!" dedi. İnanılmaz bir hızla beni yine yaraladı. Kaçmam mümkün olmadığı için elim kolum bağlı, dönüştüğüm dağ aslanının göğsünü yarmasını izledim. Bu yaradan başka bir hayvan çıktı, adama çığlıklar atan bir şahin. Kızılderili adam bana yine bağırdı "Bak!" dedi ve dönüştüğüm şahini yardı. Açık yaradan siyah, kahverengi ve gri çok güzel bir dişi kurt haline dönüştüm.

En sonunda bu iyi hissettirdi. Son birkaç dakika içinde dönüştüğüm bütün formlar arasında biliyordum ki bu kurt bendim ve kurt da bendi. Bu his garip bir biçimde tanıdık geldi, sanki daha önce birçok kez kurt olmuşum gibi. Ancak vahşi bir hayvan olunca sahip olunabilecek bir özgürlük ve tutku hissettim. Bir anda rüyalarımda kurtlarla koştuğum zamanları hatırladım; daha önce deneyimlediğim bütün hayatlarda ve enkarnasyonlarda. Neredeyse bu hayatta bir kurtla yaşadığım deneyimleri unutuyordum. Bir anda kanser olduğum dönemde yaşadığım dayanılmaz acı veren şeyleri hatırladım. Hayatımın o dönemini düşününce sanki bir etçilin dişlerini vücuduma geçirmesine benzeyen büyük acı eski, genetik bir anı gibi bana geri dönüyor. Acı öylesine büyük bir hale gelirdi ki, vücudumu terk edip Montana dağlarında kurt sürüsüyle koşmak için Astral Seyahat yapardım. İlk önceleri insan formunda koştum ancak bir süre sonra kurtların içinde koşmaya başladım ve kurt sürüsünün bir parçası haline geldim. Bu kurt sürüsüyle koşarken Montana'dan gelecek olan erkeğimi arayabilirdim.

Bütün bunları Kızılderili adamın önünde ona hâlâ insan olan yeşil gözlerimle bakarken dört ayak üstünde duran dişi bir kurt olduğum sırada birden hatırladım.

Bana "Şekil değiştirme kuralları şunlardır: altı yıl boyunca saçlarını kesmeyeceksin. Bundan üç yıl sonra tekrar sana gelip rehberlik vereceğim. Altı yıl içinde şekil değiştirme gücünün ustası olacaksın. Dediklerimi yapmalısın yoksa yolunu kaybedersin," dedi.

Rüyadan uyanınca yaşadığım deneyimin ardından göğüs kafesimin dokunulmayacak kadar hassas olduğunu hatırlıyorum. Bundan iki veya üç gün sonra eşim Guy ile beraber korkunç bir trafik kazası atlattık. İleriye doğru öylesine büyük bir güçle fırlatılmıştım ki emniyet kemeri göğüs kafesimi kırdı. Kazadan sonra iyileşince gördüğüm rüya aklıma takılmaya başladı. Rüya ile kaza arasında anlamadığım bir bağlantı vardı sanki. Biraz düşündükten sonra yaptığım ilk şey saçlarımı kestirmek oldu, çünkü bu şekil değiştirenin bana yapmamamı söylediği şeylerden biriydi. Yaşadığım şeyin "küçük ölüm" olduğunu biliyordum. Bu bir şekil değiştiren haline gelip gücümü kullanmam için olan ve neredeyse beni öldüren bir inisiyasyon süreciydi. Saçlarımı kestirdiğim zaman bunu tam bir başkaldırı olarak yaptığımı düşünüyorum.

Pek çok sezgisel insanın, her defasında sadece tek bir Varoluş Seviyesine ve onun kurallarına odaklandığını görmeye başladım. Bu deneyimler aracılığıyla *Her Şey Olanı* kapsayan tek bir enerji olması gerektiğini fark etmeye başladım. Farklı boyutların kurallarına ve farklı enkarnasyonları takip etmeye gerek kalmadan bağlanıp, değişiklikler yapabileceğimiz bir enerji olmalıydı. Daha önce bana Altıncı Seviyenin Yasaları tarafından açıklanmış Varoluşun Yedinci Seviyesi Her Şey Olan'ın bilgisine sahiptim. Böylece Seviyelerin farklı enerjileri ile alakalı kuralları sorgulamaya ve onları nasıl aşacağımı düşünmeye başladım.

Uzun bir iş gününün ardından, ilk rüyadan altı yıl sonra, küvetimde sıcak suyun içinde dinleniyordum. Bir anlığına gözlerimi yumdum ve bir kez daha o vizyonun içinde, Arizona'daki o dağlık yere gittim. Aynı ateşten alevler gökyüzüne yükseliyor ve karanlığı deliyordu. Ateşin diğer tarafında boyanmış yüzü ve garip saçıyla aynı muhteşem Kızılderili bana bakıyordu. Nasıl oluyorsa anladığım aynı garip Kızılderili diliyle konuştu.

"Bir şekil değiştiren olma hakkını kazandın. Sana şekil değiştirmenin sırlarını anlatacağım ve onları daha önceden hatırlayacaksın," dedi.

O an Kızılderili adama uzun uzun bakıp şöyle dediğimi hatırlıyorum:

"*Teşekkür ederim ama hayır.* Ne senin peşinden gelmeyi istiyorum ne de senden öğrenmeyi. Ben sadece Her Şeyin Yaratıcısı'nı takip etmeyi seçiyorum."

Şekil değiştiren rahatsız olmuş göründü ve bana "Ama bak! Bu gücü seçeceğin biçimde kullanman için sana verebilirim. Bu harikulade ve muhteşem bir güçtür! O senin, al onu!" dedi.

Ona "Bana teklif ettiğin şey harika ama gerçek ve harika güç Her Şeyin Yaratıcısı" dedim ve devam ettim: "Bu teklif ettiğin hediyeyi senden öğrenmeme gerek yok. O hediyenin ustası Her Şeyin Yaratıcısı'dır. Her Şeyin Yaratıcısı aracılığıyla bu hediyenin ustası olup, kendim yaratabilirim. Teşekkür ederim ama lütfen git."

Kızılderili teslim olmuş gibi başını eğdi. Vizyona bir anda sessizlik çöktü. Ateşin çıkardığı sesler durdu. Büyük bir sessizlik beni sarmaya başladı. O sessizliğin içinde bana her yönden gelen bir ses duydum.

Ses "*Testi geçtin. İnisiyasyonun tamamlandı. Çok başarılıydın çocuğum,*" dedi.

Kızılderili duygu dolu delici gözleriyle bana baktı ve "Doğru yanıt buydu, tebrikler!" dedi.

Bana önemli bir şeyler olduğunu fark ederek küvetin içinde kendime geldim. Ama daha sonra olan şey çok daha büyük ve derindi.

Küvette suyun içinde otururken ilahî bir varlık bana geldi ve bilincimi daha önce hep gittiğim bir yere götürmem için yönlendirdi. Yönlendirildiğim biçimde yaptım ve bilincimi Yukarı Çık ve Tanrıyı Ara'ya gönderdim. (O zamanlar bilmiyordum ama bu Varoluşun Beşinci Seviyesinden Cennetteki Babama doğruydu) Bu ilahî varlıkla dolarken yukarıdan Cennetteki Babamın muhteşem özü benimle konuştu ve bana "*Zamanı geldi. Benimle beraber Yedinci Seviyeye gel,*" dedi.

Kafam karışmıştı. Buranın Yedinci Seviye olduğunu ve bunun Yaratıcı olduğunu düşünmüştüm. Sonuçta burası öylesine ilahî, sakin ve güzeldi ki. Bu yerden sayısız şifa yapmıştım. Nasıl olurda bunun ötesinde bir yer olurdu?

Kafa karışıklığımı sezen Cennetteki Babam bana "*Şu ana kadar sadece Şifalarını yapmadan önce Varoluşun Yedinci Seviyesine bağlandın. Gel ve seni Varoluşun Yedinci Seviyesine götürelim böylece orada olup ayrı hissetmeden onu gerçekten deneyimleyebilirsin,*" diye açıkladı.

Bütün bunlar kafamı karıştırmıştı, çünkü pek çok yanıt için Yasalara gittiğimi biliyordum. Dehşete düşmüştüm, Yasaların ötesine gitmeye korkuyordum. Her Şeyin Yaratıcısı'nın gücü içinde olma korkumu Cennetteki Babama söyledim. Tam bir saf ışık ya da enerjiye dönüşüp sahip olduğum "ayrılıktan" kurtulmam için bedenimi bırakılmaktan korkuyordum. Korku dolu ve direnç gösteren bir hale büründüm. Eşim Guy'ın gelip benden geriye sadece elbiselerim ve boş bir küvet kaldığını görmesinden korktum.

Cennetteki Babam benimle konuşmaya ve beni rahatlatmaya başladı; bana her şeyin iyi olacağını söyledi. Evet dedi değişeceksin ama "saf ışık" haline gelmeyeceksin. Çünkü zaten Tanrı'nın bir parçasıydım, Yaratımın bir parçasıydım. Cennetteki Babama güvenip ilerlemeye karar verdim. Kendimi Yasalara giderken hayal ettim. Jöle gibi maddeyi geçip Her Şey Olan'ın enerjisine girdim. Yaratımın olduğu yerin içinde olana kadar kendimi yukarı çıkarken hayal ettim, Her Şey Olan'ın yaratıcı enerjisine çıkarken.

O an Tanrı'dan hiç ayrılmadığımı fark ettim. Benim insan zihnimin ve vücudumun illüzyon olarak gördüğü şeyin Her Şey Olan'ın enerjisinin bir parçası olduğunu fark ettim. *Ayrı olmak* diye bir şey yoktu.

O günden sonra Şifalarım daha etkili hale geldi. İçimde garip bir şeyler oldu. Artık herkesi *düzeltmek* zorundaymışım gibi hissetmediğimi fark ettim. Bağımsız bir tutum içinde insanların öğrenme süreçleri içinde kendi hayatlarını yaşamalarını izleyebiliyordum. Daha önceleri kişinin problemlerini, hangi Seviyeden öğreniyorsa onu kullanarak düzeltmeye çalışırdım. Bundan önce doğru olduğunu düşündüğüm yere gitmeleri için odaklanmalarını sağlamak için uğraşırdım. Şimdi Her Şey Olan'ın Yaratıcı enerjisinin etrafımızda olduğunu anlıyordum ve ayrılık perdesini kaldırmanın yolunu bulmuştum. İnsanlara farklı bir bakış açısıyla; basit bir gözlem yoluyla bakmanın yolunu bulmuştum.

Her Şey Olan'ın enerjisi hakkında kitaplarım yok. Felsefe güzel bir şey. İnsanlar metafizikle ilgili fazlasıyla idealist fikirler üzerinde felsefe yaparlar. Benim aldığım mesaj idealist bir fikri gerçeğe çevirdi; *istediğinde* fiziksel dünyada kullanılabilecek olan. Bu DNA3'ün bilgisi ve başlangıcı. DNA3 *istenildiği zaman yaratma* yeteneğidir.

Kızılderili ile Dördüncü Seviye inisiyasyonumu geçtiğim zaman bu benim için son engeldi. Bu inisiyasyon yeni bir bilinç alanı açtı. Varoluş Seviyeleri birden yediye kadar numaralanmıştır ama bu Seviyelerin inisiyasyonları sizin spiritüel gelişiminize ve titreşiminize bağlı olarak herhangi bir zamanda herhangi bir Seviyede gerçekleşebilir. Seviyelerin numaralanmasının sebebi beyne onları anlaması için yeterli beyin şekeri verme amacı taşır. Ben Varoluş Seviyelerinin inisiyasyonlarına ilk yoldan gittim. İlk önce Birinci Varoluş Seviyesine inisiye oldum. Ardından Beşinci, Altıncı, ondan sonra İkinci ve son olarak da Dördüncü Seviye beni bugün olduğum yere getirdi.

Seviyelerin inisiyasyonundan geçiyor olmanız bunun ölüm kapısı İnisiyasyonu olacağı ya da enerjinin sizi bu süreçte ölmeniz gereken bir duruma koyacağı anlamına gelmez. İşin sırrı *ilk önce* Yedinci Seviyeye gidip inisiyasyonların ne olduğunu bulup onları Her Şeyin Yaratıcısı aracılığıyla deneyimlemekte. Dördüncü Varoluş Seviyesinin benim için dersi beyin şekerine yakalanmayıp Varoluşun Yedinci Seviyesi Her Şeyin Yaratıcısına odaklanmaktı.

O günden sonra Varoluş Seviyelerini daha önce olmadığı kadar büyük bir tutkuyla öğretmeye başladım. O gün bana zihni sorular sormak ve Şifa yaratmak için nasıl doğru yere götüreceğime dair bir harita verildi. Hiçbir fikrin olmadığı, sadece gerçeğin olduğu yere. Bu inisiyasyon aracılığıyla Her Şeyin Yaratıcısına götüren haritayı bulabildim.

Bunun ardından Tanrının temel doğasını nasıl algıladığım radikal olarak değişmeye başladı. Örneğin "Tanrı" kelimesini ele alalım. Tanrı kelimesi çoğunlukla insanoğlunun Tanrı'ya bağlanmadaki değerlilik sorunlarını ortaya çıkarır. Pek çok insanın "Tanrı" kelimesini kullanarak Her Şeyin Yaratıcısı olan Varoluşun Yedinci Seviyesine bağlanmada zorlandığını gördüm. Bu, kelimeyi algılama biçimlerinden kaynaklanıyordu. Bu zorluğu aşmak için emir süreci kalıcı olarak *"Baba, Anne, Tanrı, Her Şeyin Yaratıcısı, emredilir"* olarak değiştirildi. Öğretiler geliştikçe ve ThetaHealing daha çok kişiye ulaştıkça bazılarının sürekli olarak Her Şeyin Yaratıcısı'na bağlandığını bazılarının da yollarını kaybettiğini gördüm. Onların egolarının ve ayaklarını bağlayan İnançlarının etkisi olmadan en yüksek Seviyeye bağlanmaları için bir yol bulmam gerektiğini biliyordum. Bu ihtiyaca yanıt olarak Varoluş Seviyelerini daha derinlemesine açıklamaya başladım. Herkesi Her Şeyin Yaratıcısı'na götürecek yol haritası şekillenmeye başlamıştı.

RUHLAR ÂLEMİ

Dördüncü Seviye, ruha ya da yaradılışın ruhsal olarak algıladığımız haline ustalaşmayı öğrendiğimiz yerdir. Burası hayat ile ölüm arasındaki yerdir ve ölümün ötesindeki âlemlere açılan kapıdır. Öldüğümüz zaman, karbon bazlı bedenimiz dinlenmek için yatırılır ama ATP'miz Dördüncü Varoluş Seviyesine gider. Bu Yerde bazı ruhlar ruh olarak kalmayı seçer, bazıları enkarne olmayı seçer ve bazıları da diğer Seviyelere gider.

Ruh olarak hâlâ özlerimiz vardır ve hala daha hissedebilir, duyabilir, tadabilir ve dokunabiliriz. Doğal olarak bunlar tam olarak Üçüncü Seviyedeki gibi deneyimlenmese de hâlâ benzerdir. Ruh olarak içlerinden geçen havayı hissederler ve hâlâ yeni pişmiş ekmeğin kokusunu hissedebilirler. Duyuları Üçüncü Seviyedeki varlıklarından daha iyi çalışır. Daha önce göremedikleri renkler ortaya çıkar. Daha önce duymanın mümkün olmadığı şeyleri duyarlar.

Bu ruhlar hâlâ yemek yiyebilirler ve hâlâ kendilerini beslemeleri gerekir. Bu dünya sadece daha yüksek titreşimdedir. Moleküller Üçüncü Seviyede olduğundan daha hızlı hareket eder. Aslında hiçbir Seviye "katı halde" olmadığından hepsi aslında enerji, titreşim ve ışığın farklı kombinasyonlarıdır.

Pek çok gelişmiş yüksek rehber bu Seviyeden gelir. Dördüncü Seviye, Beşinci Seviye çocuklarının yaradılışı ilk olarak öğrendikleri yerdir.

DÖRDÜNCÜ SEVİYEDEN ŞİFA

Bu Seviye *spiritüel atalara* ulaşmayı sağlar. Şamanlar ve ilaç adamlar gibi şifacılar çoğu zaman kendi atalarını ya da diğer ruhları şifalarda yardımcı olması için kullanırlar; hem atalarının bilgeliğini, hem de atalarının bilgeliğinin tavsiye ettiği şifayı ve bitkiyi kullanırlar. Bu şekilde Varoluşun İkinci, Üçüncü ve Dördüncü Seviyelerinde bir denklem oluştururlar (denklem, birden fazla varoluş seviyesinin aynı anda kullanılmasıdır).

Dördüncü Seviyenin şifa enerjisini anlayan bazı şifacılar yine de acı çekme zorunluluğu ve kendilerini şifalandıramayacakları sözleri ve yeminleriyle kısıtlanmış olabilirler. Kısaca özetlemek için:

- Şifaları için bu Seviyeyi kullananlar, şifacının kendini iyileştiremeyeceğine inanırlar. Burası bir şeyi başka bir şeyle takas etme seviyesidir, önce kişinin hastalığını üzerine alma ve daha sonra ondan kurtulma seviyesidir.
- Dördüncü Seviyeye enerjiye bağlı şifacılarda şifa seansları için para kabul etmenin yanlış olduğu, sadece hediye kabul edebilecekleri programı vardır.
- Bu Seviye, tıpkı diğer Seviyeler gibi inisiyasyonlar yoluyla öğretir. Bu Seviyede, daha fazla öğrenebilmesi için kişinin ölmesi ya da ölüme yakın deneyim yaşaması gerektiği inancı vardır. Bu, bulundukları Seviyede ustalaşmak için ölümle dans etmeleri gerektiği ya da "küçük ölüm" inisiyasyonunu deneyimlemeleri gerektiği İnancıdır.
- Bu Seviyenin inisiyasyonu kendini feda etmedir. Ana, fikir atalardan gelen inançları aşmak ve maddesel dünyayı ve onu sarmalayan inançları aşmak için acı çekmek gerekliliğidir.
- Varoluşun Dördüncü (ve Beşinci) Seviyesindeki ruhlar yanıltıcı olabilirler ve çoğu zaman şifacıyı başkalarından daha özel olduğuna inandırma eğilimindedirler. Kişi bu Seviyeden yanlış bir güç hissi alabilir.

- Hâlâ Dördüncü Seviye yeminlerine bağlı şifacılar kendi üzerlerinde çalışamayacaklarına inanırlar. Bu aynı zamanda Beşinci Seviyenin kriteridir.

Kas Testi Yapılacaklar:

"Öğrenmek için acı çekmeliyim."
"Zor yoldan öğrenirim."
"Acı çekmem bekleniyor."
"Ne kadar çok acı çekersem, Tanrı'ya o kadar çok yakınlaşırım."
"Spiritüel olarak gelişmek için ölüm kapısından geçmeliyim veya ölmeliyim."

Şunlarla Değiştirin:

"Acı çekmeden öğrenirim."
"Yaratıcı'dan öğrenirim."
"Kolaylıkla ve özgürlükle öğrenirim."
"Kendini adamanın tanımını Her Şeyin Yaratıcısı'ndan biliyorum."
"Her zaman Her Şeyin Yaratıcısı'na bağlıyım."
"Her Şeyin Yaratıcısı aracılığıyla spiritüel olarak gelişiyorum."

RUHLAR VE ATALAR

Kararsız Ruhlar

Bu Seviyede kontrol edilemeyen enerjileri ve arada kalmış ruhları Tanrının ışığına göndermeyi öğreniriz. Kararsız ruhlar, hatırlayacağınız gibi, geçici olarak Üçüncü ve Dördüncü Seviye arasında sıkışmış, ışığa gitmekten korkanlardır. Basitçe ışığa inanmayan ruhlar olabilir, intihar etmiş ya da başka bir travmatik ölümü olan ruhlar olabilir veya ışığa giderlerse ışık haline geleceklerinden korkuyor olabilirler, Kolay bir işlemle Yaratıcı'nın ışığına gönderilebilirler. Özetle:

Kararsız Ruhlar İçin İşlem

1. Kendinizi kalbinizde merkezleyin ve Var Olan Her Şey'in bir parçası olan Dünya Ana'ya indiğinizi gözünüzde canlandırın.
2. Dünya'nın enerjisinin ayaklarınızın altından girip taç çakranıza doğru yol aldığını ve yukarı çıkarken de tüm çakralarınızı açtığını gözünüzde canlandırın. Güzel bir ışık topu içinde evrenden dışarı çıkın.
3. Evreni geçin, beyaz ışıkları geçin, koyu ışığı geçin, beyaz ışığı geçin, Yasalar olan jöle gibi maddeyi geçin, inci parlaklığındaki beyaz ışıktan girip Varoluşun Yedinci Seviyesi'ne ulaşın.
4. Şu emri verin: *"Her Şeyi Yaradan, [kişinin ismi]'alanındaki tüm kararsız ruhların dönüştürülmek üzere Tanrı'nın ışığına gönderilmeleri emredilir. Teşekkür ederim! Oldu. Oldu. Oldu."*
5. Kişinin taç çakrasına ilerleyin. Kaynağa kendi bağlantınızı veya danışanınızın bağlantısını kullanarak kararsız ruhların Yaradan'ın ışığına gittiğine tanıklık edin. Yarı yolda kaçmaya teşebbüs edebileceklerinden onların hepsini Yaradan'ın ışığına kadar takip ettiğinizden emin olun.
6. Bu işlem biter bitmez durulanın ve alanınıza dönün. Dünya'nın merkezine gidin, Dünya enerjisini tüm çakralarınızdan geçirip taç çakranıza çıkarın ve enerjiyi kesin.

Atalarınıza Bağlanın

Dördüncü Seviyeyi kullanırken işe yarayan şeylerden biri de atalarımıza ya da danışanınızın atasına bağlanmaktır. Ölmüş biriyle konuştuğunuz zaman sizden bunu isteyen kişinin ölmüş kişi ile henüz tamamlanmamış programları olabilir. Bu çalışma danışana ölmüş kişi ile olan tamamlanmamış herhangi bir Programı bitirme fırsatı verir.

Bu çalışmada uygulayıcı, danışanın önceden tanıdığı bir ruh ile konuşmak için emir verir. Danışana ölmüş kişinin adını sorun ve onun ruhuna seslenin. Ruha vücudunuza girme izni vermeden onun sözcüsü olacaksınız.

Bu Seviyede tutulan ruhlar her zaman aydınlanmış varlıklar değildirler ve size neredeyse hayatta oldukları kişilik olarak geleceklerdir. Cinsel çekim ya da başka bazı fiziksel özellikleri de ellerinde tutabilirler. Bu sebeple danışanın konuşmaktan hoşnut olacağı birini çağırması tavsiye edilir.

Ölmüş hayvanlarla da konuşabilirsiniz. Aklınıza gelen ilk düşünceye ve sese güvenin.

Bu çalışma için başka bir neden de size atalarınızla ve arkadaşlarınızla konuşabileceğiniz farklı boyutların nasıl "hissedildiğini" göstermektir. Bu size, düzeyler ve "Yaratım" arasındaki farkı göstermekle birlikte aynı zamanda ilahi bir düşünce formunun sizin veya etrafınızdaki insanların düşüncelerinden nasıl farklı hissedildiğini de gösterir.

Atalarınıza Bağlanma İşlemi

Bu alıştırmaya başlamadan önce kişinin atasının ruhunu görmek ve onunla konuşmak için izin alın. Ruhun adını sorun.

1. Kendinizi topraklayın ve merkezleyin.
2. Bilincinizi aşağıya, Her Şey Olanın bir parçası olan, Dünya Ananın merkezine göndererek başlayın. Enerjiyi ayaklarınızdan yukarıya, bedeninize getirin ve enerjiyi tüm çakralarınızdan yukarıya getirin. Taç çakranızdan yukarı çıkın, bilincinizi güzel bir ışık topu içinde yıldızlardan öteye, Evrene gönderin.

3. Evrenin ötesine gidin, beyaz ışıkları geçin, karanlık ışıkları geçin, beyaz ışığı geçin, Yasalar olan jöle gibi maddeyi geçin, incimsi, yanardöner beyaz ışığa, Yedinci Varoluş Seviyesine gelin.
4. Koşulsuz Sevgiyi toplayın, emri verin: "Yaratıcı, *bu zamanda (ruhun adı) kişiyle görüşmek ve konuşmak emredilir. Teşekkür Ederim. Oldu. Oldu. Oldu.*
5. Doğruca kişinin alanına gidin ve kişinin omuzlarının üstünden bakın. Atalarının ruhunu veya hayvanın ruhunu çağırın ve kendilerini göstermelerini bekleyin.
6. Işık topları görebilirsiniz. Ruha danışanın sorularını sorun ve aldığınız yanıtları danışanla paylaşın. Kişiye ne gördüğünüzü ve duyduğunuzu söyleyin. Aklınıza gelen ilk düşüncelere güvenin.
7. Bittiğini hissettiğinizde kendinizi durulayın, kendinizi alanınıza getirin ve enerji kesmesi yapın.

13
Üçüncü Seviye

Burası her günümüzün gerçekliğinin Seviyesidir. Bu gerçekliği kendi faydamız için kısmen bizler yarattık. Bu Seviyede duygular tarafından yönetilme, içgüdüsel istekler, tutkular ve fiziksel dünyada bir insan bedeninde olmak gibi zorluklar vardır. Her ne kadar tüm Seviyelere bağlı olsak da, bilincimiz genelde bu seviyede kalır.

Kendi gerçekliğimizin yaratılışında Programları, düşünce formlarını ve kolektif bilinci Üçünce Seviyede yarattık ve bunlar bizi burada tutuyor. Bu, fiziksel, zihinsel ve spritüel kapasitelerimizin bir kısmının bloke olduğu anlamına geliyor. Bizi tutan zincirleri kırmak için korku, öfke ve nefret yerine hayatın neşesine konsantre olmalıyız. Ego Üçüncü Seviyede bulunduğu için kendimizdeki negatif egoyu kontrol etmeliyiz. Duygularımızı nasıl dengelediğimiz, Üçüncü seviyeden nasıl serbest kalıp, diğer Seviyelerin güçleriyle bağlanarak, tüm Seviyeler yoluyla sağlık ve hayatımızda başka değişiklikler yaratacağımızı gösterir.

Sık sık burada *neşeyi* deneyimlemeye, nefes almaya, harika bir şekilde yaşamaya geldiğimizi unutuyoruz. Nefes aldığınız her defa ciğerleriniz bunu kutlar. Bu kutlamayı hissetmek için duruyor muyuz? Kendimize bunun var olmak için harika bir Seviye olduğunu hatırlatmalıyız. Vücudunuzdaki hücreler size bu hayat deneyimini yaşatmak için tüm güçleriyle çalışıyorlar. Karaciğer ve diğer organlar burada olmamız için fazla mesai yapıyorlar. Fiziksel egzersiz vücudumuzu yere sağlam basar halde (topraklanmış) tuttuğu ve Üçüncü Seviyeden zevk almayı sağladığı için, insan bedenini kutlamak için düzenli olarak takip edilen bir egzersiz programına sahip olmak önemlidir.

Spiritüel varlıklar olarak öğrenmek için buradayız ve bazılarınız hâlâ acı ve ıstırap çekerek öğreniyorlar. Bu, bu Seviyedeki Spiritüel zorluklardan biridir; acı ıstırap çekerek değil, neşe aracılığıyla öğrenmek. İnsan bedeninin yaşamak ve var olmak için harika bir yer olduğunu kabul etmek bizim sorumluluğumuzdur.

İnsanlar yürüyen mucizelerdir! Vücudumuzu idare etmeyi, beynimizi nasıl kullanacağımızı, uzuvlarımızı kontrol etmeyi, iletişim kurmayı ve düşünceler, fikirler, hayallerle hareket etmeyi ve karar vermeyi öğreniriz. Burası hayal kurma, problem çözme, savaş ya da kaç seviyesidir.

TÜM SEVİYELERDE YAŞAMAK

Fiziksel olarak Üçüncü Varoluş Seviyesinde olduğunuzu düşünebilirsiniz ama aslında Varoluşun Yedi Seviyesinde birden bulunuyorsunuz. Gerçekte, Üçüncü Seviyeye gelen insanlar Beşinci Seviyenin çocuklarıdır. Bizler Beşinci Seviyenin çocuklarıyız ve öyle görünüyor ki bazılarımızın buna dair bilinçli anılarımız var. Aslında dinlerin çoğu bu düşünceye dayanır. Bu, neden pek çok insanın "*Tanrının çocuğu*" olduğuna inandığını açıklar; çünkü biz Beşinci Seviyede ruhsal Baba ve Anneye sahibiz, ama yine de Her Şey Olan'a bağlıyız.

Spiritüel Ebeveynlerimiz bize cesaret, şefkat ve öğüt verirler. Hepimiz aydınlanma yolunda bize öğretmenlik yapan bu harika varlıklara sahibiz. Bu varlıklar Beşinci Seviyeden Yüksek Üstatlardır. Spiritüel Ebeveynlerimizle tanışmanın en iyi yolu onlara, Varoluşun Yedinci Seviyesi Her Şeyin Yaratıcısı yoluyla gitmektir. Bunun sebebi bir kez Yaratıcının özünde arındırıldığınızda onlarla daha iyi iletişim kurabilecek olmanızdandır.

Şimdi dünyada bulunan pek çok insan aslında Beşinci Seviyeden gelen Üstatlardır ve Üçüncü Seviye insan öğrencilerine/çocuklarına eve, Beşinci Seviyeye dönmelerine yardım etmek için buradalar. Eğer sık sık Dünya'ya ait değilmiş gibi hissediyorsanız ve Dünya'nın çok sert, insanların çok acımasız olduğunu düşünüyorsanız, çok yoğun bir şekilde sıla hasreti çekiyorsanız ve spiritüel ailenizi özlüyorsanız o zaman siz bir Beşinci Seviye Üstadı olabilirsiniz. Eğer harikulade yeteneklerinizolduğunu biliyorsanız ve Yaratıcı ile güçlü bir bağınız varsa, siz Dünya'ya yardım için uyanmakta olan bir Üstat olabilirsiniz. Buraya gelen Beşinci Seviye Üstatları zihinlerini nasıl yöneteceklerini kolaylıkla hatırlarlar. Beşinci Seviyenin tüm Yüksek Üstatları yaratım için Yedinci Seviyeyi kullanırlar.

ÜÇÜNCÜ SEVİYEDEN ŞİFA

Üçüncü Seviyeden çalışan şifacılar sıklıkla bu Seviyenin dramasına kendilerini kaptırırlar ve bazı şeylerin grup bilinci nedeniyle tedavisinin mümkün olmadığına inanırlar. Bu Seviyeden çalışan şifacılar Yedinci Seviye enerjisi olan sevgi ve "Her Şey Olan" yerine Beşinci Seviye enerjisi olan iyiliğe ve kötülüğe (ikiliğe) kendilerini sıklıkla kaptırırlar.

İnanç Sistemlerinin kaldırılması ve değiştirilmesi yoluyla ve aynı zamanda *Hislerin* de yüklenmesiyle bizi diğer Varoluş Seviyelerinin titreşimlerine götürecek kapıya ulaşırız. Bunun ardından karmik etkilerden serbest bırakılırız. Ne kadar çok İnancı değiştirirseniz, diğer Seviyelere o kadar çabuk ulaşabilirsiniz.

Üçüncü Seviyede çalışan şifacılar, diğer seviyeleri içgüdüsel olarak kullanırlar. Eğer bir cerrah bir ameliyat yapar ve neşter kullanırsa o zaman cerrah Birinci ve Üçüncü Varoluş Seviyelerine bağlanıyordur. Cerrah Üçüncü Seviyeyi ve neşter Birinci Seviyeyi temsil eder. Ameliyat sırasında bağlanılan diğer Seviyeler de vardır, Altıncı Seviyenin Evren Yasaları gibi.

Buna örnek ameliyatın düşünme-süreci olabilir. "Eğer tümörü organdan doğru bir şekilde temizlersem, dokular öyle bir ayrılacak ki tümör daha fazla zarar vermeyecek ve bu, kişinin yararına olacak." Bu süreçte cerrah içgüdüsel olarak Neden-Sonuç Yasasına bağlanır. Bütün bunlar olduğu sırada beyin, cerrahın ellerini hareket ettirmek için nöronlar aracılığı ile bilgileri gönderir ve aynı zamanda da vücuttaki bütün sistemlerin çalışmalarını düzenler. Bu, Tanrının mühendisliğinin muazzam bir başarısıdır. Cerrah kişinin hayatını kurtarırken ekibin diğer üyeleri de penisilin enjekte ederek ve serum bağlayarak farkına bile varmadan İkinci Seviyeye bağlanır.

Daha önce *ThetaHealing- Sıradışı bir Enerji Yaklaşımına Giriş* kitabında anlatıldığı gibi, hayvanlarla iletişim kurduğumuz ve şifa yaptığımız yer de Üçüncü Seviyedir.

Üçüncü Seviye gerçekliği hakkında akılda tutulması gereken en önemli şey bunun bir *illüzyon* Seviyesi olduğu ve gerçek olmadığıdır. *Bütün* bunlar içinde gerçek olan tek şey sizin burada yarattıklarınızdır.

14
İkinci Seviye

İkinci Varoluş Seviyesi ile ilk deneyimim ThetaHealing'in ilk yıllarında Kuzey İdaho'da bulunduğum sırada gerçekleşti.

O yıllarda seminerlerimin büyük çoğunluğu bana okuma yaptıran kişiler tarafından düzenleniyordu. Gretchen isimli danışanlarımdan biri İdaho'da bulunan Sandpoint kasabasında bir sınıf ayarlamıştı. Kuzey İdaho'yu geniş ormanları, yüksek dağları, coşkun nehirleri ve pırıl pırıl gölleriyle çok güzel bulurum. Bir tarafında Montana diğer tarafında Washington'un bulunduğu Kuzey İdaho doğa-enerjisinin yayıldığı vahşi, ilkel bir yerde bulunur. Sandpoint tam bu yerin ortasındadır ve verdiğim ilk DNA1 sınıflarından biri burada gerçekleşti. Öğrettiğim DNA1 sınıfı iki gün sürecek bir kurstu, bu yüzden Guy ve ben iki gün kalacaktık.

Öğrencilerimden biri olan Gretchen Peggy, kalmamız için kendi evini ayarlamıştı. Peggy şehrin üstünde, dağlarda, kaba yontulmuş keresteden yapılmış çok güzel bir ahşap evde yaşıyordu. Söylememe bile gerek yok, evin, eşim Guy'a çok çekici gelen rustik bir güzelliği vardı. Bana göre ise bu ev, peri masallarından fırlayıp gelmiş bir kurabiye ev gibiydi.

Sonradan anlaşıldı ki Peggy, küçük insanlara; perilere inanıyordu. Bize gayet açık bir şekilde hayatındaki amaçlardan birinin bir peri görmek olduğunu söyledi ama o güne kadar hiçbirini görmemişti. Peggy atak ve çabuk kızan bir karaktere sahipti. Bize evinde doğa ruhları olduğunu hissedebildiğini söyledi ama onları görememesi canını sıkıyordu.

Hayatımın o döneminde perilere pek inanmıyordum. Kendi gözlerimle pek çok hayalet ve acayip şey görmüştüm ama hiç "peri" görmemiştim. Peggy'e Mr. Spock'ın meşhur kaş kaldırışıyla şüphe içinde baktım. Biraz fazla ısrarcı olduğunu düşünmüştüm, hatta bu ona görünmeyen perilere karşı hain bir tutumu olduğunu düşünmüştüm.

Kabul etmem gerekir ki evde çok az yerde rastlanabilecek cinsten sihirli bir zamansızlık havası vardı. Yazın ilk günleri olduğunu ve bahçede çiçeklerin açtığını hatırlıyorum. Dağlara karanlık çökmeye başladıkça, gece de kendi şarkısını söylemeye başladı. Seminerin başlamasından önceki gece Guy ve ben yatmak için odamıza çekildik.

Ertesi sabah Peggy bizi uyandırdı ve istemeyerek yataktan çıkıp banyoya gittim. İnanç sistemimi fırtınadaki bir ağaç misali derinden sarsacak bir deneyim yaşamak üzereydim.

Duş teknesinin içinde her zaman yaptığım gibi bacaklarımı tıraş ediyordum. Duşun içinde dışarıyı görebileceğiniz küçük bir pencere vardı. Bir anda açık, küçük pencereden duşun içine 3 küçük varlık uçtu. İlk önce onların sinekkuşu olduklarını düşündüm ama onlar kanatları olan küçük insanlar gibi görünüyorlardı. Enteresan görünümlü bir enerji yumağı gibi etrafımda döndüler. Bir elimde tıraş bıçağı ile tepki veremeyecek kadar şaşkın bir halde donakaldım.

Kıyafet giymiyorlardı ve hepsi dişi görünümündeydi. Kanatları olan dokuz yaşındaki kız çocukları gibi görünüyorlardı. Kahverenginin değişik tonlarında saçları ve bronz tenleri vardı. Uçarken gözleri bana doğru parıldadı. Kanatları gözle görülemeyecek kadar kadar hızlıydı. Bir tanesi göz seviyemde olacak biçimde havada durdu ve bir şekilde hepsinden aynı anda çıktığını bildiğim bir sesi kafamın içinde duydum.

Bana "Ne yapıyorsun?" diye sordular.

Yanıt benden otomatikman çıktı: "Bacaklarımdaki tüyleri tıraş ediyorum."

Bir anlık duraklamanın ardından kafamın içinde yine melodik sesleri duydum.

"Neden bacağındaki tüyleri tıraş ediyorsun?"

Ben de onlara "Ben bir insan kadınım. Bacağımdaki tüyleri tıraş etmek zorundayım."

Ardından kafamın içinde çınlayan bir kahkaha patlattılar. Havada bana doğru döndüler. Bir anda perilerden biri bacağında uzun tüyler yarattı. Diğer periler neşe içinde daireler çizerek ona güldüler. Ve aniden duş penceresinden ormana doğru uçtular ve göz açıp kapayana kadar ortadan kayboldular.

Kendimi delirmiş gibi hissettim! Aklımı kaçırdığımı düşünmeye başladım. Gözyaşları içinde yatak odama koştum. Çok üzgündüm ve yaşadığım deneyimi panik içinde Guy'a anlatmaya başladım. Olanları anlatmayı bitirdikten sonra ona delirip delirmediği sordum.

Guy bana sakince baktı ve "Vianna sen perileri gördün," dedi. Boş boş ona baktım. "Bilirsin ya doğa ruhlarını. Pek insan onları gördü ama bu çok sık olan bir şey değil. Onlar çiçeklerin açtığı, ağaçların sık olduğu yerlere ve bazen eski, kutsal yerlere bağlıdırlar. O veya bu şekilde bütün kıtalarda görünmüşlerdir. Kızılderililerin onlarla ilgili pek çok efsanesi vardır ve bunlar İrlanda efsanelerine de benzer. Sen sezgisel biri olduğun için onları görmen daha kolay. Sen insanlarla peri dünyası arasında bir köprü gibisin. Sakin ol! Delirmiyorsun, bu sadece senin onları görebildiğin anlamına geliyor."

Onu dinlerken kendimi toparlamaya başladım. Yavaş yavaş kendime geldim. Bir süre sonra giyinmeye başladım, bir yandan da istenmeyen şeyler görme korkusuyla göz ucuyla etrafa bakıyordum. Kahvaltı etmek için aşağıya indik. Peggy'e duymaktan çok mutlu olacağını düşünerek gördüklerimi söyledim. Yanılmıştım. Deneyimim onu çok üzdü, çünkü o perileri görmek için 20 yıldır uğraşıyordu, onlar için etrafa bal ve süt dolu kaseler bırakıyordu. Ben ise evine geldikten birkaç saat sonra onları görmüştüm. Bütün bu olanlardan dolayı biraz huysuzdu ve bu onunla kaldığımız iki gün boyunca devam etti.

Peggy'nin sabahı başka bir olay nedeniyle iyice karışmıştı. Gece ayılar kuş besleme ünitesine gelmişlerdi. Görünüşe göre ayılardan biri besleme ünitesine tırmanırken terasa zarar vermişti. Besleme ünite parçalanmıştı ve kuş yemleri her yere saçılmıştı. Peggy oldukça sinirliydi ve etrafa üşüşen kuşlar da pek mutlu değildi. Aç ayı Peggy'nin terasına kokulu dışkısını da bırakmıştı.

İki gün sonra semineri bitirdik. Peggy'nin evinden ayrılırken küçük peri evine ve bir anlığına beni şok eden, masumiyetimi çalıp, sonra geri veren küçük insanlara veda ettim.

Perilerle yaşadığım bu olay, benim gerçeklik kavramımı sonsuza kadar değiştirdi. Beni İkinci Varoluş Seviyesinin olasılıklarına açan da bu olaydı.

◊◊◊

İkinci Seviyeden insanlarla deneyimim daha bitmemişti. Küçük perilerle duştaki deneyimimin üzerinden fazla zaman geçmeden yine ziyaret edildim. Utah, St. George'daki bir seminerden evime dönüyordum. Bu bölgeyi hiç görmemiş olanlar için, çok derin bir güzelliği olan bir yer olduğunu söyleyebilirim. Utah çölü nefes kesici kan kırmızı görünümüyle vahşi bir yerdir. Sonu olmayan ardıç ormanları, ışık oyunlarıyla değişen görkemli kıpkırmızı dağları vardır ve çöl sıcağında cazip görünen söğüt ve kavak ağaçlarıyla, Virgin Nehrinin yatağı da buradadır.

O gün, daha yeni aldığım kristalleri yıkamak için kendimi mecbur hissettim. Ne zaman yeni kristaller alsam onları akan bir su kaynağında yıkayarak üzerlerindeki etkileri temizlemek benim için bir ritüel haline gelmişti. Nehrin kıyısında uygun bir nokta gördüm ve kristallerimi yıkamak için Zion Ulusal Parkı girişine yakın bir yerde durdum.

Nehre doğru yürüdüm ve kristallerimi yıkamak için eğildiğim sırada birdenbire çalılıktan iki tane peri çıktı ve başımın etrafında dönmeye başladı. Giysi olarak sonbahar yapraklarından yapılmış etekler giyiyorlardı ve küçük kanatlarını o kadar hızlı çırpıyorlardı ki görmek neredeyse imkânsızdı, tıpkı sinekkuşu gibi. Biri oğlan diğeri kızdı. İlk düşüncem "Oh, erkek olanlar da varmış," oldu.

Küçük oğlan peri yüzüme doğru uçup elimdeki kristalleri kast ederek "Onu bana ver!" dedi.

Anında rahatsız olmuştum. Ona "Hayır, onu alamazsın," dedim.

Küçük oğlan peri ısrarcıydı ve agresifleşip başımın etrafında uçarak saçlarımı çekmeye başladı. Bana "Onu bana ver!" diye bağırdı.

"Hayır!" diye bağırdım saldırısına karşı başımı eğerek. Küçük boyutuna rağmen inanılmaz güçlüydü. Bana doğru uçup beni arkamdaki nehre düşürmek için itmeye başladı. Minikti ama çok kuvvetliydi! Küçük periyle mücadele ederken debelenmeye başladım. Arkamdaki nehre düşmekten korkuyordum çünkü özellikle yılın o zamanı çok soğuk ve kuvvetli bir akıntısı olurdu.

Sonra gözümün ucuyla arkamdaki nehirde bir hareketlenme gördüm. Birdenbire uzun boylu, güzel bir kadın nehrin içinden sıvı bir güzellik vizyonu olarak ortaya çıktı. Oğlan periye işaret etti ve meneviş mavisi gözleri ona rahatsız olmuş bir ifadeyle baktı.

Oğlan periye "Onu rahat bırak!" dedi. İki küçük peri de çok korkmuştu. Küçük çığlıklar atarak, uçarak uzaklaşıp yok oldular. Beni kurtaran güzel su elementaline minnettar bir şekilde kristallerimi aldım ve aceleyle araba gittim, koltuğa oturup ağlamaya başladım. Guy beni teselli etti ve her şeyin yolunda olduğunu söyledi. Kendimi daha iyi hissedince eve doğru yola koyulduk.

Bu olay bütün perilerin kötü olduğu anlamına gelmiyor. Biraz yaramaz olabilirler ama eğer onlara gerektiği gibi saygı duyarsak bize iyi arkadaş olabilirler. Onlar benim arkadaşım. Bu Seviyenin enerjilerinin çok kuvvetli hatta bazen şiddetli olduğunu fark ettim. Bu yüzden Varoluşun Yedinci Seviyesindeki Her Şeyin Yaratıcısı ile bağlantımız açık ve net olmalı. Her ne kadar bunu o zamanlar bilsemde şaşırmıştım; o küçük peri bana saldırdığında yapacağım tek şey Yaratıcı'ya bağlanıp, Yaratıcı'nın aracılığıyla ondan gitmesini istemek olmalıydı.

O zamandan beri, birden çok kıtada, pek çok kutsanmış kişiyle başka karşılaşmalarım oldu. Ama bunlar başka hikâyeler.

Doğa Ruhları-Elementaller

İnsan ırkının spiritüel gelişimi ve yükselişi nedeniyle Seviyeler arasındaki perdeler gittikçe inceliyor. İnsanlar için perdelerin ardını görmek hiç olmadığı kadar kolay. İkinci ve Üçüncü

Seviyeler arasındaki perde özellikle çok ince. Uzay-zaman devamlılığındaki bu açılımdan dolayı gittikçe artan sayıda insan bir zamanlar (ve bugün hâlâ) *peri* denen varlıkları görüyorlar.

Ben onları Elemanteller olarak çağırmayı tercih ediyorum ve emin olabilirsiniz ki onlar *hiçbir şekilde* insan değiller. Elementaller, sıvı veya hava haline gelmek ya da katı bir form almak için kendi moleküler titreşimlerinin oranını kontrol edebilen elementlerdir; toprak, hava, su ve ateş. Hafif bir rüzgâra, çağıldayan bir akıntıya, ayaklarımızın altındaki toprağa ve hatta şimşeğin ateşine dönüşebilirler. Bitkilerle birleşebilirler, bir sıvı varlık haline gelebilirler, hava formu ya da katı bir form alabilirler. Katı bir form almaya karar verdikleri zaman onları binlerce farklı şekil ve boy halini alan periler olarak görürüz.

Ağaçlara ve bitkilere karşı özel bir sevgi hisseden herkesin Elementaller ile yaradılıştan gelen bir bağı vardır. Bazı Elementaller insanlar ile iletişim kurmayı öğrenmiştir. Bazı insanlar için bu iyidir, bazıları içinse iyi olmayabilir. Periler kendilerine emir verilmesinden hoşlanmazlar ama eğer doğru şekilde yapılırsa onlardan faydalanılabilir.

Avustralya'daki sınıflarımdan birinde birisi enteresan bir noktaya işaret etti. Ne zaman Elementallere bağlanıp yardım isteseler, karşılık olarak periler hep bir hediye bekliyordu. Eğer çantanızda anahtarlarınızı bulamıyorsanız veya başka şeyleriniz kayıpsa, bu yaptıklarının karşılığını aldığına inanan bir perinin işi olabilir.

Eğer evinizi perilere açmak istiyorsanız, bunu Yedinci Varoluş Seviyesinden yapmalısınız. Bu şekilde hem insan hem de Elemental birbirini güçlendirir ve aralarında anlaşmazlık olmaz. Yedinci Seviye aracılığıyla İkinci ve Üçüncü Seviyelerin enerjileri beraber çalışabilirler.

Takip etmeniz gereken esaslar şunlardır:

- Bir Elemental ile konuşmadan önce ilk olarak daima Yedinci Seviyeye gidin.
- İlk önce Yedinci Seviyeye çıkmadan asla bir Elemental ile bir yere gitmeyin.
- Bir Elementalden asla bir şey istemeyin çünkü karşılığında bir enerji değişimi bekleyecektir ve izniniz olmadan gayet rahat bir şekilde sizden parlak bir obje alacaktır.
- Elementaller Tanrı değildir.
- Eğer siz kendinize saygı duyuyorsanız, Elementaller size daha çok saygı duyacaktır.
- Elementaller kendilerini sadece kalben saf insanlara gösterir.
- Onları görmek için Elementallere inanmanız gerekmiyor.
- Size kendilerini sadece tehlikede olmadıklarına inandıkları zaman gösterirler.
- Elementaller kahkahaya ve şarkılara bayılırlar. İnsanların kahkahalarının tınısı onları büyüler (Tını notaya uygun olmalı).
- Sanatı çok severler. Resim yapan insanları izlemeye bayılırlar.

Elementaller, tıpkı ışıltılar saçan bir elması beğenen insanlar gibi, yarattıkları ışığı parıltılar halinde yayan parlak objeleri severler. Kuvars ve ametist gibi güzel kristal oluşumlarına karşı çekim hisseden Elementaller vardır. Kristal bir oluşuma, ışık vurunca bir enerji yaratılır. Yaratılan ışık ve kristalin bu füzyonu, bu *ışıltı* Elementaller için ilaç gibidir. İşte bu nedenle Elementaller kristallere çekilir.

Varoluş Seviyeleri arasındaki perdeler düşmeye başladığı için bazı Elementallerin insan formunda burada olduklarına inanıyorum. Hepimiz elfler ya da periler gibi hareket eden insanlarla karşılaşmışızdır. Sanki perilere doğru ya da perilerden geriye doğru evrimleşiyor gibi görünürler. Pek çok Elementalin sırf Üçüncü Seviyeyi deneyimleme amacıyla bunu yaptığına inanıyorum. Bu insanların pek çoğu Elementalleri ve yaşam alanlarını korumak için burada bulunuyor. Bu insanlar çevreci ve doğa bilimciler.

İkinci Varoluş Seviyesi ile uyum içinde yaşamak

Bitkiler ve insanlar arasında simbiyotik bir ilişki gelişmiştir. Bitkiler çoğalmak ve kendilerini yaymak için insanları kullanırlar ve karşılığında onlar da insanların hayatta kalmaları için vazgeçilmezdir. Bitkiler fotosentez mucizesini gerçekleştirirler; bizim tüketmemiz için kutsanmış güneş ışığının saf enerjiye dönüştürülmesi olan kutsal yaratım. Biz bu enerji ile gelişiriz ve toprağa tohumlarını bırakan bitki bu döngüyü yeniden başlatır.

Bitkiler oldukça evrimleşmiştir; ışık ve minerallerle yaşarlar ve genel olarak bakacak olursak yaşayan başka hiçbir organik maddeyi kullanmazlar. Bütün bitkilerin kendi bilinçleri vardır. Bitkiler, toprak ve hava ruhlarıyla birlikte Birinci ve Üçüncü Varoluş Seviyeleri arasındaki bağlantının kutsal dansını sergilerler.

Bitkiler ve ağaçlar Tanrı'nın yaratıkları arasında en gelişmiş ve kutsal olanlarındandır. Doğum ve ölüm döngüsünde, kökleri aracılığıyla Toprak Ana'dan besinler toplarlar ve aynı besinleri öldükten uzun süre sonra bile geri vermeye devam ederler. Doğanın kutsal döngüsünü izlerler ve yok etmek için değil sadece yaşamak için mücadele ederler. Kendilerini ayakta tutmak için sadece güneş ışığı, hava ve toprağı kullanmalarına rağmen, bitkiler ve ağaçlar yaşayan diğer varlıklar için besin ve barınak sağlarlar.

Sevgi, neşe, mutluluk ve sağlık, bitkileri ve ağaçları gerçekten anlamanın anahtarlarıdır. Şifalar için bitkileri ve ağaçları kullanırken, ister evde yetişmiş olan bitkileri ister yabani bitkileri, onları her zaman saygı ile toplamayı hatırlamalıyız. Alanınızdan dışarı yukarı doğru çıkarak Yaratıcı'ya bağlanın ve hasat etmek için bitkiden izin isteyin. Sizinle konuşacaklar ve sizi ihtiyacınız olan en uygun bitkilere yönlendireceklerdir. Bitkiyi toplarken Yaratıcı ile bağlantıda kalın, bitkinin tohum olduğu zamana gidin ve büyüyüp o anki haline gelirken ona sevgi ve kutsama gönderin.

Elemental krallığı bitkiler ile iç içe geçmiştir ve aynı zamanda ışığın saf özüyle de iç içedir. Bu yüzden İkinci Varoluş Seviyesi güneşin ışığını, yaşamı yaratması için bütün Seviyeler boyunca bu enerjiye dönüştürür.

Güneş ışığı hayatın özüdür. Dünyada bütün canlıların yaşamak için güneş ışığına ihtiyacı vardır. Bu gezegendeki her şey ışığın ateşine dayanır ve biz bitkileri tüketerek onu özümseriz. Gerçek yaşam gücü olan bitkinin içindeki "ışık" insan bedeni için önemlidir. Bu ışığın kullanılması aracılığıyla bütün Varoluş Seviyelerine bağlı kalmamız için bir yol ortaya çıkar.

İkinci Varoluş Seviyesini kullanan şifacılar sağlığı elde etmek için otları ve vitaminleri nasıl kullanacaklarını bilirler. Bu Seviyeden yapılan Şifalar etki etmek için ısrarlı kullanıma ve zamana ihtiyaç duyarlar. Bu Seviyeden çalışan şifacılar, otlar ve ilaçlarla olan reaksiyonlar hakkında çok geniş kapsamlı bilgiye sahip olmalıdır. Bu bilgiler olmazsa danışan risk altında olur. Ancak her hastalık için bitkilerden organik bir kombinasyon vardır.

Daha önce de bahsedildiği gibi, otları ya da başka bitkileri şifa için kullanıyorsanız, uygun olan prosedür bitkileri tohum olduğu zamandan o anki haline kadar kutsamaktır. Eğer otları, vitaminleri ya da yiyecekleri bir dükkândan alıyorsanız, Her Şeyin Yaratıcısı'na onların sizin en yüksek iyiliğiniz için olup olmadığını sorun. Buna karar vermek için bir ürünü tutarken Yaratıcı'ya bağlanıp potansiyelinin doğru olup olmadığını sorabilirsiniz.

Her şeyin bir bilinci olduğundan ve onu tüketince bu özü içimize aldığımızdan dolayı yediğimiz bütün yiyecekleri kutsamalıyız! Eğer bu maddelere hak ettikleri saygı gösterilmezse faydaları daha az olacaktır. Genetiğiyle oynanmış gıdaların, belki de bizim için çok da iyi olmayan bir bilinci vardır. Eğer herhangi bir yiyeceğin özüyle ilgili bir soru varsa, geri dönün ve onu kökeninden itibaren kutsayın.

Yedinci Seviye Aracılığıyla İkinci Varoluş Seviyesi ile Tanışın

İkinci Varoluş Seviyesine gitmenin en iyi yolu önce Yedinci Varoluş Seviyesine gidip sonra İkinci Seviyeye gitmektir.

Bitkiler çok hassastır ve eğer düşüncelerinizi bitkiye çok fazla iterseniz bitki gerçek anlamda ölebilir. Aşağıdaki egzersiz bitkilerin ne kadar hassas olduklarını gösterip, sizi İkinci Varoluş Seviyesi ile tanıştırmak, yaşayan bir alana fark ettirmeden nasıl nazikçe girilip, çıkılacağını göstermek ve tarama yeteneklerinizi denemeniz amacını taşır. Bu hem yeteneklerinizi hem de muhakeme yeteneğinizi geliştirecektir.

Bir Bitki ile Tanışın

1. Kendinizi topraklayın ve merkezleyin.
2. Bilincinizi Var Olan Herşey'in bir parçası olan Dünya

Ana'nın merkezine göndermekle başlayın. Enerjiyi ayaklarınızdan yukarıya, bedeninizin içinden geçirin ve bütün çakralarınızdan yukarıya getirin. Güzel bir ışık topuyla taç çakranızdan yukarı çıkın, yıldızların ötesine, Evren'e gönderin.

3. Evren'in ötesine gidin, beyaz ışıkları geçin, karanlık ışıkları geçin, beyaz ışığı geçin. Yasalar olan jöle gibi maddeyi geçin, incimsi, yanardöner beyaz ışığa, Yedinci Varoluş Seviyesine gelin.
4. Koşulsuz Sevgiyi toplayın ve Her Şey'in Yaratıcısı'na emir verin: "Her Şeyin Yaratıcısı bu bitki için bir tarama yapılması emredilir. Bana görmem gereken neyse onu göster. Teşekkür ederim. Oldu. Oldu. Oldu."
5. Bitkiye yaz rüzgârındaki tüy kadar nazikçe gidin. Şimdi nazikçe bitkiye girdiğinizi imgeleyin, hızlıca bakın ve kendinizi bitkinin alanından dışarı çıkarın. Hatırlayın, eğer çok fazla güçle girerseniz, bitkiye gerçekten zarar verebilirsiniz.
6. Kendinizi durulayın, topraklanın ve alanınıza dönüp, enerji kesmesi yapın.

15
Birinci Seviye

29 yaşındayken taş ve kristal satan seyyar bir satıcının yaşadığım kasabaya geldiğini duydum. Mallarını yerel alışveriş merkezinde bir stantta satıyordu. Taşların, minerallerin ve kristallerin özünü ve titreşimini hep çok sevmişimdir. Güneydoğu İdaho'daki metafizik topluluğu yüksek titreşimlere sahip taşları bulmak için hep fırsat kollardı. Bu yüzden seyyar satıcıyı duyunca ne sattığını görmek istedim. Mükemmel kristali bulma macerası için alışveriş merkezine gittim.

Kristal satıcısı adının Chuck olduğunu öğrendiğim bir adamdı. Chuck o zamanlar 55 yaşlarındaydı, kısmen Kızılderili kökenliydi ve uzun saçları vardı. Küçük tezgâhında neler olduğuna bakarken piramit şeklinde, gümüş zincire asılı küçük bir kristal gördüm ve görür görmez ona âşık oldum.

Hayatımın o döneminde iki yakamı bir araya getirmekte oldukça zorlanıyordum. Okula geri dönmüştüm ve çok az bir parayla geçiniyordum. Buna rağmen kolyeyi almak için cebimden on beş dolar çıkardım.

Adam bana baktı ve "O kolyeyi istemezsin," dedi. Bu beni şaşırttı ve sinir etti. "Evet, isterim," dedim.

"Hayır, istemezsin. Belki bunu ya da şuradakini istersin," dedi.

Bana gösterdiği kolyelerin piramit şeklindeki küçük kristalden daha karmaşık ve iyi tasarımları vardı. Yine de "Hayır, istediğim o değil, ben bunu istiyorum," dedim piramit şeklindeki kristali kastederek.

Paramı uzatırken bana "Tamam eğer bu kolyeyi satın alırsan şunu da alman gerekir," diyerek tezgâhın altından üzerinde parlak, küçük yontulmuş elmaslar olan siyah bir taş çıkardı. İnanılmaz güzellikte bir taştı ve ona hayran olmuştum. Adama baktım ve "Ne kadar?" diye sordum.

Bana "Senin ne kadar paran var?" diye sordu.

"Sekiz dolarım var," dedim.

Bana bakıp gülümsedi ve "O zaman bugün için fiyatı sekiz dolar," dedi ve taşı bana uzattı.

O andan itibaren hayatım değişmeye başladı. Taşı evime getirdiğim andan itibaren etrafımdaki şeylerle fiziksel olarak daha iyi bir uyum içinde olmaya başladım.

Taştan ciddi şekilde etkilendiğimi itiraf etmeliyim. Sanki benimle konuşuyordu. Onu elime aldığım her defa sezgisel yeteneklerimi daha kolay odaklayabildiğimi fark ettim.

Bu, taşın ne olduğu konusundaki merakımı daha da arttırdı. Pek çok insana ne olduğunu sordum ama kimse bana söylemedi. En sonunda, yaklaşık 1,5 yıl sonra bir taş ve mineral fuarına gittim. Kristali yanımda götürüp oradaki satıcılardan birine gösterdim. Ona taşın ne olduğunu sordum ve adam onu benden satın almak için anında seksen dolar teklif etti ama onun ne olduğunu bana söylemedi. Teklifini reddedip başka bir satıcıya gösterdim ve ne olduğunu sordum. Bana taşın "Melanit Kristali" olduğunu söyledi. Andradit lal minerallerinden biri. Terim bana yabancıydı. "Anlamadım, yani?" dedim.

Adam bana "Hayatım, o bizim işte başkalarının siyah yakut dediği taştır. Hayatımda hiç bu boyutta olanını görmedim. Genellikle küçük bir parçadan olur ve çok ender böyle bir arada toplanır. Bu harika parçanın ne kadar ettiğini bilmiyorum ama senin yerinde olsam onu elimde tutardım," dedi.

O günden sonra küçük siyah yakut benim en özel kristallerimden biri oldu. Yaptığım denemelerde onun piramit altında enerjiyi tutabilen çok az kristalden biri olduğunu gördüm. Görüyorsunuz ya, pek çok kristal piramidin altında buz gibi soğuk hale gelir. Piramit altında enerjileri tuttuğunu gördüğüm taşlar rutile kuvars ve benim siyah yakutum oldu.

Siyah yakutumun pek çok mistik ve sihirli sırları olduğunu öğrendim. En önemlisi benim sezgisel hislerimi uyandırması oldu. Bütün kristallerim arasında o benim en tatlı, en kıymetli arkadaşım.

Birinci Varoluş Seviyesi ve kristallerin gücüyle ilk olarak bu şekilde yakından bir ilişki kurdum.

Varoluşun Birinci Seviyesinin Yaşamı

Bu Seviyeden organik olmayan yaşamın bir yaşamı ve kendine ait bilinci olduğunu öğreniyoruz. Doğa Ana'nın kendisi devasa bir enerji alanı ya da devasa bir ruhtur. Dünyadaki her bir parçanın; en küçük kristalden en büyük dağa kadar hepsinin kendine özel ruhu vardır. Biz insanlar, bu ruhların hareket ettiğin görmesek de hâlâ kendi yaşam güçleri vardır.

Hayatın olması için, bilimin de söylediği gibi, karbon molekülü yapısı oluşturmak için karbon atomunun olması gerek. Birinci Seviyede, karbon bazlı olarak anladığımız hayatın ötesinde bir Varoluş vardır. Birinci Seviye organik olmayan maddedir.

Bu organik olmayan hayat etrafımızdadır. Toprak Ana kayaları kucaklar ve kayaların içinde mineraller vardır. Mineraller kalsiyum, magnezyum ve hayatta kalmak için az miktarda ihtiyaç duyduğumuz selenyumdan oluşur. Aslında, siz bu Seviye ile beraber bu minerallerden ve sudan oluşuyorsunuz. Bu, moleküler yapının temelidir.

MİNERALLER

Minerallerin iki genel işlevi vardır: İnşa etmek ve düzenlemek. İnşa etme fonksiyonu kemikleri, dişleri ve bütün yumuşak dokuları etkiler. Düzenleme fonksiyonu pek çok farklı sistemi etkiler; kalbinizin atması, kanın pıhtılaşması, sinirlerin tepki vermesi ve oksijenin akciğerden dokulara taşınması gibi. Güçlü bir beden inşa etmek ve onun hayati fonksiyonlarına devam için protein, karbonhidrat, yağlar, su ve vitaminlerle beraber mineraller de gereklidir. Eğer Birinci Seviye ile ahenk içinde olsaydık su haline gelirdik, çünkü kemiklerimizi ve dokularımızı meydana getirenler büyük oranda minerallerdir.

Sağlık bilincinde olan insanlar olarak hepimiz vücudumuza gerekli olan vitaminleri ve mineralleri almamız gerektiğini biliyoruz, ama çok az insan nedenini anlıyor. Vitaminler ve mineraller çok farklı olsa da vücudun ikisine de ihtiyacı var. Açıkça belli olan farklardan biri vitaminlerin karbon içermesi ve organik madde olarak kabul edilmesidir. Minerallerde karbon eksiktir ve bu nedenle organik olmayan madde olarak sınıflandırılır.

Vücut tarafından kullanılan vitaminler ve mineraller önemli roller oynarlar. Vücut, bazı vitaminlerin günlük önerilen dozlarını almadan da fonksiyonlarını yerine getirmeye devam edebilir ama mineral eksikliğinin korkunç sonuçları olabilir. Örneğin kırmızı kan hücrelerinde hemoglobin bulunması için vücudun demir ihtiyacı vardır. Güçlü kemikler ve dişler için kalsiyum gereklidir. Kalsiyum aynı zamanda böbreklerin, kasların ve sinirlerin düzgün çalışması için de gereklidir. Yeterli seviyede iyot olmadan triod bezi enerji üretemez. Manganez, selenyum ve çinko antioksidandır ve görevleri arasında yaraların iyileşmesi, iskelet sisteminin düzgün gelişmesi ve hücre zarının korunması vardır.

Vücudun ihtiyaç duyduğu iki mineral sınıfı vardır. Bu sınıflar Ana (Majör) Mineraller ve Eser (Az) Miktar Minerallerdir. İkisi arasındaki fark vücudun ihtiyaç duyduğu miktardan gelir. Ana minerallerden vücudun günde minimum 100 miligram alması bedensel fonksiyonların yerine gelmesi için gereklidir. Eser miktarda olan mineral sınıfından ise günlük 100 miligramın altında alınması önerilir.

Ana (Majör) Mineraller

Kalsiyum
Fosfor
Magnezyum
Sodyum
Potasyum
Sülfür
Klorür

Eser (Az) Miktarda Gereken Mineraller

Krom
Bakır
Florür
İyot
Demir

Manganez

Molibden

Selenyum

Çinko

Eğer mineraller eksikse, destek eksiktir.

MİNERAL KAYNAKLARI

Mineralleri yediğimiz yiyeceklerden alırız. Bu nasıl olur? Mineraller vücudumuza toprakta yetişen yiyecekler ve onlardan beslenen hayvanlar aracılığıyla girer. Meyveler, sebzeler, kırmızı et, kümes hayvanlarının etleri, süt ürünleri, tahıllar ve baklagiller vücudumuzun ihtiyaç duyduğu minerallerin ana kaynakları arasındadır. İşlem görmüş yiyecekler mineral bakımından zayıftır ve sağlıklı beslenme alışkanlığı olmayan insanlar çoğu zaman vitamin ve mineral eksikliği ile alakalı hastalıklardan muzdarip olurlar.

Danışanlarımda gördüğüm eksiklikler içinde en yaygın olanları kalsiyum ve magnezyum eksikliğidir. Baktığım insanların çok azının vücudunda yeterli kalsiyum vardı.

Mineral eksikliklerinin modern hastalıkların altında yatan sebep olduğuna inanıyorum. Topraklarımızdaki fakirleşmeden dolayı mineraller eskiden olduğu gibi yararlanılabilir durumda değil.

Bazı minerallerin fazla miktarda alınmasının vücutta toksik etki yaratma olasılığı olduğu için mineral destekleri tartışma konusudur. İnsanlar günlük mineral ihtiyaçlarını mümkün olduğunca yiyeceklerden karşılamalıdır. Mineral desteklerinin vücut tarafından uygun şekilde emilmesi için şelatlı (kıskaçlı) mineral alınması tavsiye edilir. Bunların kan dolaşımına girmeleri ve hücre duvarları tarafından emilmeleri daha kolaydır. Şelatlı olmayan minerallerin emilmeleri daha zordur.

ThetaHealing uygulayıcısı bedendeki mineral eksikliğini fiziksel olarak görmeyi öğrenir ve eğer bu Seviyede Ustalığa erişirse bedende farklı mineralleri fiziksel olarak üretebilir.

Birinci Seviye *Simyacılık* ustalığının ve mineralleri birbirine dönüştürme bilgisinin Seviyesidir. Telekinezi organik olmayan maddenin hareket ettirilmesi olduğu için, telekinezi gücü Yedinci ve Altıncı Seviyelerle beraber öğrenilir. Zihnin elektromanyetik gücü ile objeleri hareket ettirme veya kaşıkları bükme yeteneği bu Seviyededir.

Şifacı mineralleri kullandığı zaman bu Varoluş Seviyesini kullanır. Her hastalık için, bir mineral vardır. Kristalleri kullanan Şifalar bu Varoluş Seviyesindendir. Kristallerin kullanımı zaman ve enerji ister.

Kristaller ve Şifa Taşları

Birinci Varoluş Seviyesi bize taşlarla, minerallerle, kıymetli taşlarla, soluduğumuz hava ile ve ayaklarımızın altındaki toprak ile nasıl bağlantı kuracağımızı öğretir. En nihayetinde amaç Her Şey Olan'ın bir parçası olan Dünyamız için saygı ve onur içeren bir ilişkiye ev sahipliği yapmaktır.

Birinci Seviyenin kendine özgü bilinci vardır. Minerallerin bileşim elementlerine parçalandığını çıplak gözle görmediğimiz ve onları sadece katı halde gördüğümüz için, onların çok yavaş da olsa hâlâ hareket ettiğini fark etmeyebiliriz. Size olan her şeyde bir bilinç olduğunu söylüyorum. Tıpkı sizde ve bende olduğu gibi şu halde organik olmayan yaşam formlarında da.

Dünyanın her yerinde eski insanlar, kristallerin ve minerallerin enerjileri ile bağlantı kurdular ve bu güçleri isimlendirdiler; "kaya adamlar" gibi. Eski insanlar kristallerin ve minerallerin farklı özelliklerinin farkındaydılar. Ayrıca bu maddelerin özelliklerinin kişinin yeteneklerini nasıl güçlendireceğini ve kişinin diğer Varoluş Seviyelerinin güçlerine ulaşmasına izin veren kapılar olduklarını biliyorlardı. Kristallerin ve minerallerin enerjileri araç olarak kullanılarak diğer Seviyelere açılan kapılara erişilebilir. Kişi kristalleri atalardan kalma DNA anılarına ulaşmak için Üçüncü Varoluş Seviyesi ile denklik sağlamak için kullanabilir.

Sezgisel insan minerallerin ve kristallerin gizli dilini onlarda tutulan kayıt edilmiş zamansız anılara ulaşmak için öğrenir. Sezgisel birinin belli bir taşa ya da minerale çekilmesinin nedeni budur. Çünkü o taş onların hayatına mistik veya fiziksel sebeplerden dolayı uygundur (ya da o taşın kişiye ihtiyacı vardır).

Modern bilimin vücudumuzdaki hormonları yapısal anlamda kristalimsi olarak tanımladığını biliyor musunuz? Salgılanma ve vücuda gönderilme biçimleri neredeyse kristallerin büyümesi ile birebir benzerlik taşır.

Pek çok değerli taşın belli bir zaman diliminden önce yaratıldığının düşünüldüğünü belirtmek gerek: 200 milyon yıl önce. Hidrotermal ve magmatik döngüler tarafından yeryüzünün derinliklerinde yaratılan bu metafiziksel taşlar hayatlarımıza şifa, takı ve dekorasyon amacıyla girmeden önce, çok uzun ve inanılmaz bir yolculuk yaptılar. İnanılmaz yaşlarına güzellikleri de eklenince bize, yaşadığımız gezegenin gizemi, özü ve sükûneti hakkında bilgi sağlarlar.

Taşların çoğu, yarı değerli ya da diğerleri, kendi gelenekleriyle gelirler. Bazı insanlar taşları feng-shui ve negatif enerjileri dönüştürme amacıyla kullanır. Gerçek bir değerli taş ustası onları sadece geliştirme, güzelleştirme amacıyla kullanır ve asla taşlara karar verme yetkisi vermez. Hatırlayın, bir Şifayı emretmek için herhangi bir yardıma ya da araca ihtiyacınız yoktur; yapmanız gereken tek şey Her Şeyin Yaratıcısı'na gitmektir. Kristalleri öğreniyorsunuz, böylece hâlâ araca ihtiyaç duyduğuna inanan insanlarla iletişim kurabileceksiniz. Birçok şey bilmek ve nasıl her bir Varoluş Seviyesi ile çalışılacağını öğrenmek çok eğlenceli ama bu Beyin Şekerine kendinizi fazla kaptırmayın. İhtiyacınız olan tek şey Yaratıcı'dır.

Kristal şifasının dersi size muhakeme yeteneği öğretmektir. Tıpkı elektrikli aletlerin elektrik tarafından desteklenmesi gibi kristaller de onları kullanan ve takan taşıyıcının enerjisini sadece arttırırlar. Taşların aslında sizin zihniniz ve bedeninizin elektriği ile çalıştığını anlamalısınız. Enerji titreşiminiz değiştikçe değişik özelliklerdeki farklı taşlara çekilirsiniz.

Eğer taşlar ve kristaller takarsanız ve taşırsanız, onlara Yaratıcı tarafından verilmiş özel yetenekleri olduğunu göreceksiniz. Etrafınızdaki taşların niteliklerini öğrenin; size Her Şey Olan'dan ayrı olmadığınız bilgisini anlamanızda yardımcı olacaklardır.

Kristallere Nasıl Bakılır

Kristallere bakım yapmak için onları güneş ışığında, ay ışığında, deniz tuzunda bırakarak yıkayın ya da okyanusta, akarsuda yıkayın ve hatta diyapazon veya ziller ile tonlama yapın. Bazı kristallerin hassas olduğunu ve yıkanmamaları gerektiğini unutmayın. En iyi yöntem Her Şeyin Yaratıcısına çıkıp taşların temizlenmesini emretmektir.

Şifalandırıcı Kristaller

Taşlar pek çok amaç için kullanılır. Aşağıda taşların ve bazı işlevlerinin listesi vardır. Kristaller ve onların metafiziksel özellikleri hakkında olan bütün kitapların birbiriyle hemfikir olmadıklarını aklınızda tutun.

Akik: Duygusal, fiziksel ve zihinsel denge sağlayan topraklanma taşıdır. Kişiye negatifliğin, karamsarlığın ve içsel öfkenin üstesinden gelmede yardım eder.

Mavi Akik: Sakinleştirici ve şifalandırıcı etkisi vardır.

Yeşil Akik: Ruhunuzu tazeleyici ve sizi etrafınızdaki güzellikler için uyandırma özelliği olduğu söylenir. Acıyı azaltır ve lenf sistemini ve bağışıklık sistemini güçlendirir.

Ateş Akik: Koruma

Kehribar (Amber): Bu bir kristal değildir. Fosil olarak taşlaşmış ağaç reçinesidir. Hastalıkları çekip, çıkarma, stresten kurtarma ve iç organlar için iyileştirici olan harika bir taştır. Kehribar aynı zamanda size ait veya genetik geçmiş yaşam anılarını tetikler.

Ametist: Duru görü ve ilahi bağlantıyı arttırır, sağduyu verir.

Akuamarin: Değişimi ve serbest bırakmayı tetikler, cesaret verir, sezgi ve duru görüye yardım eder.

Yıldız Taşı: Hayatınıza macera getirir, hayallerinizi yaratmada yardımcı olur.

Azurit: Sezgilerinizi inanılmaz derecede arttırır, çakralarınızı temizler. Eskiler tarafından Lapis taşından bile kıymetli kabul edilirdi.

Kantaşı: Efsaneye göre Hz. İsa bazı taşların üzerine kanadı ve o birkaç taş Kantaşı olarak adlandırıldı. Cesaret verir, kişiyi tetikler ve onlardaki ilahi enerjiyi (mesih bilincini) uyandırır.

Kırmızı Akik: Cesaret verir, pozitif değişiklikleri destekler, duygusuzluğu dağıtır, işte ve diğer aktivitelerde başarı için motive eder.

Çeroit: Bizi kutsal amacımız ile bağlantıya geçirir. Daha yüksel spiritüel seviyeye ilerlerken değişimle başa çıkmamıza yardım eder. Negatif enerjiyi şifaya dönüştürür, hastalıkları iyileşmeye çevirir ve güçlü rüyalar görmemizi sağlar.

Sitrin: Zenginlik ve bereket getirir.

Diaoptaz: Kalbi iyileştirir ve rahatlatır ve bağışlayıcılık getirir. Şimdiki anda yaşamamıza yardım eder.

Zümrüt: Negatif enerjileri pozitife çevirir ve sabır verir. Önemli bir kalp merkezi taşıdır. Zümrüt korunma ve şifa sağlar.

Fluorit: Öğrenme için harikadır. Duygusal olarak dengeleme etkisi vardır. Enfeksiyonlar için iyidir.

Lal Taşı: Bolluk ve tutku getirir. Sevgiyi uyandırır, vücudu canlandırır.

Hematit: Savaşçıyı korur, topraklar. Kireçlenme ve yüksek tansiyon tedavisinde kullanılır.

Yeşim: Koruma, iyileştirme sağlar. Negatif enerjiyi emer ve dolunca kırılır. Asla yıkanmamalıdır. Hayalet izleri tutmaz.

Jasper: Madagaskar Jasper'ı ender bulunur ve güzeldir. Dünya'da sadece tek bir yerde bulunur. Bütün Jasper taşlarının iyileştirici özellikleri vardır.

Kıyanit: Yıkanmasına hiç gerek olmayan harika bir şifa taşıdır. Acıyı alır. Negatif enerji tutmaz, anında dönüştürür. Merhamet verir. Tansiyonu düşürür.

Labradorit: Mistiklerin taşı. Negatif enerjiyi pozitife dönüştürür. Sizi daima gerçek sihiriniz ile bağlantıya geçirir.

Lacivert Taş: Telepatik mesajlar göndermek için kullanılan eski bir taştır. Psişik yetenekleri uyandırır ve arttırır.

Larimar: Korumacı, anaç taş. Berraklık ve yapıcı düşünce verir.

Bakırtaşı: Korunma amacıyla kullanılır. Siz tehlike altındayken kırılacaktır. Cesaret ve irade için kullanılır.

Moldavit: Hayatımızda hali hazırda yaratmakta olduğumuz şeyi hızlandırır. Değişim için kullanılır. Hayatınız zaten hızlıysa bu taşı kullanmayın.

Ay Taşı: Ruh eşinizi size getirir. Lusid rüyayı teşvik eder, psişik yetenekleri geliştirir, duyguları sakinleştirir.

Obsidyen: Negatif düşünce formlarına ve büyülere karşı koruma sağlar.

Oniks (Damarlı Akik): Şifa ve koruma.

Siyah Oniks: Negatif enerjilere karşı koruma sağlar. Kullanan kişiye istenmeyen bir ilişkiyi sona erdirmede yardım eder.

Opal: Bir defasında eğer sadece Opal takarsanız başka hiçbir taş takamazsınız denmişti. Bu, elmas satıcıları tarafından uydurulmuş bir mittir; çünkü Opal elmastan daha popüler hale geliyordu. Opal sizdeki gerçek yetenekleri ortaya çıkarır. Bu bir su taşıdır, suyu sever. Opalinizi neyle isterseniz kullanabilirsiniz.

Taşlanmış Odun: Yeni başlangıçlar ve koruma.

Pirit: Erkek taşı, erkeksi özellikleriniz uyandırır.

Kuvars: Netlik, şifa.

Dumanlı Kuvars: Negatif enerjiden koruma, topraklanma.

Pembe Kuvars: Sevgi ve kalbin şifası için.

Rodokrozit: Sevgi getirir, size kendinizi sevmeyi ve beslemeyi öğretir.

Seraphinite: Charoite'nin kardeşi. Spiritüel bağlantı sağlar.

Sodalit: Yolculuğunuza başlamanızı sağlar.

Kaplan Gözü: Geleceği görme yeteneğinizde yardımcı olur. Beynin iki tarafını birleştirir. Hedeflerinize ulaşmak için kullanın.

Topaz: Niyetinizi büyütür, negatif enerjiyi pozitife çevirir.

Sarı Topaz: Para getirir.

Turmalin: Bütün Turmalinler Kuvars kristalinin enerjilerini arttırır. Kuvarsdan 10 kat daha güçlüdür. Kuvarsdan daha iyi bir kılavuzdur. Teleskoplarda, televizyonlarda ve diğer elektronik cihazlarda kullanılır. Eskiler net mesajlar almalarında, düşünce göndermede ve psişik yeteneklerin artmasında yardımcı olduğuna inanırdı. İç huzuru getirir.

Siyah Turmalin: Bedeni arındırır.

Turkuaz: Şifa. Sadece mavi turkuaz artrit acısını alır.

16
Seviyelerle Şifa

Bir kişi ThetaHealing tekniğini ilk kullanmaya başladığında farklı Varoluş Seviyelerinin gücüyle bağlantı kurar ve hangisini kullanmakta olduğunu anlayamaz. Tüm Seviyeler ilahî olana bağlı olduğundan, kafa karışıklığı çok kolaylıkla olabilir. Seviyelerle şifa yapmayı öğrenmenin en iyi yolu onlara bağlanmak ve deneyimlemektir. Diğer seviyelerin sözleri ve yükümlülüklerine bağlı kalmaktan kurtulmak için, daima öncelikle Yedinci Seviyeye gidin.

Hatırlayın ki, her Seviye, her duygu ve vücuttaki her hastalık için çözüme sahiptir. Örneğin, Birinci Seviyede her hastalık için kimyasal bir kombinasyon ya da mineral kombinasyonu vardır. Bu mineral kombinasyonu hastalığa sebep olma ihtimali olan Programın yerine geçecek olan ile aynı titreşime sahiptir.

Buna paralel olarak, olarak İkinci Varoluş Seviyesinde her bir hastalığı iyileştirecek bir veya büyük olasılıkla birden fazla ot ya da vitamin vardır. Üçüncü Seviyede proteinlerle yaşıyoruz; bu da hastalıkların iyileşmesine yardım edecek amino asit kombinasyonları olduğu anlamına geliyor. Dördüncü Varoluş Seviyesinde de vücut için şifa enerjisi yaratacak doğru karbonhidratlar olduğu anlamına geliyor. Şamanlar şifa için bitkileri ve spiritüel ataları kullanır. Beşinci Seviyede, bedeninizi iyileştirebilecek melekler ve kutsal anne babalarınız vardır. Şifa için bir alışverişe girmeniz gerekebilir, bunun için değişiklikler yapmanız gerekebilir, ama süreç içinde hepsi ile inanç sisteminizi temizlersiniz. Dördüncü ve Beşinci Seviyenin özü genellikle size belli şeyleri yapmanız için söz verdirir, bu da *titreşimlerinizi değiştirir.*

Altıncı Varoluş Seviyesine bağlandığınızda müzik ve tonları duyacaksınız. Bu, Altıncı Varoluş Seviyesinden iyileştirmek için titreşimleri kullandığımız anlamına geliyor.

Aslına bakacak olursak, bütün Seviyeler *ışık* ve *titreşim* hakkında. Doğru mineralle doğru titreşime erişilir. Doğru bitki, doğru titreşim. Tükettiğimiz bütün fiziksel şeyler yaptığınız İnanç Çalışması ile aynı titreşime sahiptir ve bedeni iyileştirecektir. Her bir Seviyeden gelen bütün tedavilerin yapacaklarını İnanç Çalışmasının yapması da mümkün. Antibiyotik gibi hareket eden bir ot, sizi bakteriden iyileştirecek doğru titreşime sahiptir. Bu, onun aynı zamanda sizi bakteriye sebep olan suçluluk Programından da iyileştireceği anlamına gelir. Bunun sebebi her Varoluş Seviyesinin doğru yanıtlara sahip olmasıdır. Doğru mineral, doğru vitamin, doğru protein, doğru Program ve doğru His vardır.

İnanç çalışmasının, her inanç seviyesindeki her tedavi gibi aynı şeyi yapması mümkündür. Peki, İnanç Çalışmasına inanmayan bir danışanınız olursa ne yapmalısınız? Bu olmayacak çünkü danışanlarınız size İnanç Çalışması için gelecekler. Bu kitaptaki His Çalışması bölümündeki bütün Programların danışanlara Yüklenmesini öneririm. Bunun ardından onlara hizmet etmeyen her şeyi kolayca ve hızlıca bırakmaları mümkün olacak.

Gerçek Şifa, sevgiye sahip olmanın nasıl olduğunu ve nasıl hissedildiğini en sonunda öğrenen herkese gelir. Korku ile sevgi arasındaki anlaşmazlık Beşinci Seviyede ve burada, Üçüncü Seviyede bulunur. Bir kez korku ortadan kalktığında, konu bir kez daha, Yedinci Seviyede olduğu gibi "Sadece Olan" olacaktır. Ama şimdi Varoluş Seviyelerinin nasıl çalıştığını anladığınıza göre bunun çözümünü siz de bulabilirsiniz.

Seviyelerdeki Yaşamın Yapısı

Thetahealing- Sıradışı Bir Enerji Yaklaşımına Giriş kitabında verilen bilgiyi kısaca özetlersek, insan bedeni beş farklı bileşimden oluşur: Lipidlerden, karbonhidratlardan, proteinlerden, ATP ya da enerjiden ve DNA olan nükleik asitten meydana gelir. Bu beş bileşen yaşayan organizmaları meydana getirir. Bu bileşenler sizi oluşturur ve sizi Yedinci Seviye varlığı yapmak için size bağlı olan yaşamın elemanlarıdır.

EKSİKLİKLERLE YAŞAM

Aşağıdaki tabloda fiziksel bedende eksik olan önemli yapı maddelerinin nelere yol açtığı gösterilmektedir.

Eksik Olursa	**Oluşacak Sonuç**
1. Seviye-Mineraller	Destek eksik olur
2. Seviye-Vitaminler	Sevgi eksik olur
3. Seviye-Proteinler	Beslenme eksik olur
4. Seviye-Karbonhidratlar	Enerji eksik olur
5. Seviye-Lipidler	Denge eksik olur
6. Seviye-Nükleik Asit	Spiritüel yapı eksik olur
7. Seviye-ATP	Ruh eksik olur

Birinci Seviye: Eğer mineral eksiğiniz varsa, duygusal seviyede desteğiniz eksik olacaktır ve destek ile alakalı artrit gibi hastalıklara yakalanmaya meyilli olacaksınız.

İkinci Seviye: Eğer vitaminleriniz eksikse, belli bir seviyede sevgi eksikliğiniz olur. Eğer sevgi eksikliğiniz varsa vücudunuz vitaminleri gerektiği özümsemeyecektir.

Üçüncü Seviye: Eğer proteinler eksikse, beslenmemiz eksiktir.

Dördüncü Seviye: Karbonhidratlar eksikse, o zaman enerji eksik olur.

Beşinci Seviye: Lipitler eksikse, sisteminizde denge olmaz ve hormonlarınız doğru çalışmaz. Vücudunuzu dengede tutan hormonlardır.

Altıncı Seviye: Eğer nükleik asit eksikse, hayatınızın yapısında eksik olur.

*Yedinci Seviye: E*ğer ATP eksikse, hayatınızda ruh eksik olacaktır. Adenozin trifosfat (ATP) vücudun metabolizması için önemli bir maddedir. ATP parçalandığı zaman hücreler ve dokular tarafından fonksiyonlarında kullanılmak üzere büyük miktarda enerji verir. ATP bazen evrensel enerji olarak çağrılır. ATP hücrelerin fonksiyonlarını yerine getirmelerini sağlayan enerjidir. Bu mitokondride tutulan *saf enerjidir.* Mitokondri annemizden aldığımız DNA'nın özüdür. Ruh, DNA'da değil mitokondride bulunur. DNA bilgisayar programıdır, mitokondri bilinçli elektrik. İnsanlar ölünce ve enerji vücuttan ayrılırken olan şey, mitokondrinin fiziksel olandan ayrılmaya başlamasıdır. ATP'nin eksikliği ve böylece düşük ruhsal enerji çok fazla yerde çok fazla ruh parçamız olduğu anlamına gelebilir ve bu zayıf enerjileri yeniden doldurmalıyız.

DÜŞÜNCENİN GÜCÜ

Düşünceler gerçek şeylerdir. Özleri vardır. Varoluş Seviyelerinde herhangi bir şey yaratabilirler. Bunun gerçek olduğunu biliyoruz çünkü Hawaii'de Sezgisel Anatomi Kursu verdiğimiz zaman, üç haftanın sonunda öğrencilerden yeteri kadar çok sorun temizlemiştik her birinin asit-alkali dengesi 7.2 seviyesinde dengelenmişti. Teknik olarak alkali seviyesi 7.2 oranında tutacak alkalin beslenmeye sahip olmalısınız ve o zaman hiçbir şey sizi hasta edemez. Deneyimlerime dayanarak biliyorum ki danışanlarıma doğrudan alkali yiyecekler verdiğim halde onlar yine de aylarca asidik halde kaldılar. Vücutları alkali hale geçerken çok büyük şifa krizlerinden ve dramlardan geçiyorlar. İnanç Çalışması bütün sınıfımı kısa sürede alkali hale getirdi ve onlar hâlâ çikolatalı pasta yiyorlardı. İnançlarınız vitamin, mineral ya da besinle aynı etkiyi yaratabilir.

İnsanların vücutlarında eksik olan amino asiti ya da vitamini eğer bir ay gibi bir süre kullanılırsa, duygusal ve bilinçaltı sorunlarının pek çoğunun temizlenebileceğini biliyor musunuz? Ayrıca dengeyi sağlayabilirler ve amino asit ve vitamin kullanmayı bırakabilirler. Hayatın bütün sorunlarının üstesinden gelebileceğinizi biliyor musunuz? Tıpkı ayarlanmış bir makine gibi, siz de bu şekilde tasarlandınız. Ergenleri yetiştirirken hayatta kalacak şekilde tasarlandığınızı biliyor musunuz? Bu doğru!

Süt veren bir annenin bebeğini öptüğünü zaman, sezgisel olarak bebeğinin bir sonraki beslenmesi için doğru besinleri yaptığını biliyor musunuz? Ben bebekken biberon ile büyüdüm. Annem bana hamile kaldığında o kadar çok hastaymış ki rahimdeyken yeterince beslenememişim. Safrakesesi öylesine kötü durumdaymış ve o kadar ağır bir enfeksiyonu varmış ki onu ameliyata aldıklarında hayatta olmasına inanamamışlar. Ona ameliyat masasında neşteri vurdukları zaman bana hamile olduğunu fark etmişler. Doktorlar ona beni taşıyamayacağını ve hamileliğini sonlandırması gerektiğini söylemişler. Annem kısa bir süre önce ne dedi biliyor musunuz? "Vianna gözlerimin içine bak ve benimle bağ kur; sen doğduğunda aramızda hiç bağ kurulmadı çünkü ben seni karnımda taşıyabileceğimi hiç düşünmedim." Bu düşünceleri yıllar boyu taşımış olması çok üzücü. O İnançları temizleme fırsatı yaratmak harikaydı.

Seviyeleri Şifada Kullanmak

Varoluş Seviyeleri Denklemi

Şifacılar her zaman bir seferde birden fazla Varoluş Seviyesi kullanmalıdır. Buna denklem denir. Şifacı bu denklemde tanık olarak önemli bir rol oynar:

Yaratıcı+ üzerinde çalışılacak kişi+ tanık= Sonuç

Herhangi bir Varoluş Seviyesini kullandığınız her defa iki ya da daha fazla Varoluş Seviyesi kullanıyorsunuz. Birinci Seviye enerjisini kullandığınız her defa onunla beraber otomatikman Altıncı Seviyeyi de kullanıyorsunuz. Birinci Seviyeden mineraller Elektrik Yasası ile etkileşime girip onları kişi için daha etkili hale getirebilir.

Şifa Yöntemleri

Bütün Şifa yöntemlerinin Varoluş Seviyeleri içinde sahip oldukları yerin değişkenlerine göre özel önemleri vardır. Örneğin akupunktur Altıncı, Üçüncü, İkinci ve Birinci Varoluş Seviyelerini kullanır ve harikalar yaratır. ThetaHealing yöntemi diğer şifa yöntemleri ile *özellikle de modern tıp* ile rekabet içinde değildir.

Öğrendiğimiz bütün şifa yöntemlerinden, çalıştığımız bütün dinlerden öğrendiğimiz her şey sizi hayatınızda kendinize "Sorunlarımı hızlı bir şekilde temizlemek istiyorum" ve "Burada yapmak için bulunduğum şeyi yapacak yeteneğim var." dediğiniz bir noktaya getirdi. Öğrendiğiniz bütün yöntemlerle deneyim kazanırsınız.

Seviyelerin İnisiyasyonları

Bir Seviyede ilerleme olduğu ya da ustalığa erişildiği her defa kişi büyük bir ruhsal değişim, bir "inisiyasyon" yaşar. Seviyelerde tutulan dramlardan dolayı bu inisiyasyon travmatik olabilir... Biz ThetaHealing'de Seviyelere mahkûm olmamayı, böylece zihnimizi serbest bırakmayı ve fazla dramatik olmayan bir şekilde ilerlemeyi öğrendik.

Her durumda ilerleriz, Yaratıcı'ya çıkıp *şimdi* bir şifa istediğinizde ya da dünya için kutsama istediğinizde, akıl, ruhunuzu yeni olasılıklara ve seviyelere açar ve inisiyasyonlardan geçersiniz. Hiç ruhani bir sesin size inisiyasyonda olduğunuzu veya inisiyasyondan geçtiğinizi söylediğini duydunuz ya da bunu hissettiniz mi? Kaçınız ölüme yakın deneyimler yaşadı? Ölüme yakın deneyimler ya da ölüm-kapısı şifacının tekamülünün gelişme sürecinde olan bir inisiyasyon olabilir. "Küçük ölüm" olarak çağrılan bu durum, başka bir Varoluş Seviyesine açılan ruhani bir kapıdır. İnanç çalışmasıyla, inisiyasyonlardan, fedakârlık yapma ya da ölme gerekliliği olmadan kolayca geçeriz. Aslında, inanç çalışması inisiyasyondur.

Bireysel Seviyelere Bağlılık

Şifalarda Yedinci Seviyeye bağlanmak için elimden gelenin en iyisini yaparken, Şifa seansı yaptığım kişi sadece belli bir Seviyenin enerjisine yanıt veriyor olabilir. Kişinin Beşinci Seviyeden gizli bir inanç sistemine sahip olduğunu anlamanın yollarından biri Şifada size yardım etmek için bir yüksek meleğin görüntüsünün geldiğini görmektir. Bu görüntü Beşinci Varoluş Seviyesi ile bağlantısının, sözlerinin ve yeminlerinin olduğuna işaret eder. Eğer Şifada bir melek yardım ediyorsa ve sadece Beşinci Seviye enerjisini kullanıyorsa o zaman melek kişiyle sadece tabaka tabaka çalışacaktır çünkü o sadece bu kadarı için izinlidir.

Diğer Seviyelerle çok fazla iç içe geçtiğimiz için bazen onlardan sözleri ve yeminleri tutuyoruz ve onlara diğer Seviyelerle aynı anda uyum içinde olma yeteneği veren Yaratıcıya ilk olarak gitmiyoruz. Sadece belli bazı Seviyeleri kullanmaya öylesine alışıyoruz ki, o Seviyelerin bazı kuralları tarafından bağlı tutuluyoruz. Eğer yukarı çıkar ve Var Olan Her Şeyin Yaratıcısı'ndan bir şey yapmasını isterseniz enerji Seviyeleri birleşecektir ve farklı bir denklemde çalışacaktır.

Akılda tutulması gereken bir başka şey ise; Yaşlı bir ruh, kolektif bilinçten gücün içgüdüsel elementlerini, geçmiş yaşamını ya da atalardan kalma anılarını deneyimlerken, bu yaşlı ruhun belli Varoluş Seviyesinin kullanımı için derin bilgisi vardır ve bu yer ve bu zamana güçlerini beraberlerinde getirirler.

Diyelim ki kişinin ruhu Dördüncü Seviyenin sırlarını ve onun şamanik enerjisinin gücünü biliyor. O şamanik enerjiyle beraber kişi oraya koyulmuş belli sınırlamaları da öğrenir. Bu sınırlamalar ya kişinin kendi İnançları veya onları öğreten uzman tarafından kullanılmış olan spiritüel enerjilerin inançları tarafından ya da o zamana ait insanlık halinin bilinci tarafından oraya koyulmuştur. Bu Şamanizm ya da belli kişilerin bilinci geliş-me-miş demek değil, sadece kişinin o an ve yerdeki yeteneklerinin, o belli Varoluş Seviyesinin prensipleri tarafından ve kişinin o dönem bağlantı kurduğu kolektif bilincin sınırları tarafından düzenlenmiş olduğu anlamına geliyor. Kişi bu sınırları çok iyi hatta *fazla iyi* öğrenmiştir ve bu kuralları ve düzenlemeleri şimdiki zamana ve yere getirmiştir. Aynı zamanda "limitler vardır" inancını da şimdiki zamana ve yere getirmiştir. Dolayısıyla kişi bu yer ve zamanda olsa da, oradaki yasalar ve düzenlemelerden etkilenir.

Bir başka örnekte ise, şifacı boynu ağrıyan biriyle aynı odada olabilir ve birdenbire şifacının boynu ağrımaya başlar ve diğer kişinin ağrısı tamamen geçer. Bu da şamaniktir ve olmasının sebebi şifacının bu hayatta hala eskiye ait zorunluklar, yeminler ve sözler taşıyor olmasıdır.

Şunu da hatırlayın; bir kişi, bu yer ve zamanda sürekli o yer ve zamandaki gücün hatırladığı elementleri yeniden ele geçirmeye çalışıyor olabilir. Ancak o gücün bazı elementlerinin mevcut zamanda inisiyasyonlar aracılığıyla tekrar yaratılmaları gerektiğinden, hayal kırıklığına uğruyor olabilir. Örneğin, Beşinci Seviyenin Yükselmiş Üstadına, insan bedeninin limitleri sürekli hatırlatılır ve bu Varoluşun diğer sakinlerinin kolektif İnanç Sistemleri ile karşı karşıya gelirler. Yaşlı bir ruh için bu onları bekleyen inisiyasyonlardan biridir: Bu yaşamdaki güç elementlerinin yeniden yapılanması ve durmadan geçmiş yaşama hasret duyma inisiyasyonu.

Göndermek ve Getirmek

Şifalandırma sırasında, daima ilk olarak yukarıya çıkıp Yaratıcı'ya bağlanmalıyız ve ondan sonra gücünü kullanmaya karar verdiğiniz Seviyeye gitmelisiniz. Yedinci Seviyenin bilgisi ve enerjisi size durum için en yüce ve en iyi yanıtı verecek ve sizi Sebep ve Sonuç Yasasının sınırlamalarının ötesine götürecektir. Bu şekilde, uygulayıcı Ustalığı elde etmek için bütün Varoluş Seviyeleri ile uyum içinde olma yolculuğuna çıkmış oluyor.

Eğer Her Şey Olan'ın enerjisini kullanmak istiyorsanız, oraya ulaşmak için doğru bilince sahip olmanız gerekir. Ben "Her Şeyin Yaratıcısı" ifadesini kullanmanızı öneriyorum. Bu ifade, yaşayan bir düşünce şekli olarak yaratıldı; tartışmasız şekilde alanınızı Yedinci Seviyeye gönderdiği ve sizi doğru enerjiye götüreceği bilgisiyle oluşturuldu.

Size Yedinci Seviyeye gitmenizi önerdiğimde, hastalığın yaradılışının tersine döndüğüne tanıklık etmenizi tavsiye ediyorum. Bu hastalığın olmadığı bir gerçeklik yaratmanız gerektiği anlamına geliyor. Vücuda bu durumun olmadığını ve yeni bir senaryo olduğunu söyleyin. Bunu yapabilmeniz için size bu şekilde yaratamayacağınızı söyleyen sınırlayıcı İnançları temizlemelisiniz.

Bazı insanlar enerji şifasını kullandıkları zaman alanlarının üstüne çıkıp enerjinin vücutlarına gelmesini ve Şifa vermek için ellerinden akmasını emrederler. Her ne kadar bu enerji Yedinci Seviyeden gelse de, vücutları boyunca ilerler ve sonra şifa alacak kişiye ulaşır. Şifacı sadece yarı-tanrısal olduğu için Her Şey Olan'ın Enerjisinin insan inançlarının yorumu ile değişmesi olasıdır. Hâlâ şifa enerjisi olarak çıkar ama şifacının Üçüncü Varoluş Seviyesi İnançlarından süzülmüş olur. Herhangi bir enerji çalışması yaptığınızda ve enerjiyi önce kendinize sonra danışana yönlendirdiğinizde sizin İnanç Sistemleriniz gelen saf enerjiyi değiştirebilir. Bu sebeple Şifa tam olarak işe yaramayabilir.

17
Boş Gezen Hafızalar

Takip eden bölümlerdeki çalışmalar İleri Seviye ThetaHealing Sınıfında öğretilen çalışmalardır.

◊◊◊

Boş Gezen Hafızalar ilgili çalışma *Thetahealing- Sıradışı Bir Enerji Yaklaşımına Giriş* kitabında verilmiştir, ama burada tekrar etmeye değer diye düşünüyorum. Boş gezen hafızalar için olan çalışmanın ilhamını geçirdiği nöbetler nedeniyle bana danışan bir kadın verdi. Bebek sahibi olmak istiyordu ancak kullandığı ilaçlar kusurlu doğuma yol açabileceği için hamile kalamıyordu. Ona Okuma yaparken Yaratıcı'ya nöbetleri durdurmak için ne yapabileceğimi sordum. Bana doğrudan tek bir yanıt verildi:

"Vianna, onun bütün boş gezen hafızalarını çek."

Boş gezen hafızalar hakkında eski eşimin yıllar önce bana öğrettiği şeylerden sınırlı bir bilgiye sahiptim. Boş gezen hafızalar biz bilinçsiz durumdayken travmatik olan veya olmayan olaylardan, beynimize kazınmış olan kayıtlardır. Bu bir ameliyat sırasında, kaza anında, savaş travması sırasında, yoğun taciz veya aşırı alkol veya uyuşturucu / sakinleştirici kullanımı dolayısıyla olabilir.

Beyninizin hep bilinçli durumda olduğunu biliyor musunuz? Uyurken bile, hayatınızda olan biten her şeyin farkındasınızdır. Bilinçsiz durumdayken, hâlâ, etrafınızda olan biteni duyabilirsiniz. Ameliyat edilen ya da bilinci kapatılan insanları düşünün; söylenen tüm sözcükler, her zaman beynin içinde kaydediliyor. Bu özellikle kanser olan ya da kanser bile olmayan bir tümörün ameliyetle alındığı sırada, doktor "sanırım bu kanserli" dediğinde çok önemli olur.

Eğer zihin *bilinçli* haldeyse olayları nasıl doğru şekilde işleyeceğini bilir. Zihin *bilinçsiz* haldeyse doğru şekilde işlenmeyebilir ve bu olaylar boş gezen hafızalar haline gelebilir. Bu hafızalar beyine kendilerini tekrar tekrar oynatabilir, çünkü bilinçsizken olan şeyler, sesler, sözler yada durumlar, günlük hayatın içinde tekrar edebilir ve bu da travmayı tekrar canlandırır. Eğer şifalanmayan bir danışanınız varsa, boş gezen hafızaları kontrol edin.

Yaratıcının bana söylediği gibi yaptım. Kadının en yüce iyiliği için olmayan bütün boş gezen hafızaların beyninden serbest bırakılmasına tanıklık ettim. Anlaşıldı ki, geçmişte bilinç kaybı sırasında oluşan durum, onun bir nöbet geçirmeye başlamasına sebep olmuştu. Artık, bilinci kapalıyken gerçekleşen duruma benzeyen bir koku aldığında, bir şey duyduğunda ya da bir şey yaşadığında, nöbet tekrar tetikleniyordu.

Ertesi gün eşi beni aradı ve onun bir başka nöbet daha geçirdiğini söyledi. Kadınla yine çalıştım ve yine aynı sürece tanıklık ettim. Bu defa nöbetleri tamamen durdu.

Benimle olan seansından sonra doktorları nöbet için kullandığı ilaçları kesti ve sonraki yıl bir çocuğu oldu. California'da verdiğim seminerlerden birine geldi ve beni bebeğiyle tanıştırdı.

Pek çoğumuzda bilinçsizken gerçekleşen olaylardan gelen ve bizi tam potansiyelimize ulaşmaktan alıkoyan boş gezen hafızalar olması olasıdır.

ThetaHealing kullanarak boş gezen hafızaları serbest bırakmak için aşağıdaki işlemi takip edin.

Boş Gezen Hafızaları Çekme İşlemi

1. Kendinizi kalbinizde merkezleyin ve Var Olan Her Şey'in bir parçası olan Dünya Ana'nın merkezine gittiğinizi imgeleyin.
2. Enerjiyi ayaklarınızdan yukarıya, bedeninize ve ve tüm çakralarınızı açarak taç çakranıza kadar getirdiğinizi imgeleyin. Güzel bir ışık topu içinde evrenin dışına gidin.
3. Evren'in ötesine gidin, beyaz ışıkları geçin, karanlık ışığı geçin, beyaz ışığı geçin, Yasalar olan jöle gibi maddeyi geçin, incimsi, yanardöner beyaz ışığa, Varoluşun Yedinci Seviyesine gelin.
4. Emir verin: "*Her Şeyin Yaratıcısı, artık ihtiyaç olmayan, bu kişiye artık hizmet etmeyen, tüm boş gezen hafızaların çekilmesi, iptal edilmesi ve Yaratıcı'nın ışığına en yüce ve en iyi şekilde gönderilmesi ve yerine Yaratıcı'nın sevgisinin koyulması emredilir. Teşekkür ederim. Oldu. Oldu. Oldu.*"
5. Bilincinizi danışanın başının üzerine getirin ve Şifanın gerçekleştiğine tanık olun. Eski hatıraların tamamen Tanrının ışığına gitmesini ve eski enerjilerin yerine Yaratıcı'dan gelen yeni enerjilerin geçmesini izleyin.
6. İşlem bittiğinde, kendinizi durulayın ve alanınıza geri dönün. Dünyaya gidin, dünyanın enerjisini tüm çakralarınızdan geçirerek taç çakraya getirin ve enerji kesmesi yapın.

Bu işlem bir süredir hasta olanlar için yararlıdır; ameliyat geçirenler veya doktorlardan ölümcül hastalığı olduğunu duymuş olanlar için; özellikle bilinçsiz durumdayken olumsuz şeyler duyanlar ve bilinçsiz halde bir travma yaşayanlar için. Ağır bir hastalığı olan insanlarla çalışırken her zaman Boş Gezen Hafıza, Rahimdeki Bebek ve Kırılmış Ruhu Onarma çalışmalarını (sonraki bölümlere bakınız) yaparım. Bu çalışmaların birden çok kez kullanılması gerektiğini gördüm. Beyin bir defada mümkün olduğu kadar çok boş gezen hafıza bırakacaktır, ancak hepsini birden bırakamayabilir. Eğer kişi birçok kez ameliyat olduysa bu çalışmanın bir defadan fazla yapılması gerekir.

18
Rahimdeki Bebeğe Sevgi Göndermek

Bu çalışma da *Thetahealing - Sıradışı Bir Enerji Yaklaşımına Giriş* kitabında verilmiştir, ama o kadar önemli ki burada tekrar etmeye değer diye düşünüyorum.

Hamile Kalma

Anneniz size nasıl hamile kaldı? Siz istenen bir bebek miydiniz? Bazılarınız insanların şimdi olduğu gibi doğum kontrolü kullanmadığı bir zamanda doğdu. Anneniz siz doğduğunuzda mutlu muydu yoksa bunalmış, şaşkına dönmüş halde miydi? Nasıl karşılanmıştınız?

Eski Hawaii geleneklerine göre hamile kadının etrafında asla kötü söz söylenmezdi. Kavga etmek yanlış kabul edilirdi ve eğer kadın hamileyken eşle kavga olursa doğumdan sonra ceza verilirdi. Hristiyanlar adaya yerleşmeden önce bebeğin hayatta kalmak için mümkün olan en iyi şansa ihtiyacı olduğuna ve en iyi enerjiler ve en iyi titreşimler ile doğması ve yetişmesi gerektiğine inanılırdı.

Siz doğduğunuzda anne ve babanız ne hakkında konuşuyordu? Heyecan ve bağrına basma enerjisi mi vardı yoksa kavga mı ediyorlardı? Sizin doğmanıza sevindiler mi? Doğduğunuzda sıcak mıydı, annenizden alındınız mı, emzirildiniz mi? Bütün bu anılar vücudunuzda saklandı. Söylenen her kelime içselleşti. Hangi kelimeler size kendinizi yetersiz, değersiz, suçlu, harika ve kendinizle gurur duymuş hissettirdi?

Ana rahmine düştüğünüz andan itibaren etrafınızda olup biten her şeyin farkındasınız. Annenin hisleri, duyguları ve inançları sıklıkla rahimdeki bebeğe geçer. Travmatik düşünceler, istenmeme hisleri, bunalmış hissetme korkusu ve diğer sıkıntılar bebek tarafından hissedilebilir ve bu onun seratonin ve noradrenalin seviyelerini etkiler. Alkol ve uyuşturucu kullanımı da bebeğin ruhsal sağlığını ve fiziksel gelişimini etkiler.

"Rahimdeki Bebeğe Sevgi Gönderme" Çalışması

Bu çalışma inanılmaz bir şifa işlemidir. Bu çalışma, cenin alkol sendromu, bipolar bozukluk, dikkat eksikliği bozukluğu ve otizm gibi pek çok hastalıkta ve bunların tümünü beraberce basitce ortadan kaldırabilir. Aynı zamanda epilepsi, astım ve diğerlerinin psikolojik etkisi üzerinde ve rahimdeki bebeği etkileyebilecek diğer durumlarda yardımcı olur.

Bazı hamilelikler ikiz olarak başlar ancak doğa ikizlerin sadece üçte birinin doğmasına izin verir. Bu bazen geride kalan ikizde mutlak bir yalnızlık hissine yol açar. Bu yalnızlık kişiyi hayatı boyunca takip edebilir. Eğer kişiye "rahimdeki bebek çalışmasını" yaparsanız bu tarz bir yalnızlığın çaresine bakmış olursunuz. Bu diğer çocuğun enerjisini ışığa gönderir.

Bu çalışmayı kendinize, çocuklarınıza veya anne ve babanıza yapabilirsiniz ancak onların bunu kabul edip etmeme konusunda Özgür İradeye sahip olduklarını unutmayın. Bu aile üyelerinin sözlü izni olmadan yapabileceğiniz az sayıdaki çalışmalardan biridir. Bunun nedeni genetik olarak ilişkili olduğunuz kişilerin kendilerine gönderilen Şifayı bilinçsizce kabul ya da ret edeceğindendir. Bu çalışma annemle ilişkime harika şeyler yaptı. Ayrıca pek çok annenin, babanın ve çocuğun, yıllar süren kavgalar ve anlaşmazlıklardan sonra, bir araya gelmesine yardım etti. Bu çalışmayı kendi üzerinizde ve danışanlarınız üzerinde kullanmanızı tavsiye ederim. *Danışanlarınızla bu çalışmayı yaparken onların sözlü iznini almanız gerekir.*

Rahimdeki Bebeğe Sevgi Gönderme İşlemi

1. Kendinizi kalbinizde merkezleyin ve Var Olan Her Şey'in bir parçası olan Dünya Ana'nın merkezine gittiğinizi imgeleyin.
2. Enerjiyi ayaklarınızdan yukarıya, bedeninize ve ve tüm çakralarınızı açarak taç çakranıza kadar getirdiğinizi imgeleyin. Güzel bir ışık topu içinde evrenin dışına gidin.
3. Evren'in ötesine gidin, beyaz ışıkları geçin, karanlık ışığı geçin, beyaz ışığı geçin, Yasalar olan jöle gibi maddeyi geçin, incimsi, yanardöner beyaz ışığa, Varoluşun Yedinci Seviyesine gelin.
4. Emri verin: *"Her Şeyin Yaratıcısı, bu kişinin rahimdeki bebek haline sevgi gönderilmesi emredilir. Teşekkür ederim. Oldu. Oldu. Oldu."*
5. Şimdi yukarıya çıkın ve Yaratıcının Koşulsuz Sevgisinin bebeği sarmaladığını görün, bu bebek siz de olabilirsiniz, çocuğunuz da veya anne babanız da. Sevginin rahimi doldurduğuna ve sevginin fetüsü sarmaladığını ve bütün zehirlerin, toksinlerin, negatif duyguların ortadan kaybolduğuna tanık olun.
6. İşlem bittiğinde, kendinizi durulayın ve alanınıza geri dönün. Dünya'ya gidin, dünyanın enerjisini tüm çakralarınızdan geçirerek taç çakraya getirin ve enerji kesmesi yapın.

19
Kırılmış Ruhun Şifası

Bana verilen bilgilerin büyük çoğunluğu verdiğim kurslar sırasında geliyor. Kırılmış ruh ile ilgili bilgi Avustralya'da verdiğim ilk Sezgisel Anatomi Sınıfında geldi. Sınıfımdaki öğrencilerimden biri kızının ölümünden dolayı yıkılmış haldeydi. Öylesine dağılmış bir haldeydi ki, toparlanmayacak gibi görünüyordu. Çok üzgün ve ümitsizdi ve onunla kaç kez İnanç Çalışması yaparsam yapayım durmadan "Ben kırgınım," gibi acınası şeyler söylüyordu.

O gece Yaratıcı'ya kadına nasıl yardım edebileceği sordum ve şunu duydum:

"*Vianna, onun kırılmış ruhunu onar. Onun, hayatında yaşadığı bütün üzüntülerden dolayı kırılmış bir ruhu var.*"

Yaratıcıya kırılmış bir ruha sahip olup olmadığımı sordum ve yanıt *"Kesinlikle,"* oldu.

"Ama ben bunca zamandır ruh parçacıklarımı geri alıyorum! Kırılmış bir ruha sahip olmam mümkün değil!" dedim.

O zaman bana zihin gözümde ruhumu kapsayan bir baloncuktaki çatlak olarak tanımlayabileceğim bir görüntü gösterildi. Yaratıcıdan kırılmış ruhumu onarmasını istedim ve çatlakların düzelmesine ve ruhumun yeniden doğmasına tanıklık ettim. Hiç bırakmadığım eski acıları gördüm, şifalanmak üzere yasını tutmak için çok meşgul olduğum bütün eski acılar ve üzüntüler.

Temizlenen şeyler karşısında çok şaşkındım. Suistimal edilmemin temizleneceğinden emindim ama görünüşe göre onun çaresine çoktan bakmıştım. Ortaya beklenmedik bir şey çıktı.

Çocuklarımın babası ile ayrılmaya karar verdiğimde çocuklarımla beraber yaşayacağım yeni bir yer aramaya başladım. O sıralarda bir trafik kazasına karıştım. Arabamı bir evin bahçesine sürükleyen bir araba ile çarpıştım. Eşimi arayıp gelip beni almasını söyledim. Bana futbol maçı bitince gelip beni alacağını söyledi. Ben orada acı içinde incinmiş ve korkmuş haldeyken, o bana ilk önce maçını izlemeyi bitireceğini söylüyordu! O an bu kişiyle çocuklarımı normal bir şekilde büyütemeyeceğimi fark ettim, artık *bitmişti.* Yaratıcı'nın kırılmış ruhumu iyileştirdiğinde temizlenen şey işte bu acıydı.

Ertesi sabah çok farklı hissediyordum. O gün aynı çalışmayı sınıftaki kadınla da yaptım. Yaratıcı'nın onun kırılmış ruhunu onardığına tanıklık ettim ve kadın kendini çok daha iyi hissetmeye başladı. Çalışma işte burada doğdu.

Ruhun yaşamın içindeki çok sayıdaki garip ve haşin olay tarafından kırılabileceğini anladım. Birisinin duyguları tamir edilemez biçimde incindiğinde veya yas tutmak için yeterli zamanları olmadığında, çatlak, ruhtaki enerji formunu alabilir. Bu durum kanser hastası olan danışanlarımda fark etmeye başladığım bir kalıbı açıklıyor. Onları tıka basa enerji ile doldurabilirdiniz ancak onlar bunu bir türlü tutamazdı. Şifalar onlarda *kaybolurdu.* Şimdi bu durumun nedeninin ruhlarının kırık olması olduğunu biliyorum.

Çalışma bana gösterildikten kısa bir süre sonra ilk İleri Seviye Sınıflarımdan birini vermek üzere Seattle Washington'a gittim. Orada Sezgisel Anatomi Sınıfından bazı öğrencilerim de vardı ve onlarla kırılmış ruh çalışmasını yaptım. Zorlanan bir kişi hariç hepsi gayet iyiydi. Bundan önce bir zorluk yaşamıştı ve benimle rekabet sorunları olduğundan şüphelendim. Daha önce nadiren öğrencimden bu denli öfke ve kıskançlık hissettiğim olmuştu. Süreç sırasında, ruhunun toparlanması biraz fazla zaman aldığından, yukarı çıktı ve işlemi iptal etti. Bu onu her düzeyde tamamlanmamış durumda bırakmıştı ve tutarsız davranmaya başlamıştı. O gece dengesizleşti ve bu diğer Sezgisel Anatomi mezunlarıyla arasında soruna sebep oldu. Zaman geçtikçe diğer sınıf arkadaşlarının desteği sayesinde sakinleşti. Başka biriyle kırılmış ruh çalışması yapacağınız zaman o kişinin akli dengesinin yerinde olduğundan emin olun.

Hâlâ bana olan bu hislerinin üstesinden geleceğini ümit ediyorum, ancak bugün bile ne bu hislerin ne de kırılmış ruh çalışmasına olan isteksizliğinin ve hoşnutsuzluğunun üstesinden geldiğini sanmıyorum. İşte bu yüzden uygulayıcının sürecin tamamlandığına tanıklık etmesi ve danışanın da ona bunun için izin vermesi çok önemli.

Bu fiyaskonun ardından bu tekniği öğretme konusunda çekincelerim oluştu. Bütün bunlara rağmen İdaho Falls'taki bir sonraki İleri Seviye DNA Sınıfında Tanrı geldi ve bana "Bugün onlara kırılmış ruhlarını nasıl onaracaklarını öğreteceksin," dedi ve daha fazla detay verdi.

"Vianna, sen çoklu kişilik bozukluklarını bir araya getirmiyorsun. Sen onların arızalı (kırılmış) beyinlerini şifalandırmıyorsun, daha ziyade ruhlarının parçalarına Şifa uyguluyorsun. Süreç tamamlanana kadar asla ayrılma. Orada kal ve bitene kadar tanık ol. Ruhlarını temsil eden top saat yönünde dön-

meye başlayana kadar sürece tanıklık etmelisiniz. Eğer onları enerji saat yönünün tersinde dönerken bırakırsanız bu geçmişten gelen eski sorunları açığa çıkaracaktır ve ruhları onarılmadan bunlarla uğraşmak durumunda kalacaklar. Bu kişileri birkaç gün ikilemde bırakır. Eğer tamamıyla bitirirseniz iyi olacaklar."

Böylece başladım ve tekniği öğrettim. Yine de süreçten biraz korkan bazı kişiler Yaratıcı'nın işi yapmasına tanık olmak yerine onu süslemeyi tercih ettiler. Bu onların travmanın içinden geçmelerine sebep oldu. Onların işe karışmaları nedeniyle otuz saniyede tamamlanacak olan işlemin bitmesi üç günlerini aldı.

Gerçek Yasası bana bir kişi ölünce ruhunun Yaratıcı'ya gittiğini ve Yaratıcı aracılığıyla ruhunun onarıldığını söyledi. Gerçek Yasası alternatif olarak bana bunu verdi. (Gerçek her zaman alternatifler verir.)

"Vianna, ruhunu onar ve gerisi gelecektir."

Ben de "Eğer bu doğruysa o zaman neden bana ruhtan önce bedeni iyileştirmeyi öğrettin?" diye sordum.

Bana "Vianna, sana ihtiyaçların doğrultusunda öğretildi. İlk önce bedeni iyileştirmen öğretildi, sonra da ruhu onarmadan önce zihni iyileştirmen. Böyle olmasının nedeni hazır olmamandı. O zamanlar aklının kabul edeceği buydu ve her defasında bir şey hakkında emin olman gerekiyordu," dendiğini duydum.

Bu doğruydu. İlk önce derin teta beyin dalgasında bedeni iyileştirmeyi öğrendim. Zihnin Şifa ya karışabileceğini fark ettim, böylece bana İnanç Çalışması verildi. En sonunda da ruhun Şifaya ihtiyaç duyabileceği öğretildi.

Kırılmış Ruhu Onarma

Ruh muhteşemdir! İnsanlar onun bedenden daha ilahi ve daha geniş olduğunu anlamazlar. Ruhlarımız o kadar geniştir ki boyutsal olarak birden fazla yerde ve birden fazla zamanda bulunabilirler.

Her bir yaşamda ruhumuza bağlı kordon vardır. Bu "kordon" tüm Varoluş Seviyelerine bağlıdır. Ben, tümüyle Varoluş Seviyelerinin bir parçası olduğumuza inanıyorum. Ve enerjimiz inanılmazdır. Yaratıcının bir parçası olarak, kendimize göre mükemmeliz.

Fakat, tıpkı insan bedenin kırılması gibi bazen duygusal sorunlar öyle bir boyuta birikir ki ruhun enerji alanında çatlaklar oluşmaya başlar. Bazen bu gerçeklik illüzyonunda hayat öylesine ağır bir hale gelir ki bu Varoluştaki acımasızlıklar ve başımıza gelen korkunç şeylerin yükü altında eziliriz. Bu umutsuzluktan dolayı kişi kendini varlığının merkezinde bomboş hisseder. Bu *acıdan öte bir acıdır.*

Çok ciddi fiziksel ve duygusal hastalıklar kişinin içindeki maneviyatı kırıp, ruhuna zarar verebilir. Maneviyat, ruhtan farklıdır. Maneviyat bedenin içindedir, ruh ise olduğunuz her şeydir.

Eğer enerjimiz fazlasıyla kırılmış hale gelirse, ruhumuzu onarmak için ölürüz. Daha büyük farkındalıkta bu küçük bir meseledir ve ruhun tamiri için kabul ettiğimiz bir yoldur. Ruh için ölüm önemli bir şey değildir. Burada, Üçüncü Varoluş Seviyesinde, olağandışı bir ölüm kavramına sahibiz. Sanki ölüm bir sonmuş gibi davranıyoruz. Ama gerçekte o bir son değildir, sadece başka bir adımdır.

Yani, ruhu şifalandırmanın eski yolu burayı terk etmekti, ama şimdi başka bir işlem var. Bazı kişiler hâlâ ölmeyi tercih edebilirler, ancak "kırılmış ruhun onarılması" işlemi, onlara da yardım edebilir.

Biriyle çalışırken ilk önce Var Olan Her Şeyin Yaratıcısı'na kişinin ruhunun kırılmış olup olmadığını sormalısınız. Danışanlara bunun olup olmadığını bulmak için kas testi yapmayın çünkü burada çok işe yaramayacaktır. Kırılmış ruhu görmek için kişinin alanına gidin ve çatlakları ya da yırtıkları olan bir enerji topunu gözlerinizin önüne getirin.

Birisi size "Çok kırgınım," derse, bu da kırılmış ruhunu onarmanız gerektiği ile ilgili bir göstergedir.

Size tavsiyem ilk önce kişinin İnanç Sistemleri üzerinde çalışmanızdır. Böylece size ruhlarını onarmanız için izin verecekler. Güven her Şifada çok önemlidir.

Aynı zamanda Her Şeyin Yaratıcısı'na kişi için ruhsal olarak ne yapılması gerektiğini sorun çünkü iyileşme kriterleri kişiden kişiye farklı olacaktır.

Açıkça ortada olan gerçek şudur; ruh tamir edilemez ama *yeniden yaratılmalıdır.* Her Şeyin Yaratıcısı kırılmış ruhu yeniden yarattığında kişi bu deneyimden sonra daha güçlü hale gelecektir. Tıpkı Anka Kuşu'nun küllerinden doğması gibi burada da yeniden doğuş vardır; yeniden doğuş aracılığıyla yaratım vardır.

KIRILMIŞ RUHUN ŞİFALANMASI İŞLEMİ

İlk önce birbirinizin gözlerinin içine bakmanızı istiyorum çünkü gözler ruha açılan pencerelerdir. Bu gözleri tüm yaşamlar boyunca beraberinizde götürdünüz. Bu, ruh dünyasında bile gözlerinizin aynı olduğu anlamına geliyor.

1. Kendinizi merkezleyin.
2. Bilincinizi Var Olan Her Şeyin bir parçası olan Dünya Ana'nın merkezine göndererek başlayın.
3. Enerjiyi ayaklarınızdan yukarıya, bedeninize ve tüm çakralarınızdan yukarıya getirin.
4. Taç çakranızdan güzel bir ışık topu içinde yukarıya gidin, bilincinizi yıldızların ötesine, Evren'e gönderin.
5. Evren'in ötesine gidin, beyaz ışıkları geçin, karanlık ışığı geçin, beyaz ışığı geçin, Yasalar olan jöle gibi maddeyi geçin, incimsi, yanardöner beyaz ışığa, Varoluşun Yedinci Seviyesine gelin.
6. Koşulsuz Sevgiyi toplayın, emri verin: "*Her Şeyin Yaratıcısı bu kişinin (kişinin adını söyleyin) kırılmış ruhunun iyileştirilmesi ve bu zamanda tekrar bir bütün haline getirilmesi emredilir. Teşekkür ederim! Oldu! Oldu! Oldu!*"
7. Bilincinizi kişinin taç çakrasına, alanına getirin ve yukarı çıkıp tanık olun. Gözünüzün önüne üzerinde çatlaklar veya yırtıklar olan bir ışık topu ya da küre getirebilirsiniz. Yaratıcının bu topu saat yönünün tersine döndürmesini ve sonra yavaş yavaş durdurmasını izleyin. Sonra kürenin saat yönünde dönmesini ve çatlakların ve yırtıkların kapanmasını izleyin. Bazen Evren'in dışındaymış gibi gelebilir ama top görünene kadar bekleyin. Tanık olduğunuz şeyi asla sorgulamayın, bu sizin işiniz değil. Sizin işiniz sadece tanık olmak. Bazı insanların çalışması daha uzun sürebilir. Eğer üzerinde çalıştığınız kişi morali bozulmuş görünüyorsa, geri dönün ve Yaratıcı'ya kişinin işinin bitip bitmediğini sorun. Tekniği ortasındayken iptal etmekten kaçının. Bütün Şifalarda olduğu gibi bitmesini bekleyin ve "Yaratıcı, bitti mi?" diye sorun. Sonra yanıtı bekleyin.
8. Bitirince Her Şey Olan'ın enerjisine bağlanın, derin bir nefes alın ve eğer dilerseniz enerji kesmesi yapın.

Kırılmış ruh şifalandırılırken, tanık olacağınız ilk şey, önce saat yönünde sonra da saat yönünün tersine dönmeye başlaması olabilir. Nilüfer çiçeği gibi açılabilir. Uyuşturucu bağımlılıklarının ruhsal enerjilerinin uçup gittiğini görebilirsiniz ve arketipsel semboller de var olabilir. Eğer dışarıdan küreye doğru uçan enerjiler görürseniz bunlar büyük olasılıkla ruh parçalarıdır. Ruh parçalarımızı geri çektiğimizde ruha ilaveten enerji eklenir.

Ruh Şifalanırken enerji kişinin fiziksel bedenine dönecektir. Enerji kalp çakrasına gelip, etrafında dönecektir ve siz enerjinin devasa bir ışık küresine dönüştüğünü göreceksiniz. Tekrar saat yönünde döndüğünü görene kadar işiniz bitmiş sayılmaz. Eğer kürenin saat yönünde döndüğüne tanıklık etmeden çalışmayı bırakırsanız, duyguları saatler, günler ve hatta aylar boyunca işleme tabi tutulacaktır. Bazen çalışma hatırı sayılır uzunlukta bir zaman alır. Bu sebeple sabırlı olun. Benim tanık olduklarım arasında en uzun süreni on beş dakikaydı.

Kırılmış ruh onarıldığında, kişi bir süredir sahip olmadığı bir enerjiye sahip olacaktır. İşlem mitokondriye enerjiyi geri koyar ve hücrelere ATP'yi yeniden doldurur. Ruh onarıldığı zaman daha önce görmesi zor Programları ve fiziksel hastalıkları bulup şifa vermek mümkün olacak.

Ruh Axis Mundi yani Hayat Ağacı gibidir. Yaratıcı bütün ağaç, dünya ve geri kalan her şeydir. Büyük dal ruh, küçük dal yüksek benlik ve yaprak da bedendir.

20
Kalp Şarkısı

2006 yılının temmuz ayında kendimi aşırı derecede yorgun hissetmeye başladım. Sorunun akciğerlerimde olduğunu düşünüp onlar için Şifa yapmaya başladım. Şifalardan sırasında Yaratıcının sesi kafamın içinde yankılandı ve bana "Ne yapıyorsun?" diye sordu.

"Akciğerlerim üzerinde çalışıyorum," dedim.

Yaratıcı bana "Sorun akciğerlerinde değil... Sende kronik kalp yetmezliği var," dedi.

Büyük bir çaresizlik içinde Yaratıcıya "Bu imkânsız! Ben daha çok gencim!" dedim.

Bendeki sorunun bu olduğundan emin olmak için doktordan randevu aldım. Gittim ve bazı testler yapıldı. Doktor bana "Sizde kronik kalp yetmezliği var. Çok üzgünüm." dedi. Bana zaten söylenmiş olan şey böylece onaylanmış oldu.

Doktora "Peki ne yapmam gerek? Nasıl iyileşeceğim?" diye sordum.

Doktor bana "Bu ilacı kullanacaksın ve işe yarayıp yaramadığını göreceğiz. Genç olduğun için adını kalp nakli bekleme listesine alabiliriz," dedi.

Bu perişanlık anında ağlamaya başladım. "Hayır, yine aynı şey! Bir kez daha doktor bana öleceğimi söylüyor."

Zavallı Ben Cehennemi'ne gittim. Bu durumda beni en çok üzün şey de; bütün İnanç Çalışmalarını yaptığımı düşünüyordum ama şimdi daha fazlasını yapmalıydım.

Böylece ilacı kullanmaya başladım ve kendime "Tamam, sıradaki semineri vermek için söz verdim, sözümü tutmalıyım," dedim.

Roma'ya gitmemden iki hafta önce evime misafirler geldi. Onlar Sezgisel Anatomi Sınıfıma katılmış olan New Yorklu profesyonel müzisyenlerdi. Beni ziyarete geldiler, yemek yedik ve biraz müzik çaldılar. İçlerinden biri inanılmaz güzellikte viyola çalıyordu. Viyoladan çıkan müzik melankoli doluydu ve insanın kalbini parçalıyordu.

Ardından bir diğer müzisyen beste yapmak için ona yardım etmemi istedi. Bana kalbimdeki şarkıyı seslendirmemi söylediler. Yukarı çıkıp Yedinci Seviyeye bağlandım ve kederli bir tonda kalbimden gelen garip bir hisle şarkı söylemeye başladım. Söylediğim tonda bütün bu enerjilerin üzerimden kalktığını hissederken, birdenbire mutsuzluğumun ve hastalıklarımın sebeplerini gördüm. Kalbimin molekülünde eski acıları tuttuğumu fark ettim. Kalbimi, onda tuttuğum bu eski acılardan serbest bırakmayı düşünmeden hep İnançlarım üstünde çalışmıştım. Kalbimde yerinden oynamayan bir acı hissetmemin sebebi buydu. Gözlerimi kapadım ve bütün bu üzüntünün kalbimden gelen bir ton ile çıkmasına izin verdim. Nefesim kesilene kadar bu tonu devam ettirdim ve sonra yeniden başladım.

Bitirdiğimde müzik durdu ve gözlerimi açtığımda odadaki herkesin sesimin etkisiyle ağlamakta olduğunu gördüm. O an, başkaları için de acıyı ve kalplerindeki ıstırabı eritmeleri için bir yol bulduğumu fark ettim.

Bu gezegende doğduğumuzda, özellikle de sezgisel olanlarımız, burada bulunan acı titreşimlerinin bir kısmını içimize çektik. Pek çok şifacı kalplerinde hep üzücü, melankolik bir his olduğunu bilirler. Yedinci Seviyeye çıktığımızda ve kalplerimizdeki melodiyi dinlediğimizde bizden önce gelen nesillerin acısını yok ettiğimiz için kendimizi anında hafiflemiş hissederiz. Üzüntüyü göndermenin en iyi yolunun alçak, fısıltıya yakın bir ton kullanmak olduğunu buldum. Bağırmak aynı etkiyi yapmayacaktır.

O zaman bilmediğim şey bu çalışmanın kalbimi iyileştirmiş olduğuydu. Artık bu çalışmayı ileri seviye sınıflarında insanları hastalık için acılardan ve duygulardan temizlemek için kullanıyorum.

Kalpten Gelen Ton-Kalp Şarkısı

Bu çalışma, kalpten gelen bir ton aracılığıyla, sürekli bir şarkının içinde, geçmişe ya da şimdiye ait acıyı ve öfkeyi bırakmak üzere tasarlanmıştır. Her organın söylediği kendine has şarkısı vardır ve sesimizi kullanıp üzücü şarkıyı söyleyerek her birinden negatif etkileri serbest bırakabiliriz.

Bunu yapmak için, aşağıda anlatıldığı gibi, alanınızdan yukarı gitmeli ve kalbinizden acının serbest bırakılması için emir vermelisiniz. Sadece kendi kalbimizdeki acıyı ve üzüntüyü serbest bırakabiliriz, bunu bizim yerimize hiç kimse yapamaz. Uygulayıcı bunu bir danışanın yerine yapamaz ve sadece tonu yaratmasında cesaretlendirmek üzere danışana yol gösterebilir.

Bu çalışma doğrudan insanlığın kolektif bilinci ile bağlantılıdır. Çalışma sona erdiğinde evrensel düzeyde bütün insanlığın acısı serbest bırakılmış olur. Bu çalışmayı yapan pek çok insan evrensel dünya düzeyinde öfke, nefret ve acıyı serbest bırakan evrensel ton ile bağlantı kurar.

Vücutta tutulan ve ruh ile birlikte onun gittiği her yere giden üç tane molekül vardır. Duygusal ve fiziksel Programları serbest bırakan pinealde bulunur, kalpteki eski acıları ve öfkeyi serbest bırakır bir tane de omurganın altında kökünde bulunur. Bu çalışma kalpteki molekülü aktive eder. Uygulayıcı danışanı aşağıda anlatıldığı şekilde yönlendirmelidir.

KALP ŞARKISI İÇİN İŞLEM

1. Kendinizi kalbinizde merkezleyin ve Var Olan Her Şey'in bir parçası olan Dünya Ana'nın merkezine gittiğinizi imgeleyin
2. Enerjiyi ayaklarınızdan getirip taç çakraya kadar bütün çakraları açtığını imgeleyin. Güzel bir ışık topunun içinde Evren'in dışına gidin.
3. Evren'in ötesine gidin, beyaz ışıkları geçin, karanlık ışığı geçin, beyaz ışığı geçin, Yasalar olan jöle gibi maddeyi geçin, incimsi, yanardöner beyaz ışığa, Varoluşun Yedinci Seviyesine gelin.
4. Emri verin; *"Her Şeyin Yaratıcısı sesimdeki ton aracılığıyla kalbimin şarkısıyla acının serbest bırakılması emredilir. Teşekkür ederim. Oldu. Oldu. Oldu."*
5. Müzik Yasasına gidip, kalpten acı ve öfkeyi serbest bırakacak bir ton istediğinizi imgeleyin. Kalbinizin derinliklerine gittiğinizi hayal edin. Kalbinizin söylediği acı şarkıyı dinleyin. Tonun sesinizle çıkmasına izin verin.
6. Kalbinizin söylediği şarkıyı dinlerken kalpte kilitli kalmış olan savaşla, kıtlıkla, nefretle ve öfkeyle ilgili bütün düş kırıklıklarını ve dargınlıkları dinleyin. Kalbinizde kilitli kalmış sesin ağzınızdan çıkan ton ile dışarı çıkmasına izin verin. Daha sonra aynısını diğer organlar için de yapın.
7. Bitirince Her Şey Olan'ın enerjisine bağlanın, derin bir nefes alın ve eğer dilerseniz enerji kesmesi yapın.

Bazı öğütler:

- Uygulayıcı danışanı ağzından tonun çıkması için cesaretlendirmeli ve kalpteki bütün negatif izlenimler serbest bırakılana kadar devam etmelidir.
- Danışan bittiğini hissedince çalışmanın bittiğini anlarız. Danışan kalbinde birikmiş bütün acının ve üzüntünün serbest bırakıldığını hissedecektir.
- Eğer danışan kalbinden katmanlar halinde serbest bırakmaya ihtiyaç duyarsa bu çalışma bir defadan fazla yapılabilir.
- Danışan kalbinde saklanmış bütün acıları başka biriyle çalışırken bırakma konusunda tam bir güven içinde olmayabilir. Bu çalışmayı yalnızken yapabilirler.
- Kişinin kalbinden söylediği şarkı yüksek sesli değildir, sabit ve değişmeyen bir tondur.

Bir Danışan İle Kalp Şarkısı Seansı

Aşağıda seminer sırasında yapılmış örnek bir seansı bulacaksınız:

Vianna'dan Danışan Adama: "Yukarı çık ve Yaratıcı ile bağlan ve kalbine in. Onun müziğini dinlemeni istiyorum, o kalp atışının altında çok hafifçe işitilebilir. Duyduğun melodiyi seslendirmeni istiyorum."

Adam melankolik bir tonda şarkı söylemeye başlar.

Vianna: "Bu eski enerjiyi serbest bırakıyorsun. Kendini nasıl hissediyorsun?"

Adam: "Sanki bir şey açılıyormuş gibi hissediyorum."

Vianna: "Sana güvende olmanın nasıl hissedildiğini ve değişiklik yapabileceğini öğreteceğim. Bu kavramlar kalbinle bağlantılıdır. Bu Hisleri kabul ediyor musun?"

Adam: "Evet."

Adam: (*Bitirene kadar on beş dakika boyunca tonu seslendirmeye devam eder.*)

Vianna: "Tamam. Bence bitti. Şimdi nasıl hissediyorsun?"

Adam "Yeniden canlanmış gibi hissediyorum!"

Vianna: "Abartıyor musun?"

Adam: "Hayır, kalbimden geleni söylüyorum!"

Vianna: "Enerjinin bakış açısıyla kendini nasıl hissediyorsun?"

Adam: "Kendimi canlı hissediyorum."

Vianna'dan Sınıfa: "Bunu yaparken kişinin kalbine elinizle dokunun. Kendi kalbinizde ne kadar zaman böyle hissettiniz?"

Adam: "Hep bu acıyı hissettim ama şimdi özgürüm. Bütün bu zaman boyunca acıyı tutmak çok zordu. Sizinle bunun üstünde on beş dakika çalıştım ve ağzımda böyle garip sesler çıkabileceğini hiç bilmezdim. Her nasılsa onları tanıdım ve evrenin ötesinde geçmiş yaşamlarımı gördüm."

Vianna'dan Sınıfa: "Hepimiz farklıyız ve çalışma kişiye göre iki ya da on dakika sürebilir. Danışanla bu tekniği kullanarak çalışırken yapmanız gereken ilk şey sabırlı olmaktır ve kişinin tamamen bitirene kadar tonu sürdürmesine yardımcı olmaktır. Ondan sonra güvende olduklarını ve bu dünyada bir yerleri olduğunu onlara öğretebilirsiniz.

"Eğer kişinin söylediği ton neşeli bir tonsa onlara kalplerine daha derinden bakmalarını söyleyin. Annem bunu yapmayı denedi ama gelen müzik onu çok fazla üzdü ve bu çalışmayı artık yapmamaya karar verdi."

"Küçük kızım denedi ve ortaya çıkan tek şey mutlu bir şarkı oldu. Bence bu gerçekten kalbinde olanın yansımasıydı."

Kalp Şarkısı İçin Yüklemeler

Deneyimlediğim her şey önemlidir.

Bu defa insanları potansiyellerine ulaşmaları için nasıl uyandıracağımı biliyorum.

21
Organik Olmayan Maddeleri Temizleme ve Üzerlerinde İnanç Çalışması Yapma

Eşyalar anıları, duyguları, hisleri ve etraflarında gezinmiş olan her şeyin hayalet izlerini üzerlerinde ve içlerinde tutarlar. Bu sebepten dolayı evinize bir yuva olmanın nasıl hissedildiğini öğretebilirsiniz. Üzerinde İnanç Çalışması yapılmasına gerek olup olmadığını anlamak için evinize dikkatlice bakın. Eğer eviniz eskiyse ve bir mazisi varsa, orada daha önce yaşamış olan insanlardan kalan enerjiler olabilir. Evde bulduğunuz bütün bedduaları çekin ve kararsız ruhları ışığa gönderin. Evinizin ruhunuzla ve enerjinizle uyum içinde olması gerek.

Evinize neşe içinde olmanın ve şefkate sahip olmanın nasıl hissedildiğini öğretin ve böylece eviniz orada yaşayanları ve oraya gelenleri iyileştirecektir.

Eğer kendinizi evinizde rahat hissetmiyorsanız, bunu düzeltin. Üzüntü veya acı taşıyan bütün hatıraları Tanrı'nın ışığına gönderin.

Evinizin dekorasyonunda fıskiyeler, çeşmeler ve aynalar kullanın; ne de olsa eviniz sizi yansıtıyor. Sevmediğiniz bütün eşyalardan kurtulun; buna kıyafetleriniz de dâhil. Organik olmayan maddeler düşünceleri ve hisleri topladığı için onlara sahip olmalarını dileğiniz düşünceleri ve hisleri yükleyin.

İnanç Çalışması ile bir toprak parçasından lanetleri çekip, çıkarabilirsiniz, tıpkı bir insanla yaptığınız gibi ruh parçalarını geri gönderebilirsiniz.

Bu çalışma da *Thetahealing- Sıradışı Bir Enerji Yaklaşımına Giriş* kitabında verilmişti ama burada tekrar edilmeye değer. Bu size yaratmayı dilediğiniz ortamı yansıtacak İnançları ve Hisleri objelere yüklemeniz içindir. Farklı versiyonları her eşya için kullanılabilir.

Organik Olmayan Maddeleri Temizleme ve Üzerlerinde İnanç Çalışması Yapma

1. Kendinizi merkezleyin.
2. Bilincinizi Var Olan Her Şey'in bir parçası olan Dünya Ana'nın merkezine göndererek başlayın.
3. Enerjiyi ayaklarınızdan yukarıya, bedeninize ve tüm çakralarınızdan yukarıya getirin.
4. Taç çakranızdan yukarıya gidin, bilincinizi yıldızların ötesine, Evren'e gönderin.
5. Evren'in ötesine gidin, beyaz ışıkları geçin, karanlık ışığı geçin, beyaz ışığı geçin, Yasalar olan jöle gibi maddeyi geçin, incimsi, yanardöner beyaz ışığa, Varoluşun Yedinci Seviyesine gelin.
6. Koşulsuz Sevgiyi toplayın, emri verin: "*Her Şeyin Yaratıcısı, bu objeye şu hissin (hangi hissi öğretmek istiyorsanız) en*

yüce ve en iyi şekilde öğretilmesi emredilir. Teşekkür Ederim. Oldu. Oldu. Oldu."

7. Şifaya tanık olun.
8. Bitirdiğinizde Her Şeyin Yaratıcısı'nın enerjisine bağlanın, derin bir nefes alın ve eğer dilerseniz enerji kesmesi yapın.

22
Zamanı Bükmek

Eski Bir Yunan Bilmecesi:

Kendinden önceki, sonrakini ve onu izlemekte olan her şeyi yutan nedir?

Yanıt: Zaman. Geçmişi, geleceği ve aynı zamanda gözleyeni yutar.

ThetaHealing'in birlikte yaratım sürecinde zaman yoktur. Şifa Her Şeyin Yaratıcısı aracılığıyla gerçekleşirken zaman çok yavaşlar ya da tamamen durur. Bunun böyle olma sebebi, gerçekleşmekte olan inanılmaz boyuttaki işin, danışana fiziksel, zihinsel veya ruhsal düzeyde rahatsızlık vermeden, tamamlanması için zamanının olmasıdır. Siz emri verdiğinizde ve zihniniz Şifayı kabul edip ona tanıklık ettiğinde, Şifanın şimdiki zamanın ve şimdiki gerçekliğin dışında çoktan gerçekleşmiş olduğunu anlamalısınız. Tanık olmak Şifayı *bu* zaman ve gerçeklik boyutuna getirir. İşin tamamlanması ve yaratılmış fiziksel dünyada maddeleşip form alması için ona tanık olmalısınız. Anında Şifaya tanık olmak zaman bükmeye bir örnektir.

Zaman bir illüzyondur, bir yerçekimi Yasasıdır ve bükmek için daha uygun olan Yasalardan biridir. Bir gün işe gidiyordum ve gecikmiştim. Alanımdan çıktım ve bir saat hayal ettim. Saati izlerken kendimi saatten hızlı giderken görmek için emir verdim. Ardından, işe gidince zamanı eski haline getirdim! Bu sayede kişi birkaç dakika içinde dokuz saat uyuyabilir. ***Bunun kabul edilmesi gerek*** yoksa kendinizi hâlâ yorgun hissedersiniz!

Uygulayıcı Zamanın Yasasını bükerek olayları bilinçli şekilde değiştirmeyi aşağıdaki çalışma ile öğrenir.

Zaman için İşlem

1. Kendinizi kalbinizde merkezleyin ve Var Olan Her Şey'in bir parçası olan Dünya Ana'nın içine gittiğinizi hayal edin.
2. Enerjiyi ayaklarınızın altından getirip yukarı çıkarken bütün çakralarınızı açtığını hayal edin. Taç çakranıza kadar gidin ve güzel bir ışık topu içinde Evren'e doğru gidin.
3. Evren'in ötesine gidin, beyaz ışıkları geçin, karanlık ışığı geçin, beyaz ışığı geçin, Yasalar olan jöle gibi maddeyi geçin, incimsi, yanardöner beyaz ışığa, Varoluşun Yedinci Seviyesine gelin.
4. Emri verin: "Her Şeyin Yaratıcısı Altıncı Varoluş Seviyesinden Zamanın Yasası aracılığıyla zamanın değiştirilmesi (istediğiniz değişikliği belirtin) bu ayda, günde, yılda ve zamanda emredilir. Teşekkür ederim. Oldu. Oldu. Oldu."
5. Altıncı Varoluş Seviyesine gidin ve Zamanın Yasasına bağlanıp, Yasanın istenilen değişiklikleri yapmasına tanıklık edin.
6. Bitirince Her Şey Olan'ın enerjisine bağlanın, derin bir nefes alın ve eğer dilerseniz enerjiyi kesin.

Bu çalışmayı yapabildiğinizde bu, DNA3 için hazır olduğunuza dair iyi bir işarettir.

23
Geleceğinizi Hatırlamak

Sezgisel insanların kendi geleceklerini göremeyeceklerine dair batıl bir inanç vardır. Bu doğru değildir. Sadece geleceklerini görmekle kalmazlar, aynı zamanda onu yaratabilirler.

Gerçekliğin mekanik bakış açısından geleceği göremeyiz, çünkü o henüz yaşanmamıştır. Ben geçmiş, şu an ve geleceğin aynı şeyler olduğuna inanıyorum ve biri diğerinden bağımsız olarak var olamaz. Üçünü birden aynı anda yaşadığımıza inanıyorum ve tıpkı geçmişi hatırlayabildiğimiz gibi geleceği de hatırlayabileceğimize inanıyorum. Bence bilincimizde geçmiş, şu an ve geleceğin ötesinde bir parça var ve o parça Tanrı-benliktir, gerçekliği değiştirmek için hepimizde bulunan yaratım kıvılcımıdır.

Eğer Yedinci Seviyedeki Yaratıcı'ya bağlanır ve *hatırlamayı* isterseniz, onu kristal berraklığında görebilirsiniz. Bu pratik ister. Pek çok durumda sezgisel etrafındaki insanları ve onların kutsal zamanlarını (sonraki bölüme bakın) dikkate almaksızın geleceği istediği gibi yapmak ister. Ama iyi bir sezgisel hayatındaki her şeyin kendisinin yaratımı olduğunun kolayca fark eder ve böyle yaparak da başkalarının hayatlarının ve haklarının farkına varır.

Geleceğinizi hatırlamanın pek çok yolu vardır. Bir tanesi Yaratıcı'ya çıkmak ve geleceğinizi görmek için Akaşik Kayıtların bulunduğu Zaman Yasasına götürülmeyi istemektir. Ben Var Olan Her Şeyin Yaratıcısı'na gidip, Evren'in kıyısında, geçmiş, şu an ve geleceği aynı anda göreceğim yerde durmayı seviyorum. Bunun ayrıca bir avantajı var; Yedinci Seviyeye bağlandığınızdan gördüğünüz geleceğinizi eğer beğenmezseniz kolayca değiştirebilirsiniz... hatta daha da iyisi onu yaratabilirsiniz.

Geleceği Hatırlama İşlemi

1. *Yedinci Seviyeye gittiğinizi imgeleyin.*
2. *Emri verin: "Her Şeyin Yaratıcısı, şimdi geleceğimi görmem ve hatırlamam emredilir. Teşekkür ederim. Oldu. Oldu. Oldu."*

Geleceğiniz ile ilgili olarak, hatırlanması gereken bir başka şey de, genetik neslin, geçmişle şimdiyi ve şimdiyle geleceği birbirine bağlayan bir zincir olması sebebiyle, bizdeki programları şimdi değiştirmek hem geçmişteki atalarımızı hem de gelecekteki akrabalarımızı etkiler, hem de bu sebeple gelecekte değişiklik yapar.

24
Kutsal Zaman

Kutsal Zaman'la ne kastediyorum?

- Bu Seviyede ilahî olarak var olduğumuza ve ilahî bir şekilde yönlendirildiğimize inanıyorum.
- Bazı şeylerin önceden planlandığına inanıyorum ve bu dünyada yaptığımız şeyleri istediğimiz için yaptığımıza inanıyorum.
- Bir ruh ailesine ait olduğumuza inanıyorum.
- Geliştikçe, kutsal zamanlarda ruh ailemizle bir araya geldiğimize inanıyorum.
- İlahî gerçekliğimizin bir parçasının bir araya gelmek ve İnanç Sistemlerimiz üzerinde çalışmak olduğuna inanıyorum.
- Yaratıcının Var Olan Her Şey enerjisine bağlanmak ve *öğrenmek* için burada olduğumuza inanıyorum. Bu gerçekten önemli olan şeydir; bu Varoluştan harika bir şey öğrenmek.

Her kişinin kendine has bir kutsal zamanı vardır. "Kutsal Zaman" her bir kişiye bu Varoluşa geldiklerinde Her Şeyin Yaratıcısı tarafından eklenmiş olan zamanlamadır. Bu "zaman" kişiye Yaratıcı tarafından Üçüncü Varoluş Seviyesinde bulunan diğer bütün insanların zamanlamasıyla bağlantılı olarak verilmiştir. Herkes kendi iyiliği için bu kişisel zamanlamaya saygı duymalıdır. Tanrı'nın küçük kıvılcımları olarak hepimiz

Özgür İradeye sahibiz. Egoistlik ve inatçılıkla kutsal akışa karşı hareket ettiğimiz zamanlar olur ve sonra da işlerin neden "istediğimiz gibi" gitmediğini merak ederiz.

Makro kozmik ölçekte dünyanın kendine ait ilahî bir zaman vardır. İşte bu yüzden Dünya'nın kutsal zamanlarını genel ölçekte bilmeyi emretmek en iyisidir. Kutsallığın bu büyük boyutu için farkındalığınız olduğunda bu, Okumalar, Şifalar ve hayatınızda tezahürler için sizi yeni bir anlayışa açacaktır. Büyük resmi anlamaya başladığınızda neyi, ne zaman, nasıl tezahür ettireceğinizi bileceksiniz.

İlahî zamanlama siz bir kişi üzerinde Okuma ya da Şifa yaparken neler olduğuna dair size daha iyi bir anlayış verecektir. Bir danışan ile çalıştığınız bazı zamanlarda kişinin kutsal zamanının ne olduğunu sorun.

Kutsal zaman planlanmış olandır. Biz anlamasak bile o her zaman bizim en iyi ve en yüce hayrımız içindir. İnanç Çalışması kutsal zamanlamamıza sahip olmamız ve onu anlamamız için yardımcı olur.

"Kutsal zamanımı değiştirmek mümkün mü?" diye sorabilirsiniz. Bazı şeyleri değiştirmek mümkündür ancak Kutsal Zaman burada bulunma sebebimizin ve buraya yapmak için geldiğimiz şeylerin bir parçasıdır. Kutsal zamanımızı değiştirmek buraya gelme nedenimiz ve yapmak için geldiğimiz şeye karşı hareket etmektir. Örneğin, öğretmek için duyduğum dürtünün benim kutsal zamanım ile alakası vardır. Beni yanlış anlamayın, gelecek onu görebildikten sonra her zaman geliştirilebilir. Kutsal zaman hayatımızdaki büyük olaylarla ilgilidir ve onlar değiştirilemez. Değiştirilmeyecek şeylerden bazıları bebekler ve ruh eşleridir.

Kutsal zaman çalışması için Her Şeyin Yaratıcısı'na bağlanın ve *kutsal zamanınızı* görmeyi ve bilmeyi isteyin. Bu, geçen bölümde bahsettiğimiz, geleceğinizi görmekle aynı şey değildir. Eğer geleceğinizi ve kutsal zamanınızı doğru bir şekilde görebilirseniz bu sizin DNA3 için hazır olduğunuza dair bir işarettir. Bunun pratik istediğini aklınızda tutun.

Aşağıdaki Yüklemeleri kendinize yükleyin.

"Tüm düzeylerde kutsal zamanın ne demek olduğunu biliyorum."

"Gelecek için nasıl plan yapılacağını biliyorum."

"Fırsatın ne olduğunu biliyorum."

"Bir fırsattan nasıl faydalanacağımı biliyorum."

"Bir işin sonun getirmenin nasıl hissedildiğini biliyorum."

"Gelecek için plan yapmanın nasıl hissedildiğini biliyorum."

"Geleceği nasıl göreceğimi biliyorum."

İnisiyasyonlar ve Ölüm Kapıları

Sezgisel olarak gelişirken Var Olan Her Şeyin Yaratıcısı'nın size "küçük bir inisiyasyondan" geçtiğinizi söylediğini duyabilirsiniz. Bu sizin iyi biçimde geliştiğinizin işaretidir ve gelişiminizin bir sonraki adımı için bir fırsat verilmiştir. Bu yükselmeyi kabul etmek ya da reddetmek sizin Özgür İradenize kalmıştır. Sıklıkla birçoğumuz değişime direnç gösteririz ve işleri karmaşık hale getiririz. Eğer inisiyasyon zarafetle kabul edilirse bu kolay bir süreç olur. "İnisiyasyonlar zordur" programını çekin, gerçekte onlar sadece Var Olan Her Şeyin Yaratıcısı'nın ilahi kıvılcımları olarak bizim ilerlememizin işaretçileridir.

"Ölüm Kapıları" bir inisiyasyon şeklidir. Onların, orada oluş sebebi, size yapmak için geldiğiniz şeyi tamamladığınızı ve başka bir Seviyeye gitmek için seçim hakkınız olduğunu söylemektir. Eğer kalmayı seçerseniz size ulaşmanız için başka bir hedef verilecektir. Ölüm Kapısı ihtimalinin olması genellikle onu kabul etmek zorunda olduğunuz anlamına gelmez, gerçi bazen başka şansınız yoktur. Yaratıcı sizi eve çağırıyordur. Hayatlarımız boyunca yüzlerce ölüm kapımız olur ve çoğunun farkında bile olmayız. Seçenekler önce "yüksek ben"e ve ondan sonra ruha verilir.

Kişi Ölüm Kapısını geri çevirdiğinde hayatı değişir ve spiritüel olarak gelişir. Bu yeni değişim ile kişiye yeni koruyucu melekler verilir. Bu, bir gelişim inisiyasyonudur.

Olumsuz "Ölüm Kapısı" Programlarını değiştirmek için İnanç Çalışmasını kullanın. Kişiye Kas Testi yapın ve onun izni ile, kişinin en yüksek iyiliği için olmayan Programları çekin ve değiştirin. "Spiritüel olarak gelişmek için Ölüm Kapısına sahip olmalıyım" için Kas Testi yapın. Yerine "Drama olmadan spiritüel olarak gelişmek ve öğrenmek benim için kolay" geçebilir.

Özgür İrade Yasasına göre gidip başka insanların Ölüm Kapılarını kapatamazsınız. Onları kapatmayı sadece kişiler kendileri seçebilir. Daha derin bir düzeyde bu seçim sadece onlara aittir. Sizin yapabileceğiniz şey onlara İnanç ve His Çalışmalarını öğretmektir. Eğer onlara "mutlu ve neşeli" bir hayata sahip olmanın nasıl hissedildiğini öğretirseniz, o zaman onlar da yaşamak isteyecektir. Örneğin, göğüs kanseri ile çalışırken onlara aşağıdaki İnançları ve Hisleri vererek çalışmaya başlayın ve vücutları iyileşmeye başlayacaktır.

"Mutlu olmak uygundur."

"Yaşamak uygundur."

"Ben önemliyim."

"Ben el üstünde tutuluyorum."

"Ben duyuluyorum."

"Ben dinleniyorum."

"İletişim kurabilirim."

Her zaman hatırlayın, o ölüm sadece bir başka başlangıçtır.

Ölüme Yakın Deneyimler

Ölüme yakın deneyim genellikle bir büyüme inisiyasyonudur. İşin sırrı spiritüel olarak yükselmek için ölümle deneyim yaşama ihtiyacını aşmaktır.

Pek çok insan gelişmek için bir inisiyasyondan geçmek zorundadır. İnisiyasyonlar genellikle kutsal zamanla direkt bağlantılıdır. Her biri Var Olan Her Şeyin Yaratıcısı'yla derinleşen bir ilişki ve ruh enerjimizin dönüşümünü getirir. Bu dönüşümlerin oluşmasına izin vermemiz önemlidir. İnisiyasyonların acı dolu olmalarına gerek yoktur. Kalbinizi açın ve "Var Olan Her Şeyin Yaratıcısı ben bir sonraki adım için hazırım," deyin. Yaratıcıdan yeni enerjinin geldiğini ve Dört İnanç Seviyesinde bütün bedene yerleştiğini ve ruh alanınızdan Her Şey Olan'a enerjiyi gönderdiğinizi hayalinizde canlandırın. Bu süreç kişiye inisiyasyonunu birkaç ay yerine birkaç dakika tamamlamak için izin verir.

İnisiyasyonlarla ilgili olarak, yine de, negatif egonun hayatınıza girmesine dikkat edin! Ego yoldaşınız olduğunda inisiyasyon zor olabilir.

Ayrıca, bu konuyu zorlamaya kalkışmayın. Hazır olduğunuzda yükseleceksiniz. Hepimizin kendi zamanlaması vardır ve hazır olduğunuzda ilerleyeceksiniz. Her Şeyin Yaratıcısı'na çıkıp gördüğünüz şeyi kabul ettiğinizde ve gördüğünüz şeyin doğru biçimde farkına vardığınızda, zaten yolu yarılamış sayılırsınız.

25
İnançlar, Yüklemeler ve Hisler

Aşağıdaki Yüklemeler ve Hisler son dokuz yılda yaptığım İnanç Çalışmalarında faydalı olduklarını gördüklerimdir. Eğer uygunsa bu Hislerin Yüklenmesi tavsiye edilir.

Yetenekler

"Yaratıcı'nın yeteneklerimin gelişmesi tanımını anlıyorum."

"Yeteneklerimi en yüce ve iyi şekilde kullanmanın nasıl hissedildiğini anlıyorum."

"Yeteneklerimi tam manasıyla kullanarak günlük hayatımı nasıl yaşayacağımı biliyorum."

"Yaratıcı'nın yeteneklerim perspektifini biliyorum."

"Yeteneklerimin tam potansiyelinin farkına varmanın mümkün olduğunu biliyorum."

Özümsemek

"Yaratıcı'nın yaşam gücünü özümseme tanımını anlıyorum."

"Yaratıcı'nın bilgiyi özümseme tanımını anlıyorum."

"Bilgiyi özümsemenin nasıl hissedildiğini anlıyorum."

"Hangi bilgiyi özümseyeceğimi biliyorum."

"Bilgiyi en yüce ve en iyi şekilde nasıl özümseyeceğimi biliyorum."

"Günlük hayatımı bilgiyi özümseyerek nasıl yaşayacağımı biliyorum."

"Bilgiyi özümsemenin mümkün olduğunu biliyorum."

Başarmak

"Yaratıcı'nın başarma tanımını anlıyorum."

"Hedeflerimi en yüce ve en iyi şekilde başarmanın nasıl hissedildiğini anlıyorum."

Doğruluk

"Yaratıcı'nın doğruluk tanımını anlıyorum."

"Doğru olmanın nasıl hissedildiğini anlıyorum."

"En yüce ve en iyi şekilde nasıl doğru olunur biliyorum."

"Günlük hayatımı doğruluk içinde nasıl yaşayacağımı biliyorum."

"Yaratıcı'nın doğruluk perspektifini biliyorum."

En Yüksek Potansiyel

"Yaratıcı'nın en yüksek potansiyelim tanımını anlıyorum."

"En yüksek potansiyelime ulaşmanın nasıl hissedildiğini anlıyorum."

"En yüksek potansiyelime nasıl erişeceğimi biliyorum."

"Günlük hayatımı en yüksek potansiyelime ulaşarak nasıl yaşayacağımı biliyorum."

"Yaratıcı'nın en yüksek potansiyelim perspektifini biliyorum."

"En yüksek potansiyelime ulaşmanın mümkün olduğunu biliyorum."

Eylem

"Yaratıcı'nın eylem tanımını anlıyorum."

"Eyleme geçmenin nasıl hissedildiğini anlıyorum."

"Ne zaman eyleme geçeceğimi biliyorum."

"En yüce ve en iyi şekilde nasıl eyleme geçeceğimi biliyorum."

"Günlük hayatımı eylemle nasıl yaşayacağımı biliyorum."

"Yaratıcı'nın eyleme geçme perspektifini anlıyorum."

"En yüce ve en iyi şekilde nasıl eyleme geçeceğimi biliyorum."

Bağımlılık

"Bağımlılık olmadan yaşamanın nasıl hissedildiğini anlıyorum."

"Bağımlılık olmadan nasıl yaşanacağını biliyorum."

"Günlük hayatımı bağımlılık olmadan nasıl yaşayacağımı biliyorum."

"Yaratıcı'nın bağımlılık olmadan yaşama perspektifini biliyorum."

"Bağımlılık olmadan yaşamanın mümkün olduğunu biliyorum."

Yeterlilik

"Yaratıcı'nın yeterlilik tanımını anlıyorum."

"Yeterli olmanın nasıl hissedildiğini anlıyorum."

"En yüce ve en iyi şekilde nasıl yeterli olacağımı biliyorum."

"Yeterli olmanın mümkün olduğunu biliyorum."

Takdir

"Yaratıcı'nın takdir tanımını anlıyorum."

"Kibirli olmadan kendimi nasıl takdir edeceğimi biliyorum."

"En yüce ve en iyi şekilde başkalarını nasıl takdir edeceğimi biliyorum."

"Günlük hayatımı etrafımdaki dünyayı takdir ederek nasıl yaşayacağımı biliyorum."

"Yaratıcı'nın takdir perspektifini biliyorum."

Istırap

"Istırap olmadan yaşamanın nasıl hissedildiğini anlıyorum."

"Istırap olmadan nasıl yaşanacağını biliyorum."

"Günlük hayatımı ıstırap olmadan nasıl yaşayacağımı biliyorum."

"Yaratıcı'nın ıstırap olmadan yaşama perspektifini biliyorum."

"Istırap olmadan yaşamanın mümkün olduğunu biliyorum."

Alkolizm

"Bir alkolik olmadan yaşamanın nasıl hissedildiğini anlıyorum."

"Bir alkolik olmadan nasıl yaşanacağını biliyorum."

"Günlük hayatımı bir alkolik olmadan nasıl yaşayacağımı biliyorum."

"Yaratıcı'nın alkol olmadan yaşama perspektifini biliyorum."

"Alkol olmadan yaşamanın mümkün olduğunu biliyorum."

"Alkol olmadan en yüce ve en iyi şekilde yaşayabileceğimi biliyorum."

Melekler

"Yaratıcı'nın ışığının meleği tanımını anlıyorum."

"Melek gibi olmanın nasıl hissedildiğini anlıyorum."

"En yüce ve en iyi şekilde nasıl melek gibi olunacağını biliyorum."

"Günlük hayatımı bir melek gibi nasıl yaşayacağımı biliyorum."

"Yaratıcı'nın melek gibi olma perspektifini biliyorum."

"Melek gibi olmanın mümkün olduğunu biliyorum."

Yanıt

"Yanıtlar bana kolayca gelir."
"Yaratıcı'nın soruların yanıtlarına sahip olma tanımını anlıyorum."
"Yaratıcı aracılığıyla yanıtları almanın nasıl hissedildiğini anlıyorum."
"Yanıtları biliyorum."
"Ne zaman yanıtlara sahip olacağımı biliyorum."
"En yüce ve en iyi yanıtlara nasıl sahip olacağımı biliyorum."
"Yaratıcı'nın yanıtlar perspektifini biliyorum."
"Yaratıcı aracılığıyla yanıtlar almanın mümkün olduğunu biliyorum."

Endişe

"Endişeden uzağım."
"Hayata karşı sağlıklı bir bakışım var."
"Mutluyum ve başkaları beni aşağıya çekemez."
"Ben hiç yıkılmam ve vazgeçmem."
"Hayat ödüllendirici bir meydan okuma."
"Benim hayatımda hep iyilik kazanacak."
"Hayatım iyilik ve umut dolu."
"Ben sorumluluk sahibi bir insanım ve kendime inanıyorum."
"Diğerleri benim gücüme saygı duyuyor."
"Duyularım pozitif hislerin peşindedir."
"Geleceğimi parlak bir fırsata dönüştürebilirim."
"Pozitif düşünce aklımı kontrol ediyor."
"Hiç korkmuyorum ve asla yalnız değilim."
"Hayatla geçmişle, şimdiki anla ve gelecekle birim."
"Kaderimi kontrol ederim."
"Endişe olmadan yaşamanın nasıl hissedildiğini anlıyorum."
"Endişe olmadan nasıl yaşanacağını biliyorum."
"Günlük hayatımı endişe olmadan nasıl yaşayacağımı biliyorum."

"Endişe olmadan yaşamanın mümkün olduğunu biliyorum."
"Yaratıcı'nın hayattan zevk alma tanımını anlıyorum."
"Hayattan zevk almanın nasıl hissedildiğini anlıyorum."
"Hayattan nasıl zevk alınacağını biliyorum."
"Hayattan zevk almanın mümkün olduğunu biliyorum."
"Düşüncelerimi kontrol etmenin nasıl hissedildiğini anlıyorum."
"Düşüncelerimi nasıl kontrol edeceğimi biliyorum."
"Günlük hayatımı düşüncelerimi kontrol ederek nasıl yaşayacağımı biliyorum."
"Düşüncelerimi kontrol etmenin mümkün olduğunu biliyorum."
"İyiliğin ve umudun Yaratıcı tanımını anlıyorum."
"İyiliğe ve umuda sahip olmanın nasıl hissedildiğini anlıyorum."
"Yaratıcı'nın iyilik ve umut perspektifini biliyorum."
"İyiliğe ve umuda sahip olmanın mümkün olduğunu biliyorum."
"Kendime inanmanın nasıl hissedildiğini anlıyorum."
"Kendime nasıl inanacağımı biliyorum."
"Günlük hayatımı kendime inanarak nasıl yaşayacağımı biliyorum."
"Yaratıcı'nın kendime inanma perspektifini biliyorum."
"Kendime inanmanın mümkün olduğunu biliyorum."
"Kendi hislerimi başkalarınınkilerden nasıl ayıracağımı biliyorum."

Umursamazlık

"Yaratıcı'nın umursamazlık olmadan yaşama tanımını anlıyorum"
"Umursamazlık olmadan yaşamanın nasıl hissedildiğini anlıyorum."
"En yüce ve en iyi şekilde umursamazlık olmadan nasıl yaşayacağımı biliyorum."
"Günlük hayatımı umursamazlık olmadan nasıl yaşayacağımı biliyorum."
"Yaratıcı'nın umursamazlık olmadan yaşama perspektifini biliyorum."

"Umursamazlık olmadan yaşamanın mümkün olduğunu biliyorum."

Takdir Edilmek

"Yaratıcının takdir edilme tanımını anlıyorum."
"Başkaları tarafından takdir ediliyorum."
"Diğerlerini takdir etmenin nasıl hissedildiğini anlıyorum."
"En yüce ve en iyi şekilde nasıl takdir edileceğimi biliyorum."
"Günlük hayatımı nasıl minnettarlık içinde yaşayacağımı biliyorum."
"Yaratıcı'nın takdir etme perspektifini biliyorum."
"Takdir edilmenin mümkün olduğunu biliyorum."

Zenginliği Çekmek

"Pozitif insanları ve durumları nasıl kendime çekeceğimi biliyorum."
"Yaratıcı'nın zenginliği çekme tanımını anlıyorum."
"Zenginliği çekmenin nasıl hissedildiğini anlıyorum."
"En yüce ve en iyi şekilde zenginliği nasıl çekeceğimi biliyorum."
"Günlük hayatımı zenginliği çekerek nasıl yaşayacağımı biliyorum."
"Yaratıcı'nın zenginliği çekme perspektifini biliyorum."
"Zenginliği çekmenin mümkün olduğunu biliyorum."

Terk Edilmek

"Hayatımı terk edilmeden nasıl yaşayacağımı biliyorum."
"Terk edilmeden yaşamanın nasıl hissedildiğini anlıyorum."

Kaba Olmak

"Günlük hayatımı kaba olmadan nasıl yaşayacağımı biliyorum."

Sevimli

"Başkalarına sevimli gelirim."
"Yaratıcı'nın sevimli olma tanımını anlıyorum."
"Sevimli olmanın nasıl hissedildiğini anlıyorum."
"En yüce ve en iyi şekilde nasıl sevimli olunur biliyorum."
"Yaratıcı'nın sevimli olma perspektifini anlıyorum."
"Sevimli olmanın mümkün olduğunu biliyorum."

Çekici Olmak

"Diğer insanlar beni çekici buluyorlar."
"Ben kendimi çekici buluyorum."
"Yaratıcı'nın çekici olma tanımını anlıyorum."
"Çekici olmanın nasıl hissedildiğini anlıyorum."
"En yüce ve en iyi şekilde nasıl çekici olunacağını biliyorum."
"Yaratıcı'nın çekici olma perspektifini biliyorum."
"Çekici olmanın mümkün olduğunu biliyorum."

Olabildiğinin En İyisi Olmak

"Yaratıcı'nın olabileceğinin en iyisi olma tanımını anlıyorum."
"Olabileceğimin en iyisi olmanın nasıl hissedildiğini anlıyorum."
"En yüce ve en iyi şekilde nasıl olabileceğimin en iyisi olacağımı biliyorum."
"Günlük hayatımı olabileceğimin en iyisi olarak nasıl yaşayacağımı biliyorum."
"Yaratıcı'nın en iyi olma perspektifini biliyorum."
"Olabileceğimin en iyisi olmanın mümkün olduğunu biliyorum."

Yetenekli

"Ben yetenekli bir insanım."
"Yaratıcı'nın yetenekli olma tanımını anlıyorum."
"Yetenekli olmanın nasıl hissedildiğini anlıyorum."
"En yüce ve en iyi şekilde nasıl yetenekli olunur biliyorum."
"Günlük hayatımı yetenekli olarak nasıl yaşayacağımı biliyorum."
"Yaratıcı'nın yetenekli olma perspektifini biliyorum."
"Yetenekli olmanın mümkün olduğunu biliyorum."

Sakar

"Sakar olmadan yaşamanın nasıl hissedildiğini anlıyorum."
"Günlük hayatımı sakar olmadan nasıl yaşayacağımı biliyorum."
"Günlük hayatımda sakar olmadan yaşamanın mümkün olduğunu biliyorum."

Sakin

"Ben sakinim, her zaman."
"Yaratıcı'nın sakin olma tanımını anlıyorum."
"Sakin olmanın nasıl hissedildiğini biliyorum."
"Ne zaman sakin olacağımı biliyorum."
"En yüce ve en iyi şekilde nasıl sakin olacağımı biliyorum."
"Sakin olmanın mümkün olduğunu biliyorum."

Büyüleyici

"Yaratıcı'nın büyüleyicilik tanımını anlıyorum."
"Büyüleyici olmanın nasıl hissedildiğini anlıyorum."
"En yüce ve en iyi şekilde nasıl büyüleyici olunur biliyorum."
"Günlük hayatımı büyüleyici olarak nasıl yaşayacağımı biliyorum."

"Yaratıcı'nın büyüleyici olma perspektifini biliyorum."

"Büyüleyici olmanın mümkün olduğunu biliyorum."

Enerjik

"Yaratıcı'nın enerjik olma tanımını anlıyorum."

"Enerjik olmanın nasıl hissedildiğini anlıyorum."

"Ne zaman enerjik olacağımı ve ne zaman dinleneceğimi biliyorum"

"En yüce ve en iyi şekilde nasıl enerjik olunur biliyorum."

"Günlük hayatımı enerjik olarak nasıl yaşayacağımı biliyorum."

"Yaratıcı'nın enerjik olma perspektifini biliyorum."

Ahlaklı - Etik Olma

"Yaratıcı'nın ahlaklı - etik olma tanımını anlıyorum."

"Ahlaklı - etik olmanın nasıl hissedildiğini anlıyorum."

"En yüce ve en iyi şekilde nasıl ahlaklı - etik olunacağını biliyorum."

"Günlük hayatımı ahlak kuralları ile nasıl yaşayacağımı biliyorum."

"Her Şeyin Yaratıcısı'nın ahlaklı - etik olma perspektifini biliyorum."

"Ahlaklı etik olmanın mümkün olduğunu biliyorum."

Dahi Olma

"Yaratıcı'nın dahi olma tanımını biliyorum."

"Dahi olmanın nasıl hissedildiğini anlıyorum."

"En yüce ve en iyi şekilde nasıl dahi olunur biliyorum."

"Dahi olmanın mümkün olduğunu biliyorum."

Nazik Olma

"Yaratıcı'nın nazik olma tanımını anlıyorum."

"En yüce ve iyi şekilde nezaket nasıl hissedilir anlıyorum."

"Ne zaman nazik ama kararlı olacağımı biliyorum."

"Yaratıcı'nın nazik olma perspektifini biliyorum."

"Nazik olmanın mümkün olduğunu biliyorum."

Özgün

"Yaratıcı'nın özgün olma tanımını biliyorum."

"En yüce ve en iyi şekilde özgün olmanın nasıl hissedildiğini anlıyorum."

"Ne zaman özgün olunacağını biliyorum."

"Nasıl özgün olunacağını biliyorum."

"Özgün olmanın mümkün olduğunu biliyorum."

Ayakları Yere Basan

"Yaratıcı'nın ayakların yere basması tanımını anlıyorum."

"Ayakları yere basmanın nasıl hissedildiğini anlıyorum."

"Ne zaman ayaklarımı yere basacağımı biliyorum."

"En yüce ve en iyi şekilde nasıl ayaklarımı yere basacağımı biliyorum."

"Yaratıcı'nın ayakların yere basması perspektifini biliyorum."

"Ayaklarımın yere basmasının mümkün olduğunu biliyorum."

Mevcut/Olmak

"Yaratıcı'nın mevcut olmak tanımını anlıyorum."

"Mevcut olmanın nasıl hissedildiğini anlıyorum."

"Ne zaman mevcut olacağımı biliyorum."

"Nasıl mevcut olacağımı biliyorum."

"Günlük hayatımı mevcut olarak nasıl yaşayacağımı biliyorum."

"Her Şeyin Yaratıcısı'nın mevcut olma perspektifini biliyorum."

"Mevcut olmanın mümkün olduğunu biliyorum."

Saygı Görmek

"Yaratıcı'nın arkadaşlarımdan saygı görme tanımını anlıyorum."

"Arkadaşlarımdan saygı görmenin nasıl hissedildiğini anlıyorum."

"Arkadaşlarımdan saygı görmenin nasıl olduğunu biliyorum."

"Arkadaşlarımdan saygı görmenin mümkün olduğunu biliyorum."

"Yaratıcı'nın öğretmenlerimden saygı görme tanımını anlıyorum."

"Öğretmenlerimden saygı görmenin nasıl hissedildiğini anlıyorum."

"Öğretmenlerimden saygı görmenin nasıl olduğunu biliyorum."

"Öğretmenlerimden saygı görmenin mümkün olduğunu biliyorum."

"Yaratıcı'nın sınıfımdan saygı görme tanımını anlıyorum."

"Sınıfımdan saygı görmenin nasıl hissedildiğini anlıyorum."

"Sınıfımdan saygı görmenin nasıl olduğunu biliyorum."

"Sınıfımdan saygı görmenin mümkün olduğunu biliyorum."

Uzman olma

"Yaratıcı'nın uzman olma tanımını anlıyorum."

"Uzman haline gelmenin nasıl hissedildiğini anlıyorum."

"Nasıl uzman haline geleceğimi biliyorum."

"Yaratıcı'nın uzman haline gelme tanımını biliyorum."

Duyarlı

"Yaratıcı'nın duyarlı olma tanımını anlıyorum."

"Duyarlı olmanın nasıl hissedildiğini biliyorum."

"En yüce ve en iyi şekilde ne zaman duyarlı olacağımı biliyorum."

"Nasıl duyarlı olunur biliyorum."

"Yaratıcı'nın duyarlı olma perspektifini biliyorum."

"Duyarlı olmanın Yaratıcı perspektifini biliyorum."

"Duyarlı olmanın mümkün olduğunu biliyorum."

Kendine İnanma

"Kendime inanıyorum."
"Ben pozitif bir insanım."
"İyi huyluyum ve diğerleri benim kendime güvenime hayran olur."
"Umutlar ve hayaller beni iyi hissettirir."
"Kendime güvenimi kendim yaratırım çünkü başarılıyım."
"Her gün, her bakımdan daha da başarılı oluyorum."
"Kendi görüşlerimi açıkça ortaya koyarım."
"Doğru kararlar veririm çünkü kendime güveniyorum."
"Kendime güvenmek bana iyi hissettirir."

Harikulade-Harikuladelik

"Yaratıcı'nın ruhumun harikuladeliği tanımını anlıyorum."
"Harikulade olmanın nasıl hissedildiğini anlıyorum."
"Nasıl harikulade olunacağını biliyorum."
"Yaratıcı'nın harikuladelik tanımını biliyorum."

İşyeri/İşletme

"Bir işyeri sahibi olmanın nasıl hissedildiğini biliyorum."
"Nasıl bir işyeri sahibi olunur biliyorum."
"İşyeri sahibi olmanın mümkün olduğunu biliyorum."
"En yüce ve en iyi şekilde kendi işyerimi nasıl yöneteceğimi biliyorum."

Direnç Göstermeden Değişmek

"Direnç göstermeden en yüce ve en iyi şekilde değişmenin nasıl hissedildiğini anlıyorum."
"Ne zaman direnç göstermeden değişeceğimi biliyorum."

"Direnç göstermeden nasıl değişeceğimi biliyorum."

"Direnç göstermeden değişmenin mümkün olduğunu biliyorum."

İşbirliği

"Yaratıcı'nın işbirliği tanımını anlıyorum."

"Diğerleriyle işbirliği yapmanın nasıl hissedildiğini anlıyorum."

"Diğerleriyle ne zaman işbirliği yapacağımı biliyorum."

"Diğerleriyle nasıl işbirliği yapacağımı biliyorum."

"Günlük hayatımı işbirliği içinde nasıl yaşayacağımı biliyorum."

"Yaratıcı'nın işbirliği perspektifini biliyorum."

"İşbirliğine sahip olmanın mümkün olduğunu biliyorum."

İletişim

"Diğerleriyle iyi iletişim kuruyorum."

"Yaratıcı'nın iletişim tanımını anlıyorum."

"İletişim kurmanın nasıl hissedildiğini biliyorum."

"En yüce ve en iyi şekilde nasıl iletişim kurulur biliyorum."

"Yaratıcı'nın iletişim perspektifini biliyorum."

"İletişim kurmanın mümkün olduğunu biliyorum."

İdrak

"Kavramları kolayca idrak ederim."

"İdrak etmenin nasıl hissedildiğini anlıyorum."

"En yüce ve en iyi şekilde nasıl idrak edeceğimi biliyorum."

"Günlük hayatımı idrak ile nasıl yaşayacağımı biliyorum."

"Yaratıcı'nın diğerlerini idrak etme perspektifini biliyorum."

"İdrak etmenin mümkün olduğunu biliyorum."

İlgi

"Başkaları ile en yüce ve en iyi şeklide ilgilenebilirim."
"Yaratıcı'nın başkaları ile ilgilenme tanımını anlıyorum."
"Başkaları ile ilgilenmenin nasıl hissedildiğini anlıyorum."
"Ne zaman ilgileneceğimi biliyorum."
"En yüce ve en iyi şekilde nasıl ilgili olacağımı biliyorum."
"Yaratıcı'nın diğerleriyle ilgilenme perspektifini biliyorum."
"Başkaları ile ilgilenmenin mümkün olduğunu biliyorum."

Karışıklık

"Karışıklık olmadan yaşamanın nasıl hissedildiğini biliyorum."
"Karışıklık olmadan en yüce ve en iyi şekilde nasıl yaşanacağını biliyorum."
"Günlük hayatımı karışıklık olmadan nasıl yaşayacağımı biliyorum."
"Karışıklık olmadan yaşamanın mümkün olduğunu biliyorum."

Dikkate Alma

"Yaratıcı'nın başkalarını dikkate alma tanımını anlıyorum."
"Dikkate alma nasıl hissedildiğini anlıyorum."
"Ne zaman dikkate almam gerektiğini biliyorum."
"Nasıl dikkate alacağımı biliyorum."
"Günlük hayatımı dikkate alarak nasıl yaşayacağımı biliyorum."
"Yaratıcı'nın dikkate alma perspektifini biliyorum."
"Dikkate almanın mümkün olduğunu biliyorum."

Öfke Kontrolü

"Öfkemi kontrol etmenin nasıl hissedildiğini anlıyorum."
"Ne zaman öfkemi kontrol edeceğimi biliyorum."

"Nasıl öfkemi kontrol edeceğimi biliyorum."

"Günlük hayatımı öfkemi kontrol ederek nasıl yaşayacağımı biliyorum."

"Öfkemi kontrol etmenin mümkün olduğunu biliyorum."

Koordine Etmek/Düzenlemek

"Ben koordine bir insanım."

"Yaratıcı'nın koordinasyon tanımını anlıyorum."

"Koordine bir insan olmanın nasıl hissedildiğini anlıyorum."

"En yüce ve en iyi şekilde nasıl koordine olunacağımı biliyorum."

"Günlük hayatımı Yaratıcı ile koordinasyon halinde nasıl yaşayacağımı biliyorum."

"Yaratıcının koordine olma perspektifini biliyorum."

"Koordine olmanın mümkün olduğunu biliyorum."

Kreatif

"Ben güzel şeyler yaratırım."

"Ben harika düşünceler düşünürüm."

"Ben harika şeyler hayal ederim."

"Ben kreatif bir insanım."

"Benim büyüleyici fikirlerim vardır."

"Her gün her yönden daha kreatif biri oluyorum."

"Ben her yönden yaratıcıyım."

"Kreatif olmaktan zevk alıyorum."

"Kreatif çözümler buluyorum."

"Yeni kreatif vizyonlar görüyorum."

"İşleri yapmak için yeni yollar buluyorum."

"Harika şeylerin hayalini kuruyorum."

"Kreatif olarak uyuyup uyanıyorum."

"Yaratıcı'nın kreatiflik tanımını anlıyorum."

"Kreatif olmanın nasıl hissedildiğini anlıyorum."

"Nasıl kreatif olunacağını biliyorum."

"Yaratıcı'nın kreatiflik perspektifini biliyorum."

"Kreatif olmanın mümkün olduğunu biliyorum."

"Ne yaratacağımı anlıyorum"

"Harika düşünmenin nasıl hissedildiğini anlıyorum."

"Muhteşem hayaller kurmanın nasıl hissedildiğini anlıyorum."

"Nasıl yaratıcı bir insan olunacağını anlıyorum."

"Var Olan Her Şeyin Yaratıcısı'ndan büyüleyici fikirleri yüklemenin nasıl hissedildiğini anlıyorum."

"Var Olan Her Şeyin Yaratıcısı'ndan büyüleyici fikirlerin nasıl yükleneceğini anlıyorum."

"Yaratıcı çözümlerle zor sorunları çözmenin nasıl hissedildiğini anlıyorum."

"Yaratıcı tavsiye önermenin nasıl hissedildiğini anlıyorum."

"Yaratılmış bir vizyona sahip olmanın nasıl hissedildiğini anlıyorum."

"Zeki ve parlak olmanın nasıl hissedildiğini anlıyorum."

"Varlığımın bütün düzeylerinde; fiziksel, duygusal, zihinsel ve ruhsal olarak yaratıcı olmanın nasıl hissedildiğini anlıyorum."

Yaratıcının Sesi

"Yaratıcı'nın Yaratıcı'nın sesi tanımını anlıyorum."

"Yaratıcı'nın sesini duymanın nasıl hissedildiğini anlıyorum."

"Yaratıcı'nın sesinin ne olduğunu biliyorum."

"Yaratıcı'nın sesini nasıl duyacağımı biliyorum."

Meraklı

"Yaratıcı'nın merak tanımını anlıyorum."

"Meraklı olmanın nasıl hissedildiğini anlıyorum."

"Ne zaman meraklı olunur biliyorum."

"En yüce ve en iyi şekilde nasıl meraklı olunacağını biliyorum."

"Etrafımdakilere merak duyarak günlük hayatımı nasıl yaşayacağımı biliyorum."

"Yaratıcı'nın merak perspektifini biliyorum."

Kandırılmak

"Kandırılmadan yaşamanın nasıl hissedildiğin anlıyorum."

"Günlük hayatımda kandırılmadan nasıl yaşayacağımı biliyorum."

"Kandırılmadan yaşamanın mümkün olduğunu biliyorum."

Güvenilir

"Yaratıcı'nın güvenilirlik tanımını anlıyorum."

"Güvenilir olmanın nasıl hissedildiğini anlıyorum."

"En yüce ve en iyi şekilde nasıl güvenilir olacağımı biliyorum."

"Yaratıcı'nın güvenilirlik perspektifini biliyorum."

"Güvenilir olmanın mümkün olduğunu biliyorum."

İtibar

"Yaratıcı'nın itibarın tanımını anlıyorum."

"İtibar sahibi olmanın nasıl hissedildiğini anlıyorum."

"Ne zaman itibar sahibi olunacağını biliyorum."

"Günlük hayatımı itibar ile nasıl yaşayacağımı biliyorum."

"Yaratıcı'nın itibar perspektifini biliyorum."

"İtibar sahibi olmanın mümkün olduğunu biliyorum."

Disiplin

"Yaratıcı'nın disiplinli olma ve hedeflerime ulaşma tanımını anlıyorum."

"Disiplinli olma ve hedeflerime ulaşmanın nasıl hissedildiğini anlıyorum."

"Ne zaman disiplinli olacağımı ve hedeflerime ulaşacağımı biliyorum."

"En yüce ve en iyi şekilde nasıl disiplinli olacağımı ve hedeflerime ulaşacağımı biliyorum."

"Günlük hayatımı disiplinli olarak ve hedeflerime ulaşarak nasıl yaşayacağımı biliyorum."

"Yaratıcı'nın disiplinli olma ve hedeflerime ulaşma perspektifini biliyorum."

"Disiplinli olmanın ve hedeflerime ulaşmanın mümkün olduğunu biliyorum."

İlahî

"Yaratıcı'nın ilahîlik tanımını anlıyorum."

"İlahî olmanın nasıl hissedildiğini anlıyorum."

"En yüce ve en iyi şekilde nasıl ilahî olunur biliyorum."

"Günlük hayatımı ilahî olarak nasıl yaşayacağımı biliyorum."

"Yaratıcı'nın ilahî olma perspektifini biliyorum."

"İlahî olmanın mümkün olduğunu biliyorum."

Hayaller

"Yaratıcı'nın hayallerimi gerçekleştirme tanımını anlıyorum."

"Hayallerimin gerçekleştirmenin nasıl hissedildiğini anlıyorum."

"Hayallerimin gerçekleşeceğini biliyorum."

"Hayallerimin ne zaman gerçekleşeceğini biliyorum."

"Hayallerimin nasıl gerçekleşeceğini biliyorum."

"Günlük hayatımı hayallerimin gerçekleşmesini izleyerek nasıl yaşayacağımı biliyorum."

"Yaratıcı'nın hayallerin gerçekleşmesi perspektifini biliyorum."
"Hayallerimin gerçekleşmesinin mümkün olduğunu biliyorum."
"Ben hayallerimin gerçekleşmesini hak ediyorum."
"Hayal etmenin güvenli olduğunu biliyorum."
"Ne zaman hayalimi yaşadığımı biliyorum."

Zarafet

"Yaratıcının zarafet tanımını anlıyorum."
"Zarafete sahip olmanın nasıl hissedildiğin anlıyorum."
"Ne zaman zarif olacağımı biliyorum."
"Nasıl zarif olacağımı biliyorum."
"Günlük hayatımı zarafet içinde nasıl yaşayacağımı biliyorum."
"Yaratıcı'nın zarafet perspektifini biliyorum."
"Zarafete sahip olmanın mümkün olduğunu biliyorum."

Belagât/Etkili Konuşma (Sanatı)

"Yaratıcı'nın belagât tanımını anlıyorum."
"Hitabet yeteneğine sahip olmanın nasıl hissedildiğini anlıyorum."
"Ne zaman etkili konuşacağımı biliyorum."
"Nasıl etkili konuşacağımı biliyorum."
"Günlük hayatımı belagât ile nasıl yaşayacağımı biliyorum."
"Yaratıcı'nın belagât perspektifini biliyorum."
"Etkili konuşabileceğimi biliyorum."

Güçlendirme

"Kendime güvenmenin ve inanmanın nasıl hissedildiğini anlıyorum."
"İnsanların bana güvenmesinin ve bana inanmasının nasıl hissedildiğini anlıyorum."

"Hareketlerimden sorumlu olmanın nasıl hissedildiğini anlıyorum."
"İyi seçimler yapmanın nasıl hissedildiğini anlıyorum."
"Kendim ve etrafımdakiler için doğru kararlar vermenin nasıl hissedildiğini anlıyorum."
"Hayattaki zorluklardan öğrenmenin nasıl hissedildiğini anlıyorum."
"Bağımsız olmanın nasıl hissedildiğini anlıyorum."
"Yarını dört gözle beklemenin nasıl hissedildiğini anlıyorum."
"Zihnimin keskin ve uyanık olmasının nasıl hissedildiğini anlıyorum."
"Kendime karşı sabırlı olmanın nasıl hissedildiğini anlıyorum."
"Güvenilir olmanın nasıl hissedildiğini anlıyorum."
"Yüksek prensiplere sahip olmanın nasıl hissedildiğini anlıyorum."
"Kaderimden sorumlu olmanın nasıl hissedildiğini anlıyorum."
"Başarılı olmanın nasıl hissedildiğini anlıyorum."

Sonsuzluk

"Yaratıcı'nın benim sonsuzluğum tanımını anlıyorum."

Heyecan

"En yüce ve en iyi şekilde heyecanlı olmanın nasıl hissedildiğini anlıyorum."
"Ne zaman heyecanlanacağımı biliyorum."
"Günlük hayatımı, hayata heyecanlanarak nasıl yaşayacağımı biliyorum."
"Yaratıcı'nın heyecan perspektifini biliyorum."
"Heyecanlı olmanın mümkün olduğunu biliyorum."

Var Olmak

"Her Şeyin Yaratıcısı'nın var oluş tanımını anlıyorum."

Genişlemek

"Yaratıcı'nın genişleme tanımını anlıyorum."

"Bütün düzeylerde genişlemenin nasıl hissedildiğini anlıyorum."

"Ne zaman genişleyeceğimi biliyorum."

"En yüce ve en iyi şekilde nasıl genişleyeceğimi biliyorum."

"Yaratıcı'nın spiritüel ve zihinsel genişleme perspektifini biliyorum."

"Genişlemenin mümkün olduğunu biliyorum."

Peri

"Peri sihrinin en yüce ve en iyi şekilde nasıl hissedildiğini anlıyorum."

Sadık

"Yaratıcı'nın sadakat tanımını anlıyorum."

"Kendime ve başkalarına sadık olmanın nasıl hissedildiğini anlıyorum."

"En yüce ve en iyi şekilde nasıl sadık olacağımı biliyorum."

"Yaratıcı'nın sadık olma perspektifini biliyorum."

"Sadık olmanın mümkün olduğunu biliyorum."

Hayran Olmak

"Yaratıcı'nın hayata hayran olma tanımını anlıyorum."

"Hayran olmanın nasıl hissedildiğini anlıyorum."

"En yüce ve en iyi şekilde nasıl hayran olacağımı biliyorum."

"Günlük hayatımı, hayata hayran olarak nasıl yaşayacağımı biliyorum."

"Yaratıcı'nın hayranlık perspektifini biliyorum."

"Hayran olmanın mümkün olduğunu biliyorum."

Özgür

"Yaratıcı'nın özgürlük tanımını anlıyorum."

"Özgür olmanın nasıl hissedildiğini anlıyorum."

"En yüce ve en iyi şekilde nasıl özgür olunur biliyorum."

"Günlük hayatımı nasıl özgürlük içinde yaşarım biliyorum."

"Yaratıcı'nın özgürlük perspektifini biliyorum."

"Özgür olmanın mümkün olduğunu biliyorum."

Frekans

"Yaratıcı'nın benim titreşim frekansım tanımını anlıyorum."

Gelecek

"Yaratıcı'nın gelecek tanımını anlıyorum."

"Geleceği hatırlamanın nasıl hissedildiğini biliyorum."

"En yüce ve en iyi şekilde geleceği nasıl hatırlayacağımı biliyorum."

"Yaratıcı'nın gelecek perspektifini biliyorum."

Geleceği hatırlamanın mümkün olduğunu biliyorum.

Cömert

"Yaratıcı'nın cömertlik tanımını anlıyorum."

"Cömert olmanın nasıl hissedildiğini anlıyorum."

"Ne zaman cömert olacağımı biliyorum."

"En yüce ve en iyi şekilde nasıl cömert olacağımı biliyorum."

"Günlük hayatımı cömertçe nasıl yaşarım biliyorum."

"Yaratıcı'nın cömertlik perspektifini biliyorum."

"Cömert olmanın mümkün olduğunu biliyorum."

Genetik

"Yaratıcı'nın genetik tanımını anlıyorum."

"Yaratıcı'nın genetik perspektifini biliyorum."

Hedefler

"Yaratıcı'nın hedeflere sahip olma tanımını anlıyorum."

"Hedeflere sahip olmanın nasıl hissedildiğin anlıyorum."

"Ne zaman hedeflere sahip olacağımı biliyorum."

"Hedeflere nasıl sahip olacağımı biliyorum."

"Yaratıcı'nın hedeflere sahip olma perspektifini biliyorum."

"Hedeflere sahip olmanın mümkün olduğunu biliyorum."

Şükran

"Yaratıcı'nın şükran tanımını anlıyorum."

"Şükran duymanın nasıl hissedildiğini anlıyorum."

"Ne zaman şükran duyacağımı biliyorum."

"Nasıl şükran duyacağımı biliyorum."

"Günlük hayatımı şükran içinde nasıl yaşayacağımı biliyorum."

"Yaratıcı'nın şükran perspektifini biliyorum."

"Şükran duymanın mümkün olduğunu biliyorum."

Büyüme

"Yaratıcı'nın büyüme tanımını anlıyorum."

"Büyümenin nasıl hissedildiğini anlıyorum."

"En yüce ve en iyi şekilde nasıl büyüyeceğimi biliyorum."

"Günlük hayatımın nasıl büyüyerek yaşayacağımı biliyorum."

"Yaratıcı'nın büyüme perspektifini biliyorum."

"Büyümenin mümkün olduğunu biliyorum."

Suçluluk

"Şimdi buradayım."
"Hayattayım."
"Şimdi açıkça görüyorum."
"Şimdi iyi hissediyorum."
"Şu anda bedenimde iyi hissediyorum."
"Özgürüm."
"İyi bir hayatı hak ediyorum."
"Şimdi açıkça duyuyorum."
"Kendimi affediyorum."
"Nefes alıyorum."
"Kompulsif suçluluk olmadan yaşamanın Yaratıcı tanımını biliyorum."
"Kompulsif suçluluk olmadan yaşamanın nasıl hissedildiğini anlıyorum."
"Kompulsif suçluluk olmadan günlük hayatımı nasıl yaşayacağımı biliyorum."

Şifacı Konuları

"Gücüm için sorumlu olmanın Yaratıcı tanımını biliyorum."
"Yeteneklerimle doğru değerlendirme yapıyorum."
"Sevilmenin nasıl hissedildiğini biliyorum."
"Tamamıyla sevilmenin ve kabul edilmenin nasıl hissedildiğini biliyorum."
"Akranlarımın beni kabul etmelerinin nasıl hissedildiğini biliyorum."
"Kendime doğru akranları nasıl getireceğimi biliyorum."
"Kime güvenebileceğimi bilmenin nasıl hissedildiğini biliyorum."
"Güvenilir insanları kendime çekmenin nasıl hissedildiğini biliyorum."

"Yaratıcının arkadaşın ne olduğu tanımını biliyorum."

"Titreşimime uyan arkadaşları nasıl kendime çekeceğimi biliyorum."

"Yaratıcı'nın bereketine sahip olmanın nasıl hissedildiğini biliyorum."

"Yaratıcı'nın bereketiyle ne yapacağımı biliyorum."

"Paraya sahip olmanın nasıl hissedildiğini biliyorum."

Şifa

"Mutluyum."

"Sağlıklıyım."

"İyi yiyecekler yerim."

"Egzersizi severim."

"Rahatlarım."

"Acı bitti."

"Yapabilirim."

"Güçlüyüm."

"Kendimi seviyorum."

"Her şey yolunda."

"İyiyim."

"Bedenim güçlüdür."

"Yaratıcı'nın şifa tanımını anlıyorum."

"Diğerlerine şifa yapmanın nasıl hissedildiğini anlıyorum."

"Kendime şifa yapmanın nasıl hissedildiğini anlıyorum."

"Yaratıcı'nın anında şifa tanımını anlıyorum."

"Diğerlerine ne zaman şifa yapacağımı biliyorum."

"Kendime ve diğerlerine nasıl şifa yapacağımı biliyorum."

"Günlük hayatımı yenilenerek nasıl yaşayacağımı biliyorum."

"Yaratıcı'nın şifa perspektifini biliyorum."

"Kendime ve diğerlerine şifa yapmanın mümkün olduğunu biliyorum."

"Var Olan Her Şeyin Yaratıcısı aracılığıyla nasıl şifa yapacağımı biliyorum."

Bütünsel

"Yaratıcı'nın hayatı bütünsel görme tanımını anlıyorum."
"Günlük hayatımı bir bütün olarak nasıl yaşayacağımı biliyorum."

Umut

"Yaratıcı'nın umut tanımını anlıyorum."
"En yüce ve en iyi şekilde umut sahibi olmanın nasıl hissedildiğini anlıyorum."
"En yüce ve en iyi şekilde nasıl umuda sahip olacağımı biliyorum."
"Günlük hayatımı umutla nasıl yaşayacağımı biliyorum."
"Yaratıcı'nın umut perspektifini biliyorum."
"Umuda sahip olmanın mümkün olduğunu biliyorum."

İllüzyon

"Yaratıcı'nın illüzyon tanımını anlıyorum."
"Hayatın illüzyonunu görmenin nasıl hissedildiğini anlıyorum."
"Hayatın illüzyonunu nasıl göreceğimi biliyorum."
"Yaratıcı'nın illüzyon perspektifini biliyorum."

Bağışıklık Sistemi

"Her gün, her yönden bağışıklık sistemim güçlü ve dayanıklı hale geliyor."
"Yaratıcı'nın bağışıklık sisteminin ne olması gerektiği tanımını anlıyorum."
"Güçlü ve sağlıklı bir bağışıklık sistemine sahip olmanın nasıl hissedildiğini anlıyorum."
"En yüce ve en iyi şekilde nasıl güçlü bir bağışıklık sistemine sahip olacağımı biliyorum."

"Günlük hayatımı güçlü bir bağışıklık sistemi ile nasıl yaşayacağımı biliyorum."
"Yaratıcı'nın güçlü ve sağlıklı bağışıklık sistemi perspektifini biliyorum."
"Sağlıklı bir bağışıklık sistemine sahip olmanın mümkün olduğunu biliyorum."

Gelişmek

"Her gün, her yönden hayatımdaki gelişmeleri görüyorum ve hissediyorum."
"Yaratıcı'nın gelişme tanımını anlıyorum."
"Gelişmenin nasıl hissedildiğini anlıyorum."
"En yüce ve en iyi şekilde nasıl gelişeceğimi biliyorum."
"Günlük hayatımı gelişerek nasıl yaşayacağımı biliyorum."
"Yaratıcı'nın gelişme perspektifini biliyorum."
"Gelişmenin mümkün olduğunu biliyorum."

İnisiyatif

"Yaratıcı'nın inisiyatif tanımını anlıyorum."
"İnisiyatif sahibi olmanın nasıl hissedildiğini biliyorum."
"Nasıl inisiyatif sahibi olunur biliyorum."
"Günlük hayatımı doğru inisiyatif ile nasıl yaşayacağımı biliyorum."
"Yaratıcı'nın inisiyatif perspektifini biliyorum."
"İnisiyatif sahibi olmanın mümkün olduğunu biliyorum."
"Bir sonraki spiritüel adımları nasıl atacağımı biliyorum."
"Başkasının alanının farkındayım."
"Başkasının alanının bilincindeyim."
"Günlük hayatımı bilinmeyenden korkmadan nasıl yaşayacağımı biliyorum."

"Günlük hayatımı hiçbir şeyden korkmadan nasıl yaşayacağımı biliyorum."

Sezgi/içgörü

"Her gün her yönden daha iç görülü hale geliyorum."
"Yaratıcı'ının iç görü/sezgi tanımını anlıyorum."
"En yüce ve en iyi şekilde içgörü/sezgi sahibi olmanın nasıl hissedildiğini anlıyorum."
"Nasıl içgörü/sezgi sahibi olunur biliyorum."
"Yaratıcı'ının içgörü/sezgi perspektifini biliyorum."
"İçgörü/sezgi sahibi olmanın mümkün olduğunu biliyorum."

Zeki

"Her gün her yönden daha zeki hale geliyorum."
"Yaratıcı'nın zeki olma tanımını anlıyorum."
"Zeki olmanın nasıl hissedildiğini anlıyorum."
"En yüce ve en iyi şeklide nasıl zeki olunur biliyorum."
"Günlük hayatımı zeki olarak nasıl yaşayacağımı biliyorum."
"Yaratıcı'nın zeki olma perspektifini biliyorum."
"Zeki olmanın mümkün olduğunu biliyorum."

Etkileşim

"Yaratıcı'nın bütün durumlarda etkileşim içinde olma tanımını anlıyorum."
"Etkileşim içinde olmanın nasıl hissedildiğini anlıyorum."
"Bütün durumlarda nasıl etkileşim içinde olacağımı biliyorum."
"Bütün durumlarda ne zaman etkileşim içinde olacağımı biliyorum."
"Bütün durumlarla etkileşim içinde olarak nasıl günlük hayatımı yaşayacağımı biliyorum."

"Bütün durumlarda etkileşim içinde olmanın mümkün olduğunu biliyorum."

Muhteşem

"Yaratıcı'nın muhteşemlik tanımını anlıyorum."
"Muhteşem olmanın nasıl hissedildiğini biliyorum."
"En yüce ve en iyi şekilde nasıl muhteşem olacağımı biliyorum."
"Günlük hayatımı muhteşemlik içinde nasıl yaşayacağımı biliyorum."
"Yaratıcı'nın muhteşemlik perspektifini biliyorum."
"Muhteşem olmanın mümkün olduğunu biliyorum."

Tezahür Etme

"Yaratıcı'nın tezahür etme tanımını anlıyorum."
"En yüce ve en iyi şekilde tezahür ettirmenin nasıl hissedildiğini anlıyorum."
"Ne zaman tezahür ettireceğimi biliyorum."
"Nasıl tezahür ettireceğimi biliyorum."
"Günlük hayatımı güzel şeyler tezahür ettirerek nasıl yaşayacağımı biliyorum."
"Yaratıcı'nın tezahür ettirme perspektifini biliyorum."
"Tezahür ettirmenin mümkün olduğunu biliyorum."

Usta

"Her Şeyin Yaratıcısı'nın ustalık tanımını anlıyorum."

Hafıza

"Kendimi seviyorum."
"Zihnim bilgiyi sünger gibi emer."

"Düşünceleri birbirine bağlayabilirim."
"Hatırlamak için sonsuz kapasitem var."
"Çok canlı bir biçimde hatırlarım."
"Resimleri hatırlarım."
"Hatıraları gerçekten oldukları gibi hatırlarım."
"Yüzleri, isimleri ve olayları hatırlamada başarılıyım."
"Her gün hafızamı geliştirmek için pratik yaparım."
"Rahatım ve kolayca hatırlarım."
"Sınavlar için bilgileri kolayca hatırlarım."
"Hatırlamanın Yaratıcı tanımını anlıyorum."
"İyi bir hafızaya sahip olmanın nasıl hissedildiğini anlıyorum."
"İyi bir hafızaya nasıl sahip olacağımı biliyorum."
"İyi bir hafızaya sahip olmanın mümkün olduğunu biliyorum."
"Kolaylıkla hatırlamanın nasıl hissedildiğini anlıyorum."
"Hatırlamak için sonsuz bir kapasiteye sahip olmanın nasıl hissedildiğini biliyorum."
"Hatırlamak için sonsuz kapasiteye sahip olmanın mümkün olduğunu biliyorum."
"Resimler halinde hatırlamanın nasıl hissedildiğini anlıyorum."
"Resimleri nasıl hatırlayacağımı anlıyorum"
"Yeniyi eski anılarla ilişkilendirmenin nasıl hissedildiğini anlıyorum."
"Stres dolu durumlarda hatırlamanın nasıl hissedildiğini anlıyorum."

Zihinsel Açıklık

"Yaratıcı'nın zihinsel açıklık tanımını anlıyorum."
"Zihinsel olarak açıklığa sahip olmanın nasıl hissedildiğini anlıyorum."
"En yüce ve en iyi şekilde nasıl zihinsel açıklığa sahip olunur biliyorum."
"Günlük hayatımı zihinsel açıklıkla nasıl yaşayacağımı biliyorum."

"Yaratıcı'nın zihinsel açıklık perspektifini biliyorum."

"Zihinsel açıklığa sahip olmanın mümkün olduğunu biliyorum."

Merhametli

"Yaratıcı'nın başkalarına merhametli olma tanımını anlıyorum."

"Merhametli olmanın nasıl hissedildiğini anlıyorum."

"Ne zaman merhametli olacağımı biliyorum."

"En yüce ve en iyi şekilde nasıl merhametli olacağımı biliyorum."

"Günlük hayatımı merhametle nasıl yaşayacağımı biliyorum."

"Yaratıcı'nın merhamet sahibi olma perspektifini biliyorum."

"Merhametli olmanın mümkün olduğunu biliyorum."

Metafiziksel

"Yaratıcı'nın metafizik tanımını anlıyorum."

"En yüce ve en iyi şeklide nasıl metafiziksel olunur biliyorum."

"Yaratıcı'nın metafizik perspektifini biliyorum."

"Ego olmadan metafiziksel olmanın mümkün olduğunu biliyorum."

Mistisizm

"Yaratıcı'nın mistizim tanımını anlıyorum."

"En yüce ve en iyi şekilde mistik olmanın nasıl hissedildiğini anlıyorum."

"Ne zaman mistik olacağımı biliyorum."

"Nasıl mistik olunacağını biliyorum."

"Yaratıcı'nın mistik olma perspektifini biliyorum."

"Mistik olmanın mümkün olduğunu biliyorum."

Soylu

"Yaratıcı'nın soyluluk tanımını anlıyorum."

"Soylu olmanın nasıl hissedildiğini anlıyorum."

"Ne zaman soylu olunacağını biliyorum."

"En yüce ve en iyi şekilde nasıl soylu olacağımı biliyorum."

"Günlük hayatımı soylu olarak nasıl yaşayacağımı biliyorum."

"Yaratıcı'nın soylu olma perspektifini biliyorum."

"Soylu olmanın mümkün olduğunu biliyorum."

Aynı Anda Her Yerde Bulunma

"Yaratıcı'nın aynı anda her yerde bulunma tanımını anlıyorum."

"En yüce ve en iyi şekilde yaratım ile aynı anda her yerde bulunmanın nasıl hissedildiğini anlıyorum."

"Nasıl yaratım ile aynı anda her yerde bulunacağımı biliyorum."

"Günlük hayatımı aynı anda her yerde bulunarak nasıl yaşayacağımı biliyorum."

"Yaratıcı'nın aynı anda her yerde bulunma perspektifini biliyorum."

"Aynı anda her yerde bulunmanın mümkün olduğunu biliyorum."

Tutku

"Yaratıcı'nın tutku tanımını anlıyorum."

"En yüce ve en iyi şekilde tutkulu olmanın nasıl hissedildiğini anlıyorum."

"Ne zaman tutkulu olacağımı biliyorum."

"Nasıl tutkulu olacağımı biliyorum."

"Günlük hayatımı tutku ile nasıl yaşayacağımı biliyorum."

"Yaratıcı'nın tutku perspektifini biliyorum."

"Tutkulu olmanın mümkün olduğunu biliyorum."

Sabır

"Ben sabırlı bir insanım."
"Sabır toleranstır."
"Sabır anlayıştır."
"Sabır doğanın yoludur."
"Sabır iyidir."
"Kendime sabırlıyım."
"Başkalarına sabırlıyım."
"Sabırlı olmaktan hoşlanıyorum."
"Yaratıcının sabır tanımını anlıyorum."
"Sabırlı olmanın nasıl hissedildiğini anlıyorum."

Olasılıklar

"Yaratıcı'nın olasılıklar tanımını anlıyorum."
"Olasılıklara sahip olmanın nasıl hissedildiğini anlıyorum."
"Benim için olasılıklar olduğunu biliyorum."
"Ne zaman olasılıklara sahip olacağımı biliyorum."
"En yüce ve en iyi şekilde nasıl olasılıklara sahip olacağımı biliyorum."
"Günlük hayatımı olasılıklarla nasıl yaşayacağımı biliyorum."
"Yaratıcı'nın olasılıklar perspektifini biliyorum."

Potansiyel

"Her yönden gelişebilirim."
"Sınırsız kişisel potansiyelim var."
"Ben pozitif bir insanım."
"Her gün kişisel farkındalığım yeni bir boyuta ulaşıyor."
"Ruhumun sınırı yok."

"Özgürlük güçtür."
"Kalbimde sadece iyilik var."
"Başkaları bana saygı duyar ve potansiyelime inanır."
"İnsanlar güçlü biri olduğumu bilir."

Kıymet

"Yaratıcı'nın hayatın kıymeti tanımını anlıyorum."
"Yaratıcı'nın neyin kıymetli olduğu perspektifini biliyorum."

Sessizlik

"Yaratıcı'nın sessizlik tanımını anlıyorum."
"Sessiz olmanın ve Yaratıcı'yı dinlemenin nasıl hissedildiğini anlıyorum."
"Ne zaman sessiz olunacağını biliyorum."
"En yüce ve en iyi şekilde nasıl sessiz olacağımı biliyorum."
"Yaratıcı'nın sessizlik perspektifini biliyorum."
"Sessiz olmanın mümkün olduğunu biliyorum."

Işıldama

"Yaratıcı'nın başkalarına neşe saçma tanımını anlıyorum."
"Işıldayan biri olmanın nasıl hissedildiğini anlıyorum."
"En yüce ve en iyi şekilde nasıl ışıldayacağımı biliyorum."
"Günlük hayatımı pozitif ışıltılar saçarak nasıl yaşayacağımı biliyorum."
"Yaratıcı'nın ışıldama perspektifini biliyorum."
"Var Olan Her Şeyin Yaratıcısı'nın enerjisini saçmanın mümkün olduğunu biliyorum."

Başkalarına Saygı Duyma

"Yaratıcı'nın bir başkasına saygı duyma tanımını anlıyorum."
"Başka birine saygı duymanın nasıl hissedildiğini anlıyorum."
"Bir başkasına ne zaman saygı duyacağımı biliyorum."
"Başka birine nasıl saygı duyacağımı biliyorum."
"Günlük hayatımı başkalarına saygı duyarak nasıl yaşayacağımı biliyorum."
"Yaratıcı'nın başkalarına saygı duyma perspektifini biliyorum."
"Başkalarına saygı duymanın mümkün olduğunu biliyorum."

Ödül

"Yaratıcı'nın ödül tanımını anlıyorum."
"En yüce ve en iyi şekilde ödüllendirilmenin nasıl hissedildiğini anlıyorum."
"Başkalarını ne zaman ödüllendireceğimi biliyorum."
"Nasıl ödüllendirileceğimi biliyorum."
"Yaratıcı'nın ödül perspektifini biliyorum."
"Ödüllendirilmenin mümkün olduğunu biliyorum."

Ritim

"Yaratıcı'nın ritim tanımını anlıyorum."
"En yüce ve en iyi şekilde yaradılışın ritmini nasıl hissedeceğimi biliyorum."
"Günlük hayatımı nasıl ritim ile yaşayacağımı biliyorum."
"Yaratıcı'nın ritim perspektifini biliyorum."
"Ritme sahip olmanın mümkün olduğunu biliyorum."

Romantizm

"Yaratıcı'nın romantizm tanımını anlıyorum."
"En yüce ve en iyi şekilde romantik olmanın nasıl hissedildiğini anlıyorum."
"Romantizmin ne zaman en yüce iyiliğim için olduğunu biliyorum."
"Hayatımda romantizme nasıl izin vereceğimi biliyorum."
"Yaratıcı'nın romantizm perspektifini biliyorum."
"Partnerim ile romantik olmanın mümkün olduğunu biliyorum."

Tatmin Olmak

"Yaratıcı'nın tatmin olma tanımını anlıyorum."
"En yüce ve en iyi şekilde tatmin olmanın nasıl hissedildiğini anlıyorum."
"Ne zaman tatmin olacağımı biliyorum."
"Nasıl tatmin olacağımı biliyorum."
"Günlük hayatımı tatminkâr bir şekilde nasıl yaşayacağımı biliyorum."
"Yaratıcı'nın tatmin olma perspektifini biliyorum."
"Tatmin olmanın mümkün olduğunu biliyorum."

Özgüven

"Ben özgüven sahibiyim."
"İnsanlar beni özgüvenli biri olarak görür."
"Yaratıcı'nın özgüven tanımını anlıyorum."
"Özgüvenli olmanın nasıl hissedildiğini anlıyorum."
"En yüce ve en iyi şekilde nasıl özgüvenli olacağımı biliyorum."
"Günlük hayatımı özgüven içinde nasıl yaşayacağımı biliyorum."
"Yaratıcı'nın özgüven perspektifini biliyorum."
"Özgüvenli olmanın mümkün olduğunu biliyorum."

Kendini Kontrol Etme

"Yaratıcı'nın kendini kontrol etme tanımını anlıyorum."

"En yüce ve en iyi şekilde kendimi kontrol etmenin nasıl hissedildiğini anlıyorum."

"Kendini kontrolün ne olduğunu biliyorum."

"Ne zaman kendimi kontrol edeceğimi biliyorum."

"Kendimi nasıl kontrol edeceğimi biliyorum."

"Günlük hayatımı kendimi kontrol ederek nasıl yaşayacağımı biliyorum."

"Yaratıcı'nın kendini kontrol perspektifini biliyorum."

"Kendini kontrol etmenin mümkün olduğunu biliyorum."

Önemli

"Yaratıcı'nın önemli olma tanımını anlıyorum."

"Önemli olmanın nasıl hissedildiğini anlıyorum."

"Ne zaman önemli olacağımı biliyorum."

"En yüce ve en iyi şekilde nasıl önemli olacağımı biliyorum."

"Günlük hayatımı önemli olarak nasıl yaşayacağımı biliyorum."

"Yaratıcı'nın önemli olma perspektifini biliyorum."

"Önemli olmanın mümkün olduğunu biliyorum."

Samimiyet

"Yaratıcı'nın samimiyet tanımını anlıyorum."

"Samimi olmanın nasıl hissedildiğini anlıyorum."

"Samimiyetin ne olduğunu biliyorum."

"Ne zaman samimi olacağımı biliyorum."

"En yüce ve en iyi şekilde nasıl samimi olacağımı biliyorum."

"Günlük hayatımı samimiyet içinde nasıl yaşayacağımı biliyorum."

"Yaratıcı'nın samimiyet perspektifini biliyorum."

"Samimi olmanın mümkün olduğunu biliyorum."

Sigara İçmek

"Sigara içmeyi bırakabilirim."

"İçmeyi bırakana kadar daha az sigara içiyorum."

"Sigara içmek ilgimi çekmez."

"Sigara içme alışkanlığımı bırakabilirim."

"Sigarayı bırakmanın nasıl hissedildiğini biliyorum."

"Sigara içmeyi nasıl bırakacağımı biliyorum."

"Sigara içmeden nasıl yaşayacağımı biliyorum."

"Sigara içmeden yaşamanın mümkün olduğunu biliyorum."

Çok Yönlülük

"Yaratıcı'nın çok yönlülük tanımını anlıyorum."

"Çok yönlü olmanın nasıl hissedildiğini anlıyorum."

"En yüce ve en iyi şekilde nasıl çok yönlü olacağımı biliyorum."

"Günlük hayatımı çok yönlü olarak nasıl yaşayacağımı biliyorum."

"Yaratıcı'nın çok yönlü olma perspektifini biliyorum."

"Çok yönlü olmanın mümkün olduğunu biliyorum."

Hayatın Kıvılcımı

"Yaratıcı'nın hayatın kıvılcımı tanımını anlıyorum."

"Var Olan Her Şeyin Yaratıcısı'nın kıvılcımı olmanın nasıl hissedildiğini anlıyorum."

Konuşmak ve Yazmak

"Ben iyi konuşurum ve iletişim kurarım."

"Sohbet etmek benim için kolaydır."
"İlginç şeyler yazarım."
"İnsanlar düşüncelerime ilgi gösterirler."
"Kelimeler bana kendiliğinden gelir."
"Ben doğal bir konuşmacıyım."
"Karmaşık düşünceleri alıp onları basit hale indirgerim."
"Düşüncelerimi açıkça yazarım ve dile getiririm."
"Fikirlerimi açık bir şekilde anlatır ve yazarım."

Spiritüellik

"Yaratıcı'nın spiritüellik tanımını anlıyorum."
"En yüce ve en iyi şekilde spiritüel olmanın nasıl hissedildiğini anlıyorum."
"Yaratıcı'nın spiritüellik perspektifini biliyorum."
"Spiritüel olmanın mümkün olduğunu biliyorum."

Görkem

"Yaratıcı'nın görkem tanımını anlıyorum."
"Görkemin nasıl hissedildiğini anlıyorum."
"Yaratıcı'nın görkem perspektifini biliyorum."

Kendiliğinden Olma/Spontanlık

"Yaratıcı'nın spontanlık tanımını anlıyorum."
"Spontan olmanın nasıl hissedildiğini anlıyorum."
"Ne zaman spontan olacağımı biliyorum."
"En yüce ve en iyi şekilde nasıl spontan olacağımı biliyorum."
"Günlük hayatımı spontanlıkla nasıl yaşayacağımı biliyorum."
"Yaratıcı'nın spontan olma perspektifini biliyorum."
"Spontan olmanın mümkün olduğunu biliyorum."

Güç

"Yaratıcı'nın güç tanımını anlıyorum."

"Güçlü olmanın nasıl hissedildiğini anlıyorum."

"Gücün ne olduğunu biliyorum."

"En yüce ve en iyi şekilde nasıl güçlü olacağımı biliyorum."

"Günlük hayatımı güçle nasıl yaşayacağımı biliyorum."

"Yaratıcı'nın güç perspektifini biliyorum."

"Güçlü olmanın mümkün olduğunu biliyorum."

Stres

"Nasıl rahatlanır biliyorum."

"Stresi gidermek için egzersiz yapmayı severim."

"Strese yol açan durumları değiştirebilirim."

"Ben önemliyim."

"Stresi bırakıyorum."

"Düzenli yemek yiyorum."

"Stresi fark ediyorum ve bırakıyorum."

"İnsanları seviyorum."

"İnsanlar beni seviyor."

"Başarı benimdir."

Çalışmak

"Başarıyı istiyorum."

"Çalışmak için nasıl program yapacağımı biliyorum."

"Çalışmayı seviyorum."

"Sınavlarda nasıl rahatlayacağımı biliyorum."

"Zihnim bilgileri kolaylıkla emer."

"Çalıştığım şeyleri hatırlarım."

"Sınavlarda doğru cevapları hatırlarım."

Başarılı Olmak

"Yaratıcı'nın başarılı olma tanımını anlıyorum."

"Başarılı olmanın nasıl hissedildiğini anlıyorum."

"Başarının ne olduğunu biliyorum."

"En yüce ve en iyi şekilde nasıl başarılı olacağımı biliyorum."

"Yaratıcı'nın başarı perspektifini biliyorum."

"Başarılı olmanın mümkün olduğunu biliyorum."

Destek

"Yaratıcı'nın desteklenme tanımını anlıyorum."

"Desteklenmenin nasıl hissedildiğini anlıyorum."

"Desteğin ne olduğunu biliyorum."

"En yüce ve en iyi şekilde nasıl destekleneceğimi biliyorum."

"Günlük hayatımı destekle nasıl yaşayacağımı biliyorum."

"Yaratıcı'nın destek perspektifini tanıyorum."

"Desteklenmenin mümkün olduğunu biliyorum."

Öğretmek

"Yaratıcı'nın başkalarına öğretme tanımını anlıyorum."

"Başkalarına öğretmenin nasıl hissedildiğini anlıyorum."

"Başkalarına en yüce ve en iyi şekilde nasıl öğreteceğimi biliyorum."

"Yaratıcı'nın öğretme perspektifini biliyorum."

"Başkalarına öğretmenin mümkün olduğunu biliyorum."

Zaman Yönetimi

"Zamanımı akıllıca nasıl planlayacağımı biliyorum."

"Rahatsız edilmeden nasıl sessiz zaman yaratacağımı biliyorum."

"Bol bol vaktim var."

"Ben zamanlama üstadıyım."

"Bugüne nasıl başlayacağımı ve yarını nasıl planlayacağımı biliyorum."

"Planlamak bana daha fazla eğlenme vakti veriyor."

"Ben esnek ve dayanıklıyım."

"Zaman çelişkilerini tanıyabilir ve onlarla ilgilenebilirim."

"Her zaman mümkündür."

"Kendi önceliklerimi nasıl belirleyeceğimi biliyorum."

"Plan yapmak sayesinde en az zamanda en fazla faydayı alıyorum."

"Şimdi harekete geçiyorum."

"Önceliklerim ve hükümlerim konusunda kendimden eminim."

Anlayış

"Yaratıcı'nın anlayış tanımını anlıyorum."

"Başkalarını anlamanın nasıl hissedildiğini anlıyorum."

"Anlayışın ne olduğunu biliyorum."

"En yüce ve en iyi şekilde başkalarını nasıl anlayacağımı biliyorum."

"Günlük hayatımı anlayışla nasıl yaşayacağımı biliyorum."

"Yaratıcı'nın anlayış perspektifini biliyorum."

"Anlayışa sahip olmanın mümkün olduğunu biliyorum."

Birlik

"Yaratıcı'nın birlik tanımını anlıyorum."

"Birliğin nasıl hissedildiğini anlıyorum."

"Birliğin ne olduğunu biliyorum."

"Yaratıcı'nın birlik perspektifini biliyorum."

Moralini Yükseltmek

"Yaratıcı'nın morali yükseltme tanımını anlıyorum."

"Kendimin ve başkalarının moralini yükseltmenin nasıl hissedildiğini anlıyorum."

"Kendimin ve diğerlerinin moralini nasıl yükselteceğimi biliyorum."

"En yüce ve en iyi şekilde kendimin ve diğerlerinin moralini yükselterek günlük hayatımı nasıl yaşayacağımı biliyorum."

"Yaratıcı'nın kendimin ve başkalarının moralini yükseltme perspektifini biliyorum."

"Kendimin ve başkalarının moralini yükseltmenin mümkün olduğunu biliyorum."

Değer Vermek

"Yaratıcı'nın her şeye değer verme tanımını anlıyorum."

"Değer görmenin nasıl hissedildiğini anlıyorum."

"Değerin ne olduğunu biliyorum."

"Günlük hayatımı, hayata değer vererek nasıl yaşayacağımı biliyorum."

"Yaratıcı'nın değer verme perspektifini biliyorum."

"Değerli olmanın mümkün olduğunu biliyorum."

Çok Yönlülük - Beceriklilik

"Yaratıcı'nın çok yönlülük tanımını anlıyorum."

"Çok yönlü olmanın nasıl hissedildiğini anlıyorum."

"Çok yönlülüğün ne olduğunu biliyorum."

"En yüce ve en iyi şekilde nasıl çok yönlü olacağımı biliyorum."

"Yaratıcı'nın çok yönlülük perspektifini biliyorum."

"Çok yönlü olmanın mümkün olduğunu biliyorum."

Öngörü

"Yaratıcı'nın öngörülü olma tanımını anlıyorum."
"Öngörülü olmanın nasıl hissedildiğini anlıyorum."
"En yüce ve en iyi şekilde nasıl öngörülü olacağımı biliyorum."
"Günlük hayatımı öngörüyle nasıl yaşayacağımı biliyorum."
"Yaratıcı'nın öngörülü olma perspektifini biliyorum."
"Öngörülü biri olmanın mümkün olduğunu biliyorum."

Kilo Verme

"Yediklerim için sorumluluk alıyorum."
"Kendimi çekici ve zayıf biri olarak görüyorum."
"Meyve ve sebzeleri seviyorum."
"Egzersiz yapmaktan zevk alıyorum."
"Nasıl egzersiz yapılacağını biliyorum."
"Az yemekten zevk alıyorum."
"Daha az yemenin nasıl hissedildiğini anlıyorum."
"Nasıl daha az yiyeceğimi biliyorum."
"Günlük hayatımı daha az yiyerek nasıl yaşayacağımı biliyorum."
"Daha az yemenin mümkün olduğunu biliyorum."
"Sağlıklı beslenmenin tanımını anlıyorum."
"Sağlıklı beslenmenin nasıl hissedildiğini anlıyorum."
"Nasıl sağlıklı besleneceğimi biliyorum."
"Günlük hayatımı sağlıklı beslenerek nasıl yaşayacağımı biliyorum."
"Yaratıcı'nın sağlıklı beslenme perspektifini biliyorum."
"Sağlıklı beslenmenin mümkün olduğunu biliyorum."
"Yaratıcı'nın çekici ve ince olma tanımını anlıyorum."
"Çekici ve ince olmanın nasıl hissedildiğini anlıyorum."
"Çekici ve ince olmanın mümkün olduğunu biliyorum."
"Yaratıcı'nın kilo verme tanımını anlıyorum."

"Kilo vermenin nasıl hissedildiğini anlıyorum."

"Nasıl kilo vereceğimi biliyorum."

"Günlük hayatımı kilo vererek yaşamanın nasıl hissedildiğini anlıyorum."

"Egzersiz yapmanın nasıl hissedildiğini anlıyorum."

"Sorumlu şekilde nasıl egzersiz yapacağımı biliyorum."

"Günlük hayatımı egzersiz yaparak nasıl yaşayacağımı biliyorum."

"Egzersiz yapmanın mümkün olduğunu biliyorum."

"Yemek yeme yerine egzersizi koymanın nasıl hissedildiğini anlıyorum."

"Kendim hakkında nasıl iyi hissedeceğimi biliyorum."

"Aşırı yemeden günlük hayatımı nasıl yaşayacağımı biliyorum"

"Kilom hakkında hevesim kırılmadan günlük hayatımı nasıl yaşayacağımı biliyorum."

Endişe (Kaygı)

"Endişelenmek işe yaramaz."

"Endişeler zihnimden yok oluyor."

"Endişeden kurtulmanın nasıl hissedildiğini anlıyorum."

"Günlük hayatımı endişe olmadan nasıl yaşayacağımı biliyorum."

"Endişe olmadan yaşamanın mümkün olduğunu biliyorum."

"Hayata karşı sağlıklı bir bakış açısına sahip olmanın nasıl hissedildiğini anlıyorum."

"Başkalarına beni yıkmaları için izin vermemenin nasıl hissedildiğini anlıyorum."

"Asla vazgeçmemenin nasıl hissedildiğini anlıyorum."

"Hayatımı iyilik ve umut dolu nasıl yaşayacağımı anlıyorum."

"Nasıl sorumluluk sahibi biri olacağımı anlıyorum."

"Kendime inanmanın nasıl hissedildiğini anlıyorum."

"Başkalarından saygı görmenin nasıl hissedildiğini anlıyorum."

"Cesaret ve bilgeliğe sahip olmanın nasıl hissedildiğini anlıyorum."

"Yaratıcı'dan günlük olarak verimli ve pozitif düşünceler almanın nasıl hissedildiğini anlıyorum."

"Bilinen ve bilinmeyen duyularımla pozitif hisler aramanın mümkün olduğunu biliyorum."

"Hayatımın bütün alanlarında nasıl dengeye sahip olacağımı anlıyorum."

"İlgi ile endişe arasındaki farkı anlıyorum."

"Geleceği pozitif bir ışık altında görmenin nasıl hissedildiğini anlıyorum."

"Pozitif düşüncelerle dolu olmanın nasıl hissedildiğini anlıyorum."

"Geçmiş, şu an ve gelecekle bir olmanın nasıl hissedildiğini anlıyorum."

"Var Olan Her Şeyin Yaratıcısı aracılığıyla kaderim üzerinde kontrol sahibi olmanın nasıl hissedildiğini anlıyorum."

26
DNA 3 İçin Ön Şartlar

Bunlar DNA 3 bilgisinin kullanılabilmesi için gerekli olan ön koşullardır. Bu ilkeler ve çalışmalar her gün yapılmalıdır.

Şifacının Var Olan Her Şeyi Yaratan olduğunu hatırlayın

Asıl şifacının Var olan Her Şeyi Yaratan olduğunu her zaman hatırlayın. Şifacılar olarak bizim işimiz çalıştığımız insanları dinlemek ve sevmektir ve onlar için dua etmek ve Var Olan Her Şeyin Yaratıcısı Şifa yaparken tanıklık etmektir. Eğer tüm yaratılışa saygıdan ve Var Olan Her Şeyi Yaratan için derin bir sevgiden başka bir şeyle motive olursanız kendinizi sınırlarsınız.

Şifayı Kabul Etme

Şifanın gerçekleşmesi için hem uygulayıcının hem de danışanın şifayı kabulü gerekir.

İnsanları Sevin

Bir şifacı olarak öncelikli hedefiniz, kendiniz ile gerçek arasındaki farkı ayırt etme yeteneğini geliştirirken, size gelen herkesi sevmektir.

Şifaya Tanık Olma

Uygulayıcının işi Var olan Her Şeyin Yaratıcısı'ndan gelen Şifaya tanık olmak ve şifa gerçekleştiğinde onun nasıl farkına varacağını bilmektir. Fiziksel bir şifaya tanık olma, bir inancı yeniden programlama veya bir hissi öğretme, bunların hepsi şifadır. Bir kişiye "Yaratıcı'nın sevgisine layık olduğunu" İnancını tekrar programlamak bir şifadır. Kişiye "kendini nasıl seveceğini" öğretmek de bir şifadır. Tekrar Programlamanın doğrululuğu kişinin günlük hayatında yaşadığı değişikliklerden izlenebilir.

Bir Söz Verin

Bu çalışmaya devam edeceğinize dair bir söz verin. Varoluş Seviyelerinde ustalaşacağınıza dair bir söz verin. ThetaHealing uygulamasına devam edeceğinize söz verin. Yapabileceğinizin en iyisini yapacağınızı taahhüt edin. Kendinize bu çalışmayı yapmaya hak kazandığınızı bilmek için izin verin.

Neşe İçinde Yaşayın

Neşenin enerjisini Dünyaya yayın! Neşenin gülücüklerini tüm bedeninizde hissedin! Var Olan Her Şeyin Yaratıcısı'nın sizi koruduğunu ve kötülüğe karşı geçirmez olduğunuzu bilin; kötülük kendini size iliştiremez. Tanrı'nın neşesini ve sevgisini yaymakta özgürsünüz.

Uzaktan Görme Pratikleri Yapın

Bedene girip, değişik sistemleri incelemeyi bununla rahat hale gelene ve doğru yapana dek pratik edin. Uzaktan görmeyi uzak mesafeden uygulayın.

Her Gün Okuma Yapın

Pratik yapmak anahtardır.

Okumaları Öfkelenmeden Yapın

Kompulsif öfke, okumalardan istediğiniz sonucu almanıza engel olur. Eğer öfkeliyseniz bu; içinizde bir şeyin, isteği veya ihtiyaç duyduğu şeyi almadığı anlamına gelir. Bir şifacı olarak kendinize karşı ya da başkalarına neden öfkeli olduğunuzu bulmanız gerekir. Odadan çıkın ve hızlı bir şekilde kendinize inanç ya da his çalışması yapın. Başkasına olan öfkeniz, kendinize duyduğunuz öfkenin yansıması olabilir.

Bu şartlara rağmen iyi bir durumda olmak gibi bir zorunluluğunuz var. Topraklanmak, bedeninize dönmek, temizlenmek ve günün sonunda iyi bir ruh halinde olmak önemlidir.

Herkesin Kendi Paradigması İçinde Olduğunu Hatırlayın

Başkaları üzerinde Okuma ve Şifalar yapın; böylece kendi paradigmanızdan çıkıp başkasının paradigmasına girmeye alışırsınız. Unutmayın, gerçek olduğunu *düşündüğünüz* şey aslında olmuyordur. Siz bir *başkasının* alanına girdiğinizde okuma boyunca onların paradigmaları, onların dünyaları ile iletişim içine girersiniz; kendinizinkiyle değil. Yaratıcı'dan onları her zaman en yüce ve ne iyi perspektiften görmeyi isteyin.

Hastalıklarına tutunmayı istediklerini görebilirsiniz. Şifacı olarak sizin işiniz onları yargılamak değil ama kişiye "Bu sana nasıl hizmet ediyor?" diye sormaktır.

Harekete Geçin

Hareket olmadan hiçbir şey olmaz. Bir şeyi yapmayı düşünmek (ertelemek) ile bir şeyi gerçekten yapmak arasında büyük fark vardır; hem fiziksel hem de metafiziksel olarak

Zamanı Manipüle Etme

Zamanın, Çekim Yasasının altında olduğunu ve bükülebilecek olan Yasalardan olduğunu hatırlayın. Bu bir illüzyondur. Zaman bükme anda şifaya tanık olmanın bir örneğidir. Zamanın daha hızlı ya da daha yavaş hareket etmesi için alanınızdan çıkıp emir verme pratiği yapın. Zamanı manipüle etmeyi öğrenerek hayatın sizi kontrol ettiği ve sizin onun size sunabileceği şeylerde sadece bir katılımcı olduğunuza dair olan, size miras kalmış illüzyondan kendinizi kurtarabilirsiniz. Gerçekte, yaşamlarımız kendi paradigmalarımızın, kendi yaratımlarımızın bir yansımasıdır. Gerçekten paradigmalarımızın dışına çıkabilir, hayatımızda olmasını istediğimiz şeyler için emir verebilir ve olmalarına izin verebiliriz.

Seviyeleri Deneyimleyin

Yedinci Seviyeye çıkın ve Yedinci Seviye aracılığıyla, Yaratıcı'nın rehberliğinde diğer Seviyeleri deneyimleyin. Bu diğer seviyelerin beyin şekerinin sizin dikkatinizi dağıtmasını engeller ve size her bir Seviye hakkında net bir perspektif verir. Odaklanmış olarak kalın.

Hayatınızı Değiştirmek İçin Tezahür Ettirin

Hayatınızda neyi değiştirmek istiyorsunuz? Önümüzdeki yıl hayatınızda neyin gerçekleşmesini istiyorsunuz? İdeal sağlığı vey ruh eşinizin hayatınıza girmesini tezahür ettirebilirsiniz ya da maddi durumunuzun kendi istediğiniz şekilde olmasını isteyebilirsiniz. Kendi gerçekliğinizi yarattığınızı hatırlayın.

Azimle devam edin!!!!!!!!

İlerlemeye devam edin.

Bir Rüya Gönderin

Alanınızın üstünden yukarı çıkın ve birine bir rüya gönderim. Bunu yapmak için en iyi zaman, onun almaya en açık olduğu zaman olan, sabaha karşı 03.00'dır. Rüyalarında sizinle konuştuklarını görecekler. Bir rüyayı tutmak, göndermek ya da bir rüyadan dönmek size Astral Seviyede zamanı nasıl kontrol edeceğinizi öğretecek.

Yeni Yetenekler Öğrenmeye Açık Olun

Bu sizin hayatınıza değişiklik getirmek konusunda açık olmanıza yardımcı olacaktır.

Belli Bir Kişiye Pozitif Düşünceler Gönderin

Alanınızın üstünden yukarı çıkın ve birisine pozitif bir düşünce gönderin. (Sizden pozitif düşünceyi aldıklarını onaylamalarına ihtiyacınız vardır.)

Kendinizi Programlayın Böylece Birlikte Çalıştığınız Herkes Kendini İyi ve Mutlu Hissetsin

Eğer bu Program sizde varsa danışanlarınız yine gelmeyi isteyecektir. Bazı şifacılar hasta insanları sevmez bazıları da insanları sevmez. Şifacı kendini "İnsanlardan nefret ediyorum" ya da "Hasta insanlardan nefret ediyorum" Programları için test etmelidir.

Güçle Sorumluluk Gelir

Düşüncelerinize dikkat edin! Tezahür ettirdiklerinizle ne yaptığınıza dikkat edin! *Ne kadar çok Tetada olursanız o kadar çok düşünceniz hayatınızda ortaya çıkar.* Yani, ne istediğiniz hakkında net olun, aza razı olamayın ve her zaman en yüce ve en iyisini isteyin. Eğer para istiyorsanız, en yüce ve en iyi şekilde elde etmeyi isteyin. Eğer başarı istiyorsanız ne tarz bir başarı istediğiniz konusunda açık olun. Eğer sabır isterseniz, Var Olan Her Şeyin Yaratıcısı size sabır göstermeniz gerekecek insanları gönderir. Eğer gerçeği görmeyi isterseniz, belki de gerçek görmek istemediğiniz bir şey olabilir. Eğer anında Şifa isterseniz o zaman Var Olan Her Şeyi Yaratan sizi bu gerçekleşene kadar o durumda tutar, bu yüzden en yüce en iyi şekilde olmasını isteyin.

Bağımlı Olmayın

Bir Şifa bekleyin ama sonuca bağımlı olmayın. Şifacı olan Yaratıcı'dır, yani sonucu Yaratıcı'ya bırakın. Danışana "Var Olan Her Şeyin Yaratıcısı'nın seninle çalışmasına tanık oldum, bakalım neler olacak," deyin. Eğer istediğiniz sonuçlar ortaya çıkmazsa bu daha fazla İnanç Çalışması yapmanız gerektiğini gösterir.

Şimdide Yaşayın

Pek çok insan geçmişte, gelecekte ya da bir hayalde yaşar. Kişi o an sizinle, harika bir an yaşadığının, ertesi gün hatırlayana dek farkına bile varmayabilir.

Spiritüel varlıklar olarak bu dünyayı ve onun gerçeklerini çok zor buluruz. Çoğu zaman ondan kaçmaya çalışırız ve bunu yaparken şimdi ve burada olmayı kaçırırız. Her ne kadar bir Şifa sırasında başka âlemlere gitsek de, her Şifanın başlangıcı Şimdidir.

Hayatta Olduğunuz İçin Şükran Duyma

Her gün şükran içinde olduğunuzu tekrar dile getirin. Nefes alın, bulutları izleyin ve etrafınızdaki hayatı takdir edin.

İnanın, Bilin, Yaşayın

İlk Önce şifanın olabileceğine *inanının*, sonra onun olabileceğini *bilin* ve ardından da şifanın özünde *yaşayın.*

Kendi Üstünüzde Çalışın!

Kendi üzerinizde ne kadar çok İnanç çalışması yaparsanız, şifacılık yetenekleriniz o kadar hızlı gelişir ve daha etkili bir şifacı olmanız için önünüzdeki engeller o kadar azalır.

Başkaları ile etkileşimlerden öğrenin ve gelişin ve kendinize karşı nazik ve teşvik edici olun çünkü daha önce hiç gitmediğiniz bir yere gidiyorsunuz.

Kendinize Yedinci Seviye Bilişinde Yaşamak İçin İzin Verin

Kendinize, korku ve öfke olmadan yaşamayı, Yedinci Seviye bilişinde yaşamayı, her şeyin iyi olacağını bilmeyi ve Yaratıcı'nın her zaman sizin için orada olduğunu öğretin.

Hedefimiz Yedinci Seviye bilincine ulaşmaktır.

27
Vianna Der ki

"Her gün Yaratıcı ile konuşun."

"Her gün Yaratıcı'ya teşekkür edin."

"Hayatı bütün yönleriyle onurlandırın."

"Her şey göründüğü gibi değildir."

"Düşünceler ışıktan hızlı hareket eder; hareket ederler ve özleri vardır, bu yüzden ne düşündüğünüze dikkat edin."

"Her gün gurur duyacağınız bir şey yapın."

"Yavaşlayın ve havayı ve ışığı fark edin. Hayatı takdir edin."

"Hareket çok önemlidir."

"Bu çok kolaydır."

"Neyse odur."

"Mümkün olan her an kimseyi ve hiçbir şeyi incitmeyin."

"İnsanlarda gerçeği görün ve onları yine de sevin."

"Şifacılar bir süreçten geçer, ilk önce inanırız, sonra biliriz ve sonra da onu yaşarız."

"Zamanınızın büyük çoğunluğu işe yaramaz düşüncelerle boşa harcanır. Düşünce-enerjimizi ilahî bilince yönlendirmeyi ve odaklanmayı öğrenmeliyiz."

"Hayatınız hiçbir sırrınız yokmuş gibi yaşayın. Hayatınızı açık bir kitap gibi yaşayın, öylesine ki bugün ne yaptığınızı herkese anlatabilin."

"Bazen sırları saklamanın en iyi yolu onları bütün dünya ile paylaşmaktır."

"Yaratıcı'ya bağlı olduğunuz müddetçe herkesi sevebilirsiniz; kaba, kötü olanlar da dahil."

"Kehanet gücü evrenin gücünün kullanılmasıdır."

"Gerçek hep orada bizim onu anlamamızı bekler. Yalnızca onun gerçekliğine inandığınızda kişisel seviyede gerçeklik haline gelir."

"Bu Seviyedeki sorunların büyük çoğunluğunun nedeni Yaratıcı'dan ayrı olduğumuz illüzyonudur."

SON SÖZ
Guy Stibal'den

Günümüzde milyonlarca insan, insanlık tarihinde belki de ilk defa bize bu kadar yoğun bir boyutta sunulan bilgiler arasında spiritüel yanıtlar arıyor. Bugün herkesin eriştiği Alternatif edebiyat bundan yüzyıl hatta elli yıl önce hayal bile edilemezdi. Kolektif bilinçten tekrar ortaya çıkanlar eski inanç sistemleri de ve ilahi olanlar da artık parmaklarımızın ucunda.

Spiritüel bilgi arayanlar olarak, şu anda sahip olduğumuz özgürlüğün farkında bile değiliz. Bu özgürlüğün değerini bilmek ve yüzyıllar boyunca bireyler tarafından kıskançlıkla korunan, ağızdan ağıza aktarılıp çok azı yazıya dökülen, onları yanlış kullanabilecek olanlardan saklamak için gizli örgütler tarafından dikkatle korunan, bu bilgileri iyi şekilde kullanmak bizim sorumluluğumuzdur.

Pek çok farklı gelenekten ve yaklaşımdan gelen bilgi akışının önümüzde bir açık büfe gibi serilmesi sebebiyle spiritüel hazımsızlığa yakalanmamak için dikkatli olmalıyız. En iyisi, bir sonrakini keşfe çıkmadan evvel bir inanç sistemini baştan sona iyice sindirip, öğrenmektir. Söz konusu hangi spiritüel bilgi olursa olsun, ona en iyi eşlik edecek şey sağduyudur. Bugün çok hoşlandığımız özgürlüklerin, gereğinden fazla uyarılmaya ve hatta belki de egoistliğe yol açabileceği asla unutulmamalıdır.

Başkalarının yararını da kendi yararımız kadar gözetmek ve sağlam muhakeme, enerji şifası da dahil önümüzdeki her konuda yolumuzu aydınlatmalıdır. Eğer yaptıklarımız için saygı duyulmak istiyorsak, o zaman çalışmalarımız saygıya değer olmalıdır. *"Herhangi bir inanç sisteminin zamanın sınavından geçmesi için saflıktan oluşması ve insanlığın bilincinde değişiklik yapmaya yetecek kadar süre boyunca saf ve değişmemiş olarak kalması gerekir."* Eğer bu spiritüel öğretiler kutsal kalacaklarsa, gerçeğin en yüksek otoritesi olan rasyonel zekâ zihninin kabul edişinin ötesine geçmesi gereklidir. Bu tarz ender mistik öğretilerin saflığı o zaman ruhani bilgi haline gelebilir; açık ve doğru çok sayıda deneyim ile vurgulanmış, kişinin özünün en derinliklerine uyumlanan aydınlanmanın ateşleyicisi olarak.

Kişi bu tarz bilgilere öyle derin bir rezonans hissedebilir ki belli bir noktada mantığın prensiplerine baskın çıkar ve bilinçli zihin tarafından çatışma olmaksızın doğru kabul edilir.

ThetaHealing Kursları

ThetaHealing merkezi Ammon, Idaho'da olan ve Vianna Stibal tarafından kurulmuş olan bir enerji-şifa modelidir ve dünya çapında sertifikalı uygulayıcıları vardır. ThetaHealing sınıfları ve kitapları zihnin şifa yeteneğini geliştirmesi için terapötik kılavuz olarak tasarlanmıştır. ThetaHealing sınıfları, kitapları ve ders kitapları aşağıda listelenmiştir.

Vianna ve Sertifikalı ThetaHealing Eğitmenleri Tarafından Öğretilen Sınıflar

(Her sınıfta bir kurs kitapçığı verilir.)

Temel ThetaHealing® Kursu

İleri ThetaHealing® Kursu,

ThetaHealing® Sezgisel Anatomi Kursu

ThetaHealing® Gökkuşağı Çocukları Kursu

ThetaHealing® Yaratım ve Bolluk Kursu

ThetaHealing® Hastalıklar ve Bozukluklar Kursu

ThetaHealing® Dünya İlişkileri Kursu

ThetaHealing® DNA3 Kursu

Sadece Vianna Tarafından ThetaHealing Bilgi Enstitüsünde Öğretilen Sertifikalı Kurslar

(Her sınıfta bir kurs kitapçığı verilir.)

Temel ThetaHealing® Eğitmeni Kursu

İleri ThetaHealing® Eğitmeni Kursu,

ThetaHealing® Sezgisel Anatomi Eğitmeni Kursu

ThetaHealing® Gökkuşağı Çocukları Eğitmeni Kursu

ThetaHealing® Yaratım ve Bolluk Eğitmeni Kursu

ThetaHealing® Hastalıklar ve Bozukluklar Eğitmeni Kursu

ThetaHealing® Dünya İlişkileri Eğitmeni Kursu

ThetaHealing® DNA3 Eğitmeni Kursu

Mevcut Kitaplar

ThetaHealing

ThetaHealing Hastalıklar ve Bozukluklar (yakında)

Yazar Hakkında

Vianna Stibal genç bir büyükanne, bir sanatçı ve bir yazardır. Yardıma ihtiyacı olanlar için duyduğu merhamet ve sahip olduğu doğal karizma onun şifacı, sezgisel ve öğretmen olarak adlandırılmasına yol açtı.

Yaratıcı ile birlikte yaratım için nasıl bağlantı kuracağını öğrendikten sonra ve ThetaHealing denen bu özgün yöntem ile bunu kolaylaştırdıktan sonra, Vianna bu hediyeyi mümkün olduğu kadar çok insanla paylaşması gerektiğini biliyordu. Yaratıcı ve insanlık için bu sevgisi ve şükranı sayesinde insan bedeninin içini açıkça görme yeteneği kazandı ve sayısız anında şifaya tanık oldu.

Vücudun sistemleri üzerindeki ansiklopedik bilgileri ve hem kendi deneyimleri hem de Yaratıcı tarafından ona verilmiş içsel görüş sayesinde insan ruhuna olan derin anlayışı Vianna'yı bu teknik için harika bir uygulayıcı yapıyor. Hepatit-C, Epstein-Barr virüsü, AIDS, herpes, tümörler, farklı kanser türleri ve pek çok farklı hastalık, bozukluk ve genetik bozukluk ile başarı ile sonuçlanan çalışmalar yaptı. Vianna ThetaHealing tekniğinin öğretilebilir olduğunu ama bundan da öte öğretilmesi gerektiğini biliyor. Vianna dünyanın dört bir yanında farklı ırklardan, inançlardan ve dinlerden insanlara seminerler veriyor. On dört ülkede çalışmakta olan uygulayıcılar ve öğretmenler eğitti ama işi burada bitmedi! Vianna, şifa yaklaşımını bütün dünyaya yaymaya kararlı.